准噶尔之战

想象另一种可能

理
想
国
imaginist

蒙古帝国
与其
漫长的后世

讲谈社
兴亡的世界史 04▶09
WHAT
IS HUMAN HISTORY?

【编集委员】青柳正规

陣内秀信

杉山正明

福井宪彦

【推荐学者】姚大力

除非特别说明，本书地图由原著地图翻译、修订而成
原著地图制作：SAKURA工艺社、J-map

坐在宝座上主持忽里台的成吉思汗 在蒙古帝国境内建立的旭烈兀兀鲁思(今伊朗和中东)组织编纂的《史集》,不仅是蒙古的正史,而且是汇总蒙古时代之前生活于中央欧亚大陆诸游牧部族历史的、真正的最初的"世界史"。作为文字史料自不必言,即便作为图像史料也是十分珍贵的

帝国初期的首都哈剌和林遗存的龟趺 远处可见的是建于16世纪的额尔德尼召。1206年成吉思汗建立的"大蒙古国",至14世纪初转化为由拥戴成吉思汗系君王的多个国家(兀鲁思)构成的世界联邦,宽松地将非欧—欧亚大陆整合在了一起

蒙古帝国与其漫长的后世

[日]杉山正明 著
乌兰 译

讲谈社 兴亡的世界史 04▶09 WHAT IS HUMAN HISTORY?

北京日报出版社

KOUBOU NO SEKAISHI 09 MONGORU TEIKOKU TO NAGAI SONOGO
© Masaaki Sugiyama 2008
All rights reserved.
Original Japanese edition published by KODANSHA LTD.
Publication rights for this Simplified Chinese character edition arranged with KODANSHA LTD.
through KODANSHA BEIJING CULTURE LTD. Beijing, China.

本书由日本讲谈社正式授权，版权所有，未经书面同意，不得以任何方式作全面或局部翻印、仿制或转载。
北京出版外国图书合同登记号：01-2019-5331

图书在版编目(CIP)数据

蒙古帝国与其漫长的后世/(日)杉山正明著；乌兰译.——北京：北京日报出版社，2020.1（2020.9重印）
（讲谈社·兴亡的世界史）
ISBN 978-7-5477-3530-5

Ⅰ.①蒙… Ⅱ.①杉… ②乌… Ⅲ.①蒙古(古族名)-民族历史 Ⅳ.①K289

中国版本图书馆CIP数据核字(2019)第228679号

地图审图号：GS（2018）6159号

责任编辑：	许庆元
特邀编辑：	黄旭东　马希哲
封面设计：	艾　藤
内文排版：	李丹华

出版发行：	北京日报出版社
地　　址：	北京市东城区东单三条8-16号东方广场东配楼四层
邮　　编：	100005
电　　话：	发行部：（010）65255876
	总编室：（010）65252135
印　　刷：	山东韵杰文化科技有限公司
经　　销：	各地新华书店
版　　次：	2020年1月第1版　2020年9月第2次印刷
开　　本：	787毫米×1092毫米　1/32
印　　张：	10.125
字　　数：	201千字
图　　片：	97幅
定　　价：	78.00元

版权所有，侵权必究，未经许可，不得转载

如发现印装质量问题，影响阅读，请与印刷厂联系调换

推荐序

欧亚旧大陆视角下的蒙古史

当今蒙古族的总人口,约有一千一百万人左右。其中有六百多万人生活在中国、三百二十多万人生活在蒙古国,另有八十多万生活在俄罗斯。

对中国人来说,蒙古民族与蒙古草原的历史,既有构成中国历史不可分割的那一部分,还有一部分属于世界史范围。所以它包含着既互相交织、又在性质上互有区别的两个组成部分。根据这样的"两分法",蒙古帝国(1206—1259)的历史,应该是世界历史的一部分。蒙古帝国曾经统治过华北、西北、西藏与云南的事实,只能意味着当代中国的相当部分疆域在历史上曾有过一个被蒙古帝国占领的时期。处于蒙古帝国占领时期的这部分国土的历史,无疑仍然属于中国历史的一部分;但我们不可以因此便把蒙古帝国的历史径直视为中国历史的一部分。而元朝

（1260—1368）作为从蒙古帝国的分裂中产生的一系列继承国家之一，它的历史，自然就不能当作中国被一个外在于中国的政权所统治的一段殖民史来看待。这主要是因为建立元朝的蒙古族，其中大部分人口生活在今日中国版图之内，是属于今日中国的一个少数民族；并且元代疆域的绝大部分为今日中国所继承，元代的政治统治中心及其人口、经济和文化重心都位于今日中国境内。基于这样的理由，我们当然应该毫不动摇地肯定，元朝像汉－唐－宋－明一样，是属于中国历史上的一个王朝政权。所以元朝的历史，是构成中国自身历史的一个组成部分。

对上述区别，元人似乎是有清楚认识的。他们尊蒙古帝国的开创者成吉思汗为本朝太祖，其意颇与唐人尊开国皇帝李渊的祖父、因始封唐公而被视为"建邦启土"奠基人的李虎为太祖相似。除了元太祖，元朝还有一个含"祖"字的皇帝庙号，即元世祖忽必烈。元以前历朝庙号以"世祖"相称者凡十余例。其中最合谥法制度者，应属东汉之尊光武帝为世祖，"以明再受命"，也就是表彰他重建国家的功业。自三国而后，这个尊号的使用就日趋僭滥。司马炎、赫连勃勃皆以初立国之君而称世祖，南朝萧梁把这个庙号赠予临近亡国的短命君主——"秉性猜忌""御下无术"的梁元帝，而金朝则以之封授从未即过帝位的完颜阿骨打的父亲。所以刘知几才会说，降及曹魏，"祖名多滥"。元以忽必烈为世祖，盖因其"所以为一代之制者，规模宏远矣"。与东汉光武帝相似，他实际上也被当作一个重建帝业的人物来对待。两个带"祖"字的庙号，看来已把蒙古帝国与元王朝之间有关联又须相区别的关系说清楚了。今天常见使用的"蒙元史"一名，其实也只能理解为蒙古帝国史和元代史的合称，方可成立。

无论人们在如何定位元朝的认识方面可能有何种误差，这一段历史的存在，总之是让我们对蒙古高原不再那么生疏的重要原因。不过中国人对于蒙古高原，大多还是从"长城内外"的角度，也就是从蒙古高原上的游牧社会与汉地农业社会间南北关系的角度，去加以感知和解读的。但是蒙古高原还可以以阿尔泰山为轴线、放置到"金山东西"这样的历史地理环境中去加以认识。这时候我们就会更清楚地看见横亘于欧亚内陆的一条长长的草原带。它摆动在北纬五十度线上下，从大兴安岭两麓一路向西蜿蜒伸展，在蒙古高原铺设出被戈壁分离的漠北草原与漠南草原（"漠"即戈壁），继而向西穿越阿尔泰山脉，经由阿尔泰山南坡及塔尔巴哈台山南北，先后与哈萨克草原、南俄草原和乌克兰草原相连接。从匈奴开始，东亚农耕社会所遭遇的，从来就不是仅仅局限于蒙古草原而是东西流动于整个欧亚草原带的大型游牧人群。这样的游牧人群所面对的，也不仅是东亚的汉族农业社会，还有生活在西至伊朗的广义"西域"地区内许许多多的绿洲定居人群。蒙古帝国的历史，需要在超越如此范围的一个极广阔的空间背景中，方才有可能看得比较清楚。这样一幅覆盖了大半个欧亚的长卷式历史图景，即使不比"长城内外"的历史图景更精彩壮观，至少也令我们更感觉新鲜和好奇。

现在翻开在读者面前的本书，用略多于一半的篇幅，把蒙古帝国史讲得简明而极丰富多彩。作者的关注重点不在东亚，因为在从前出版的其他同类图书里他已有过讨论，故对此"本书没有专门从正面进行讲述"（见本书237页）。他在这里重点展开的，是蒙古统治下的中东、俄罗斯，蒙古与地中海世界或西欧的关系，以及当日蒙古人的世界观念。这部分内容，正好适合熟悉东部蒙古帝国远甚于其西半部的一般中国读者的需要。本书的另一小半意在分析蒙古帝国的遗产，或用作者自己的话说，是要揭示出闪烁在漫长的"后蒙古时代"的"蒙古长长的身影"。这部分内容，当然是大多数中国读者更不熟悉因而也可能更想了解的。

蒙古民族对世界史的积极贡献，至今还没有得到人们理所应当的足够认识。从最早出现在塞外高原上的大型游牧人群——匈奴人被西汉驱赶到漠北草原之后，"长城内外"的基本格局，长期是游牧社会的主流偏居漠北，漠南则成为汉地农耕社会与漠北之间的缓冲地带，经常由从漠北游牧政治体中分离出来、投靠汉地的边缘群落驻牧防守。蒙古的崛起从根本上改变了这一形势。它继匈奴之后再度实现了漠北和漠南的统一，进而把高原上不同文化的游牧人群整合为一个历史民族共同体。这块高原从此才名副其实地拥有"蒙古"的冠名，并从那里孕育出一个崭新的历史时代。蒙古时代并没有因为蒙古帝国的瓦解而猝然结束。相反，"15世纪至17世纪初，在东起中国东北地区西至斡罗思的广阔地域上，成吉思汗家族的权威大体上共通地保持着生命力"（242页）。出版于1990年的《剑桥早期内陆亚洲史》从上古开篇，终止于回鹘时代。将近二十年之后，该书续编《剑桥内陆亚洲史：成吉思汗时代》面世，其内容从蒙古帝国延及它的各继承国家，乃至它们对近代世界的影响。它把内亚从13世纪后的五六百年历史概括在"成吉思汗时代"的标题之下，其中所体现的观念，与本书作者殊无二致。

虽然具有相同的聚焦主题，"剑桥内亚史"与本书的叙事方式却大异其趣。本书提出，"新事实"可以在"大实证、中实证和小实证"等各个层面上被发现（20页）。这是一个很有见地的说法。此处的大、中、小，我以为是就问题背景的规模大小而言。所谓小实证，或即高密度实证，也就是纯考据文字；中实证即中密度实证，是使专题论述变得坚实可信的全范围实证；而大实证即低密度实证，亦即由支撑大篇幅议论的基本事实所引发的最关键实证。这样说起来，"剑桥内亚史"可算是一部中实证著述，而本书采取的则是更带形而上色彩的大实证宏观叙事的路径。此一路径最易与"公众史学"合辙，而这恰恰是本书作者旨趣所在。他说："思想研究和历史研究已经变成了向大众开放的领域。……这或许是在向本应有的状态靠近。"（24页）

公众史学绝不应被理解为是只待专家放下身段就无不在行的领域，是仅指重述既有史学认识的一种浅显并不带什么学术价值的普及性创作。它完全可以成功地在"大实证"的宏观层次上去颠覆"被视为理所当然的'重大事实'"，从而揭示出至今未曾被看清的种种"新事实"。本书堪称这方面一个极出色的示范。以下略述一两事为例以明之。

蒙古时代的波斯文史书在言及蒙古人在战胜敌方人口、部落、城市、国家，而将其吸收、纳入己方时，"多使用'成为 īl'之语"。以往经常将该词组翻译为"征服""使降服""使服属"等。作者指出，īl 源于突厥语，与蒙古语的 ulus 等义，从原指"人的集团"衍义为"同集团、同族、同类"，后引申为"伙伴"。而按近代概念把它误译为征服等语，在作者看来纯属"作孽"。根据古突厥语专家克劳森的见解，é:l/ īl 最基本、最原始的意义即"在一个独立的统治者组织和治理之下的政治单元"；它似乎尤其用以指"属于同一王国的人们或共同体"。该词在波斯语里可用作"部落、部族"的诸多同义词之一，显然是一个外来词。经过这一番细致的词义辨析，本书提出，"成为 īl"的意思不是被征服，而是加入同"一个聚合体、国家。蒙古令人震惊的快速扩张的核心原因之一，就在于这种真正融通无碍的国家观或胸襟无限开阔的集团概念"（97—98 页）。

本书对 īl 的解读，使人联想起世界史上著名的"伊尔汗国"。此处的"伊尔汗"，即波斯语 īl-khan 的译音，源于旭烈兀的自称。因为 īl 的尾辅音 -l 在元代多用"里""利""勒"等以 l- 为声母的汉字，而从不使用 r- 声母的"儿""尔"等字来译写，所以在元史研究领域里，学者宁可采用唐代对突厥语 é:l-khan 的音译形式，写作"伊利汗"。过去都认为，旭烈兀称"伊利汗"，意思是"臣属 [大汗] 的汗"或"服从 [大汗] 的汗"。现在看来，这个名号也可能与蒙古语中的 ulus khan 等义，译言"立国于一方民众之上的汗"。元朝大汗与前期伊利汗之间的"宗藩"关系，反映在"合罕"（即大汗）Qakhan 与"汗"（Khan）这两个称号间等阶高低的关系之中，而 īl 一词本身倒不一定包含臣属或服从的意思在里面。

宏观层次上"大实证"的另一生动例证，是本书对流行于中亚突厥语各民族间的"乌古斯可汗传说"的诠释。这是一部"通过乌古斯可汗的生平、征服活动及其子孙们的繁荣讲述突厥族的壮大和发展"的著名史诗（63页）。作品里的乌古斯可汗有六个儿子，六子又各有四个儿子，这二十四人的名字日后成为各自部落的名字。除乌古斯的嫡支之外，还有一些加入联盟的他的亲属成员，他们的子孙则形成畏兀儿、康里、钦察、哈剌鲁等突厥语大部落。

这部游牧民的英雄史诗，被放在人类历史上"首部综合史"、即堪当波斯文版《元史》的《史集》全书之首。本书作者问："这究竟意味着什么呢？"他从乌古斯将六子分为"向左右两翼的安排"中，捕捉出一条"隐约可见"的大历史线索。乌古斯本人居中，六子各有四子。故他的左右（即东西）两翼各自配置了十二个游牧大集团，加起来共有二十四部。这不就是在二十四名游牧军团首长的带领下，"以蒙古高原为中心向东西方横向大幅展开来的匈奴国家的基本结构"吗？它"不仅仅是匈奴国家沿用约四百年的制度"，还延续在此后欧亚大陆中部的游牧各帝国，乃至东亚的拓跋体制遗响,如北周各自统领四军的"六柱国大将军"的制度设计之中。不仅如此,这种左右两翼、每翼含三名各领四部的大首领的配置,"几乎就是蒙古帝国的创建者成吉思汗最初创立的蒙古国家本身"。因此,"乌古斯可汗传说"既生动反映了自匈奴以来欧亚大陆游牧社会对于自身政治传统绵延不断的历史记忆,也折射出以乌古斯族为核心的塞尔柱朝走出中亚的史实,并且还体现着"与'事实上的成吉思汗'之间形象的联动"(64—69页)。

在以日常习俗及口耳相传形式来世代传递的文化中,有关上层权力操作和精神层面的传统,往往带有很大的象征与符号化特征。东西翼和"二十四长"在北亚游牧国家建置中不可能以一种完全真实的固化模式出现。事实上,司马迁对匈奴的记述,只提及左右贤王、左右谷蠡王、左右大将、左右大都尉、左右大当户、左右骨都侯等十二种官号。二十四长中还应有些什么样的其他官号,我们至今不得而知。日本学者山田信夫求证说,所谓二十四长,应是单于左右两翼各以左右贤王、左右谷蠡王为方面军首长,四首长之下各辖大将、大都尉、大当户一名。单于自领的中央军团,下设左右骨都侯辅政,也相当于方面之长,故亦各辖大将、大都尉、大当户一名。因此左右贤王、左右谷蠡王和左右骨都侯六人下辖的大将、大都尉、大当户总共有十八名之多。他们与六个方面军首长同样，各领万户，由此组成二十四万户。他似乎把"二十四长"说圆了。

如果山田的见解与史实相符，那么匈奴国家"二十四长"的配置，就未必与乌古斯可汗和成吉思汗时代左右翼及中央军团序列的具体形式全同。不过这一点丝毫无损于本书充满灵感的相关分析。这本是一个需要通过在时间和空间都极其广袤的范围内穿插往返，调动广博的学识去从事精密考据和通惯性运思的困难主题。可是作者却采用行云流水般的历史散文笔调，平易顺畅地把它讲述出来了。

留心阅读本书，可以不时地从中发现类似上述那样浸润着真知灼见的新颖议论。作者在不止一处强调："从'小中国'到'大中国'，即经由明代迈向大清国乃至当今巨大中国的步伐"，就是从元代起步的（18页）；"通向今天中华人民共和国的道路最初是由大元兀鲁思开启的，这一事实无可否认"（238页）；"从乾隆帝时期到现在的'大中华'的框架，与蒙古有着密不可分的关系"（245页）。不只如此，整个人类历史，也"在蒙古时代来了个大转弯。迈向世界史的步伐，首先就在这里"。作者进而断言，在"所谓由'大航海时代'之后的'海进'引发全球化进展的理论中，非常缺少朝向陆地的视角和见识"（75、77页）。

在审视蒙古征服俄罗斯的各方面实况后，作者得出的结论是，被大肆宣扬的蒙古在那里尽其所能进行破坏和屠杀的传言，仅仅表明"蒙古一直是俄罗斯点燃爱国主义火焰的便利手段之一"。"当看到大多是俄罗斯史家从古至今激情讲述的这类故事时，不由得会联想到历史究竟是什么"（128、124页）。同样，15世纪后"突然被大肆传讲起来"的波兰、德国联军与蒙古军在里格尼茨的会战，其真实性至今"仍然笼罩在迷雾当中"。它很可能是后世的"德意志扩张主义所制造的历史幻影"（131—133页）。与此相类似，蒙古军对被攻下的巴格达的毁灭性破坏，也是一个大可加以怀疑的话题。哈里发投降后，"蒙古军基本上没有进入城内。……抢劫和杀戮，基本上都是"此前被哈里发聚集起来试图抵抗蒙古人的中东各地流氓无赖、不务正业者，以及"聂斯脱里派基督教徒们干的"（147页）。总之，"从前（被认为）曾使欧洲陷入恐惧之中的蒙古"，在很大程度上乃是"近代欧洲为了自身利益所制造出的虚像"，以便把它"作为落后的应当征服的亚洲的代名词"（22—23页）。

很容易看得出，作者对于西方殖民主义以及作为其文化遗产的西方中心论具有强烈的批判意识。西方学术界对亚历山大东征的肯定，在他看来只是"把'野蛮'转换为'神圣'，是一种所谓的'后智慧'"（277页）。他评价英俄等国"重新发现中亚"的大争夺曰："对于阿富汗游牧国家来说，英国取代莫卧儿帝国作为中央政权出现于印度次大陆一事，只能是一种不幸"；"阿富汗夹在南部英国和北部俄罗斯两个超级大国之间，迎来了苦难的时代"（259页）。他把20世纪视为"人类史上前所未有的战争和杀戮的世纪"，祈愿新的世纪能将"'负面的20世纪'这一令人生厌的时代送走"（8页）。兰普顿的《波斯的地主和农民》一书，被他当作具有浓厚东方主义倾向的"历史研究之恶例来推荐"（286页）。这番话深刻地激起我思想的震荡。很多年以前我读此书时，是把它作为一部权威性著作看待的。看来有必要用新的眼光重估旧时的认识。

书里时而也会出现一些不怎么令人赞同的说法。历史研究者的自我期许，总该是以平实的境界，向已成为过去的时空去求真、求新、求精、求直。这是要在凭想象重建的世界里寻谜探秘。探秘者，即不断否定过时的旧说，而代之以新意新见是也。若必欲以弃旧扬新为"虚无主义"，那么历史学就天生带有某种"虚无主义"色彩。阅读本书，使人能很具体地感知上述四求的意味所在。再加上汉译者乌兰教授字斟句酌而简洁平滑的译文，也非常有利于拉近本书与非专业读者之间的距离。至于以下提出的那些或可商榷之处，即便都能成立，亦无非大醇小疵。写书评总不能光说好话。权从体例之所规制，无求全责备之意。从阅读一本书的善意心态出发，我们主要应看到它是否以及在哪些地方从正面推动了人们认识的进步。不足之处总是会有的，即使今天看来绝对正确的言论，日后仍难免从中发现这样那样的问题，甚至变得全然不能成立。所以不宜盯住别人书里某些未确之说，按"直指本心"的意图论任情放大而挞伐之。从批《武训传》、批胡风，到批"合二而一"、《海瑞罢官》，旧鉴未远矣。

本书说，从蒙古帝国到元前期活跃在华北的重要人物，例如汉人军阀史天泽和张柔两人都"被正式认定为'蒙古'人"，"甚至在接收南宋之后，也确实有旧南宋人被当作'蒙古'人"的（103—104页）。我以为恐怕不存在可以支持这一判断的任何确凿证据。说到这里，还须稍微回到对"成为 īl"的讨论。书里说"成为 īl"可以引申为"成为伙伴"之意。汉译本译为"伙伴"的日语源词是"仲间"（naka-ma）。如果此处的"仲间"最合适的汉语对译词果真为"伙伴"，那么无论是否考虑到熟悉蒙古史的阅读者也许会误从"伙伴"一词联想到蒙古语里的"伴当"

(nökör，元代又音译为"那可儿"。村上正二在《蒙古秘史》的日文译注本里，就是用日语"仲间"来诠释"那可儿"的)，或者在当时很流行的源于突厥语的"斡脱"（ortoq，译言合伙人），"成为īl"都不必定就是"成为伙伴"的意思。因为"伙伴"意味着在一个较小圈子之内各个私人之间的密切关系；尽管"成为īl"即成为自己一方的人，然而在己方之人的大范围内部仍然是有很多等级的，其中成员未必都能与游牧新领袖结成可以称得起"伙伴"的私人关系。另外，作者说窝阔台之死很可能"是在其身边却感到越来越不得志的耶律楚材下的毒"（139页），也不知道是何种隐秘的线索引发了作者这样的猜想。

本书作者宣称，"很容易被视作中华帝国之典型的隋、唐"，由于"其出身和由来也都深深继承了鲜卑拓跋部的血液和体质"，所以从代国、北魏、北周直到隋唐两朝，都"属于'拓跋国家'这个系列"政权链条中的一环（48页）。这个说法里包含着由含糊导向误判的可能。"血液和体质"云云，与唐前期的核心权力集团成员多出于汉化的胡人或胡化的汉人这一史学界共识，意思不大一样。盖前者是血统论，而后者属于文化论。文化人类学的基本见解，是把民族看成一种文化共同体，而不是血缘共同体。因而个体的民族身份界定并不取决于血统，而取决于他本人认为自己是谁的文化归属感；据此，隋唐帝室属于何种民族，基本上就不是一个"血液和体质"的问题；更何况尽管现在颇有人以为李氏来自胡族，但即使从"血液和体质"的角度，至今也没有发现什么证据可确认此说。

隋唐王朝的统治体制无疑有种种"胡化"影响的成分。但是支撑着当日国家的制度主体，包括对非郡县地区施行"羁縻"式间接统治的制度渊源，仍然是从秦汉继承下来，又经过改造和发展的专制君主官僚制体系。即便这两个王朝的帝室果真都出于胡族，这一基本的历史事实也无由改变。因此我们完全有理由以汉唐连称来标示汉文明在公元第一千纪的历史属性。说隋唐是汲取和融合秦汉、北魏及其继承国家的制度成分于一体的"中华帝国的典型"，恐怕要比武断地把它们归入"拓跋国家"系列更合乎历史的实相。

涉及蒙古时代的文献史料，"以波斯语和汉语两大史料群为主，多达二十多种语言"，使这门学问变成一片"穷尽人类知识也取之不尽的可畏的领域"（20页）。为了辨认在不同文字的材料中不断转换其书写形式的诸多关乎名物制度的特殊名称，作者特别讲究译音用字的细节，并在这方面表现出极深厚扎实的专业素养。但在少数场合，他对此的强调未免有过分之处。对世界史上著名的古波斯帝国阿契美尼德王朝（Achaemenids），作者拒绝使用源于希腊语的这个已众所周知的名称，而执意采用它的波斯文发音，音译为"哈卡玛尼什"（Haxāmaniš）。他说，"在确知其原语的情况下，西式的通称和俗称就显得奇怪了"（29页）。"阿契美尼德王朝"作为专门词条的名称，被列入由全球一千三百多名学者参与撰写的《伊朗学百科全书》。把它改成一个谁也认不出来的专名，似乎是不必要的。"匈奴"的名称在汉语以外的拼音文字里写作 Hun，应该更接近于该人群的自我命名。那么我们有没有必要在汉语里也改称它为"匈人"？无论是汉文史料中的"吐蕃"或内亚及中东各种语文乃至西文中的"吐波特"（Töpüt、Tubbat、Tibet 等），即使不全都起源于粟特语，至少都不源于古代藏人的自称。难道我们应该也为古代吐蕃王国的自称（Bod Chen-po）另拟一个假古董式的新名称吗？

本书认可东南亚史、内陆亚洲史、南亚史、中亚史、西亚史等"作为多元领域"的各个聚合体单元，却唯独不认可东亚史也可以是与前者相当的一个范畴。据说"东亚这一用语隐含危险和质疑"，所以作者坚持，应当把它裁解为"日本史、朝鲜史、中国史"，分别加以处理（31—33 页）。这是因为 17 世纪的日本已"与超越日、中、韩的'世界'相遇"，幸得以在欧亚大陆被分割成几个"陆上强国"之时,走上建立"海上强国"的道路,从而"出人意料地和欧洲处于相似的状态"的缘故吗(249—250页)?作者语焉未详,无须对此多加猜测。不过这样的议论总易于让人联想到日本从前的"脱亚入欧"论而感觉有些奇怪。

全书的结束也耐人寻味。作者提醒说"为了更好地生活于'当下'",历史既必不可少,同时"也应着眼'今后'";而联系着三者的纽带,就是"帝国"的形态。读到这些话,我好像看见了作者面对"还根本没有最终确定"的"广义的亚洲"时那双忧郁的眼睛(272—273页)。

姚大力

复旦大学历史地理研究中心教授

目 录

序　章　历史因何而存在　1

蒙古长长的身影..1

在残影的尽头 / 帝国消失的时候 / 蒙古及其身后的帝国群 / 世界史之构图

走向人类历史的新时代..15

划时代的蒙古时代 / 后蒙古时代与"近世和近代帝国" / 历史中的知识虚构 / 面向知识基础之再设计

第一章　绵延不绝的欧亚大陆国家的传统　27

古老而新兴的亚洲、欧洲、欧亚大陆............................27

历史舞台是多重结构的 / 亚洲和欧洲 / 欧洲本位观和日本的误解 / 作为历史构架的亚洲 / 欧亚大陆说及其发展 / 马汉和麦金德之考察 / 综观亚洲史和欧亚大陆史全貌的视角

欧亚大陆世界史内在的物力论..................................39

欧亚大陆的内侧 / 游牧与游牧民 / 始自斯基泰和匈奴的某些因素 / 被遗忘的欧亚大陆国家的系统 / "中华王朝"的扮相 / 印度的游牧民系政权 / 黑海北岸的游牧民

第二章　蒙古曾如何看待世界和世界史　53

人类史上最初的世界史——《史集》............................53

两个阶段的编纂 / 二重结构的世界史 / 被遗忘的"部族志"的意义

不为人知的惊异的世界史实像..................................59

突厥和蒙古及其源流 / 不可思议的故事 / 乌古斯可汗传说果真是神话吗？ / 大历史的开端

二重撰写的世界史和世界实像 66
蒙古帝国的原像 / 传说和事实的彼岸 / 意识到人类的综合史

通向地图所述新时代的门扉 71
两幅世界地图 / 两图所示内容 / 失去的下一个时代 / 对"大发现时代"的质疑

第三章　大蒙古与世界开创者（Jahān-gushāy）79

成吉思汗的历史故事 79
时隔八百年的纪念活动 / 难以真实了解的成吉思汗 / 不过是故事的前半生 / 年老的苍狼

成为史上最大帝国的原因 92
蒙古是否曾经强大过 / "不战之军"的威力 / 开放的帝国 / 将什么视为蒙古 / 多种多样的人群 / 联合的重点"成为伙伴" / "世界开创者"的系谱

第四章　蒙古与斡罗思 109

西北欧亚大陆大进攻 109
走向世界的明确意识 / "斡罗思和东欧远征"之称 / 通向钦察草原之路——术赤北行之谜 / 哲别和速不台的快速进击 / 伏尔加河的彼岸

术赤兀鲁思和斡罗思的爱憎 123
进攻斡罗思是认真的还是随机的 / 西征的真正目的 / 俄罗斯"爱国主义"的创作 / "里格尼茨战役"真的发生过吗？/ 德国制造的"历史幻影" / 亚历山大·涅夫斯基与"鞑靼之轭" / 金帐汗国与莫斯科的发迹

第五章　蒙古与中东 139

未结束的中东作战 139
为何西征 / 亦思马因教团的灭亡 / 报达城破 / 事前调查的蒙古和

事前不调查的美国 / 大汗蒙哥的突然去世 / 旭烈兀的撤军与帝国的动乱

旭烈兀兀鲁思是伊斯兰王朝吗？ 154
作为事实政权的旭烈兀兀鲁思 / 进军埃及的失败 / 与术赤兀鲁思的抗衡 / 旭烈兀过早去世 / 大汗的达鲁花和接连不断的政变 / 合赞改信伊斯兰教 / 完者都与东西方的和合 / 蒙古带给中东之物

第六章 地中海和欧洲以及连接起来的东西方 177
圣王路易之梦 177
庞大的舰队，收复圣地的意念 / 地中海舰队的实际状况 / 登陆作战的幸运 / 奢望与灾厄，凄惨的毁灭 / 被俘之王，不归的路易 / 蒙古是敌人还是己方 / 路易与蒙古擦肩而过

扫马使团的欧洲外交 194
列班·扫马的西方之旅 / 出身汪古族的二人 / 忽必烈时代的欧亚大陆 / 宿命中的法主和雅八·阿罗诃三世 / 扫马的欧洲见闻录 / "西西里晚祷"的结局 / 在罗马和热那亚受到欢迎 / 由巴黎至波尔多 / 旅行的结束，最终连接起来的东西方 / 地图再次发声

第七章 "女婿大人"们的欧亚大陆 219
超越时空的成吉思汗家族血统的神圣性及其记忆 219
作为权力、权威、合法性之证明的帝王形象 / 不称汗的帝国 / "女婿大人"帖木儿 / 二重王权的新方式 / 继承两种血统的王权 / 蒙古和斡罗思的三百年 / 重合的蒙古和斡罗思的"王权"

16、17世纪对于世界史的意义 237
大元兀鲁思与答言汗以及女婿大人们 / 后蒙古时代的内陆世界 / 大元兀鲁思的继承者大清国 / 当今的中国和蒙古 / "海进"和"陆进"的时代 / 日本和欧洲的大转折

终　章　从阿富汗观望开来 251

大地上最后出现的游牧帝国 251
超越时空的视角／古老而新兴的国家阿富汗／杜兰尼帝国／强权政治和国际竞争的舞台／普什图人联结的阿富汗和巴基斯坦

从历史到现在 264
现存游牧国家之影像／蒙古遗产之说／"帕迪沙"的称号／日本的蒙古时代／我们的"这个时代"

重要项目解说——横跨东西方之旅行者和远征 275
参考文献 281
历史年表 289

序章

历史因何而存在

蒙古长长的身影

在残影的尽头　　1920年，中亚。蒙古帝国的残影，终于从这块土地上消失了。回首遥望，从1206年成吉思汗统一蒙古高原，开始向着前所未有的庞大帝国发展之时算起，岁月已经过去了七百一十四年。

消失的是两个国家。国名有几种不同叫法，其一为"布哈拉汗国"或称"布哈拉埃米尔国"，另一个被称为"希瓦汗国"等。两国都可追溯至起源于中亚的城市。虽然二者都已经突厥化和伊斯兰化，但要追寻其政权的脉络和由来，则可上溯至曾创造人类史上最大版图的蒙古世界帝国。其没落正处在衰微殆尽的弥留期。然而不管怎么说，蒙古帝国的根缘实际上在进入20世纪后还依然在欧亚大陆中心区域存续了二十年。

这两个小国气数将尽的时刻，距离统称为"俄罗斯革命"的1917年爆发的"二月革命"和"十月革命"，已经过去了三年的时光。就是说，长期占有并统治欧亚大陆北部大片区域的俄罗斯帝国已经彻底消失。给布哈拉和希瓦最后一击的是社会主义的苏维埃政权。然而，对于19世纪以后在俄罗斯强权之下其领属性质逐步深化的中亚地区的人们来说，"新时代"的到来并不意味着"解放"。

代之而起的苏维埃国家，在暂时渡过内战加剧、日本等各国列强出兵西伯利亚的干涉和侵略等眼前的困难局势后，在列宁及其继承人斯大林的领导下，从1922年左右开始迅速踏上了以联邦为名的"新帝国之路"。中亚自不必说，即使是旧俄罗斯帝国领地内曾经存在的实为由不同地区和人们组成的大、中、小聚合体，也在多少出现近代化之萌芽的同时，逐渐失去了当初所抱有的希望和意愿。乍一看，似乎国家和政权发生了很大的变化，然而作为汇集诸多民族的混合国家，内陆庞大殖民地帝国的"北方国家之传统"基本上被原封不动地继承了下来。尤其是作为其"东方属领"的中亚以东地区，被迫接受新的服属、轻视和分割。

不久，自20世纪20年代中叶至30年代，在苏维埃联邦内的中亚地区，若干"人造国家"在历史、语言、人种、文化和习俗等方面均不具备适当立国理由，依据官方学者们毫无道理之论被逐个创建起来，开始了莫斯科所控制的政权的"新时代"。

今天的乌兹别克斯坦周围

过了半个多世纪，直至1991年苏联解体。哈萨克斯坦、乌兹别克斯坦、吉尔吉斯斯坦、土库曼斯坦、塔吉克斯坦这中亚五国，不得不勉强接受并背负着从俄罗斯帝国至苏联时期的近现代史本身的各种"负面遗产"，包括漫长的国境线在内，无选择地"独立"了。

现在，东边是保有庞大地域的中华人民共和国，南边是似乎更加动荡不安的阿富汗、巴基斯坦、伊朗和中东，北边和西边是依然据有广阔版图而逐渐复兴的俄罗斯联邦。站在欧亚大陆的中心区域环顾周边，会不由得陷入一种奇怪的想法。这块广阔的开放空间曾经由草原和绿洲交织而成，在19世纪变成了以英国和俄国为主的强权政治的世界。这种局势在20世纪实际上变得更加激化，进入21世纪后越发明显。不只是政治和军事，就连经济和环境等方面也都充满了流动性和不安定因素。所谓当今的时代，似乎就是刚刚才开始的。

我们所处的"这个时代"，能否整理人类史上各种各样的进程和结果，有时又放弃这些进程和结果而找到世界应有的"形式"和"存在方式"呢？特别是在历史悠久的欧亚大陆上，包括美国、欧洲和日本，能否建立起一个超越现代型强权政治的平稳缓和的安定结构呢？

每个人都应该意识到，人类这一群体所生存的全球化时代的关键，很大程度还在于地球上这块最大大陆的走向。那里曾经是产生大多数人类文明之交流的大空间。假如存在有益于人或人类的大"智慧"，那么大概只有在贯通历史和现在的视线中才寻求得到。想到这一点时，对于八百多年来宽松地统治大半个欧亚大陆、平稳维系包括非洲在内的广阔陆海地区的蒙古帝国及其时代的记忆，就会再次浮现。

帝国消失的时候

在1920年前后，存在于欧亚大陆的几个帝国相继消失了。那是一个世界史上罕见的帝国灭亡的年代。

总之，是发生在第一次世界大战前后的事情。众所周知，战争本身虽然只是欧洲大战，但其影响却很广泛。从这个意义上来说，确实是一场世界大战。进一步从其结果来说，则是在世界史上刻下了超越时代之大意义的深深印记。

首先，是已经有所论及的罗曼诺夫王朝的俄罗斯。俄罗斯帝国，在由其欧洲列强同伙发动的史上最初的正面总体战和消耗战中，几乎是不战自败。随着战局的激化，成分复杂多样的"帝国臣民"们被强制驱赶到战场和工厂，造成了空前的大流血。由于民众和各民族已达顶点的怨恨和愤怒，加上原本不充足的国内生产力已经支撑不了过重的负担，开战仅三年，王朝就非常迅速地自灭了。俄罗斯在欧亚大陆东方确曾表现得强大，实际上与其强大的外表不同，本质上已经是从社会、经济到其他各方面都充满危机和脆弱性的"纸老虎"那样的老式帝国了，其弱点一下子暴露出来，王朝、国家和社会同时从体系上崩溃了。

紧接着在第一次世界大战中，站在德国、奥地利一方的奥斯曼帝国也解体了，只是名义上的消失被算作苏丹制废止的1922年。拥有近六百年超长寿命的奥斯曼帝国，是存续时间超过俄罗斯的大国，先盛后衰，自17世纪以来经历了漫长的低落和萎缩的衰亡史。总之，是从超越地域和人种的宽松的帝国不断沦落为现实中缓缓走到头的"虚像帝国"或"心中的帝国"。

尽管已是一种任何人都看得很清楚的无序状态，但是不管怎么说，Dār al-Islām（原义为"伊斯兰之家"）即"伊斯兰世界"之盟主的衰落和消亡所带来的冲击，不能不在众多的穆斯林当中产生巨大波动。此前在中东各地，对似乎将超过自己而长足发展的欧洲和基督教世界有所意识的动向，已多次以不同形式出现，就奥斯曼帝国之后局势将会怎样、前途如何等问题，开始了对新前景的探寻。另一方面，除了引起中东至今纷争不断的主要原因，即臭名昭著的《侯赛因—麦克马洪协定》(1915—1916)、《赛克斯—皮科秘密条约》(1916)、《贝尔福宣言》(1917)，以英、法等国为主的欧美方面也野心十足，陆续开始了行动。就是说，奥斯曼帝国的灭亡作为伊斯兰中东地区"荆棘之路"的象征，也恰恰成了直通今天的现代史的起点。

把目光转向亚洲的东方，即可看到在稍早于第一次世界大战的1911年即辛亥年爆发了革命，次年所谓的大清帝国灭亡。大清帝国正式名称满语为Daicing Gūrūn，译为汉语即"大清国"，而"清朝"则是俗称和通称。这一欧亚大陆型帝国，拥有长达三百年之久的扩张和安定以至飘摇和衰败的历史。

在满洲山野的一隅，这个国家发迹于以女真族为核心的微小联盟，横跨长城南北不断扩大疆域，到中后期的乾隆朝时，消灭了一百年来的宿敌准噶尔游牧王国，实现了囊括蒙古高原、帕米尔高原和西藏的大版图。事情发生在1755年至1758年之间。对于大清国来说，作为名副其实的由多民族构成的庞大国家而存在的岁月，就是其后半程的一百五十多年。

有种看法将这一巨大空间视为所谓"中华"固有的传统地域和组成部分，在清末的动乱时期至民国初年的议论中变得更为高涨。反复争论的结果，最终使这种看法不知不觉成了理所当然。不得不说，这其中存在对古代以来之"汉土"与大清国皇帝个人

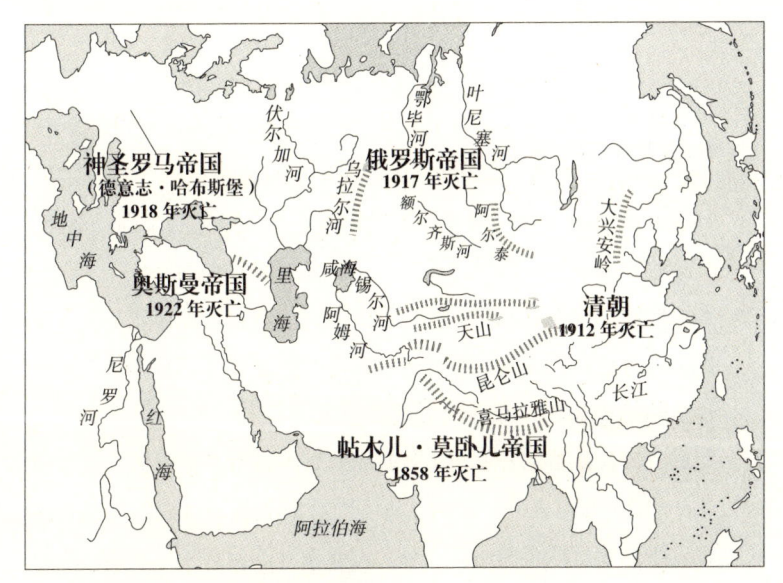

19—20世纪初欧亚大陆主要帝国的灭亡时间

所维系的多元帝国世界之间界限的模糊不清或错觉、误解。对于汉族民族主义与巨大版图之间难以填补的鸿沟,孙文试图以新造的"中华民族"一词来填平,但实在是很困难。现政权以"多元一体"为口号,当然是可以的。

再将目光引回到欧洲,作为第一次世界大战的直接结果,两个帝国灭亡了,即霍亨索伦家族出身的皇帝统治的德意志帝国和哈布斯堡家族出身的皇帝统治的奥匈帝国。二者都拥有神圣罗马帝国所传续的古老因缘。从此,带有"帝国"之名的政体正式从欧洲彻底消失了。

蒙古及其身后的帝国群

宣告世界的世界化真正起始的20世纪，其登场是与旧有的各帝国的相继消亡同时拉开帷幕的。中世纪乃至近世以来一直延续的历史绵长脉络，至此一时中断。一个大时代的终结，显然就在此时。

然而，这也是新帝国的兴起以及更大规模政治对立和军事竞争的开始。美国这一新兴帝国自不必说，也许还有人将战前的日本和纳粹德国、战前战后的苏联归入此类。由于科学技术的发展、近代武器的开发和军备扩张、民族国家美名下的高压政策等，使20世纪成了人类史上前所未有的战争和杀戮的世纪。然后，今天除全球帝国美国之外，有普京复苏的新生俄罗斯，还有伴随着巨大市场化前行的中国。21世纪果真能将"负面的20世纪"这一令人生厌的时代送走吗？能够向着人类共同的价值观和目标，不断解决问题、共同前进吗？人类能变得这么明智吗？

回顾历史，于20世纪初同时消失的诸帝国，实际上都分别与蒙古帝国及其时代有着某种渊源。这一点至今没有得到应有的认识，如果实事求是地综观世界史，这是一种严肃的超越时代的历史现象，不容否认。

首先，来看俄罗斯帝国。在欧亚大陆西北部的偏僻一隅，有为贫瘠的大地和森林所环绕的寒冷地区，称为"斡罗思"，那里曾经分布着各不统属的诸公国。13世纪，拔都所率蒙古西征军到来，其后斡罗思成为蒙古世界帝国的组成部分术赤兀鲁思（因误解而产生的通称为"钦察汗国"）的属领。从此经历了漫长的共存时期，主从关系最终发生了逆转。

其最初的契机，在于蒙古的代理人莫斯科的兴起，即莫斯科费时三个世纪完成的斡罗思诸公国的统一，以及本为君主血统的术赤兀鲁思的属国喀山和阿斯特拉罕两个汗国的合并。在16世纪中叶控制了伏尔加河流域的莫斯科公国，反过来陆续重编游牧战士，一举东进西伯利亚和内陆世界，迅速抵达了太平洋沿岸。然后一步步侵入哈萨克草原和中亚，将目光从蒙古高原进一步投向了中国和朝鲜方面。包括聚集多种族、多地域和多文化的庞大复合体及其帝国经营的体系，俄罗斯帝国从蒙古帝国获得生命，并反压蒙古统治而膨胀起来。

奥斯曼帝国也与蒙古世界帝国中控制伊朗中东地区的旭烈兀兀鲁思（通称"伊利汗国"）有关。13世纪末，在旭烈兀兀鲁思势力范围的西北边，萌芽于小亚细亚一角的突厥系小部落成为旭烈兀家族所属领地的管理者，于1326年在布鲁萨及其周边地区建立了小的聚居地。当时担任布鲁萨"算端"（统治者，亦称苏丹）的人，被视为奥斯曼帝国的开山之祖。

关于奥斯曼王朝的渊源尽管还有不少模糊之处，但是难以否认它与旭烈兀兀鲁思之间存在直接或间接的关系。在其后的后蒙古时代，奥斯曼王朝初期的首领们与试图成为旭烈兀兀鲁思解体后继承人的孙都思、札剌亦儿、白羊王朝、黑羊王朝等各种势力展开争夺，虽然因后面将提到的帖木儿而一时陷入毁灭的境地，但最终再度兴起。奥斯曼帝国开始具有海上国家之形，是在进攻君士坦丁堡之后，实际上被认为是始于苏莱曼大帝时期，在此之前，特别是在国家和军事制度以及体系方面，蒙古的影子和色彩仍相当浓厚。

目光转向东方，大清国已经成为蒙古世界帝国的宗主国大元兀鲁思（中国通称为"元朝"）时隔二百五十年的"后继国家"。大清国从始祖努尔哈赤时就与蒙古关系很深，尤其是第二代君主皇太极在和蒙古科尔沁部结盟的基础上，于1636年在盛京（今沈阳）召开忽里台（蒙古的国会或帝室会议），接受成吉思汗后裔内蒙古王侯们的推戴，以大元兀鲁思之皇位继承人的身份即位。当时，大概是仿照 Dai Ön Ulus（大元兀鲁思）之名建了新国号 Daicing Gūrūn（大清国）。大清国，包括其后的发展在内，确实一直是名副其实的满蒙联合政权。

在蒙古帝国内部，帖木儿帝国从控制中亚的察合台兀鲁思西部以对其进行重组的形式诞生了。这个帖木儿帝国在1500年失掉根据地后南下印度次大陆，成为第二帖木儿朝莫卧儿帝国，所谓莫卧儿即指蒙古。莫卧儿帝国对以北印度为中心地区的统治，最终随着自身的衰落，被来自海上以"东印度公司"之名出现的英帝国所蚕食，逐渐丧失了实权，只是在名义上一直延续到了1858年。1877年，维多利亚女皇称印度皇帝。直至近代初期，蒙古帝国的根缘也还在南亚持续存在着。

还有哈布斯堡家族和霍亨索伦家族。二者都发端于中世纪以来神圣罗马帝国非常松散的"帝域"。哈布斯堡家族最初于

1273年将神圣罗马皇帝之位揽入手中，而霍亨索伦家族于14世纪扬名，在1363年获得帝国诸侯的身份，得到发迹的契机。

在蒙古帝国整合欧亚大陆东西大半地区的13、14世纪，同时存在于欧洲的帝国即神圣罗马帝国。特别是当拔都西征军打败了当时首屈一指的强国匈牙利时，面对来自东方的蒙古的威胁，有人呼吁欧洲团结起来，即在第六次十字军远征中成为耶路撒冷王的著名的神圣罗马皇帝腓特烈二世。分别起家于这个神圣罗马帝国独特"聚合体"中的两王族，后来经历长期反复的沉浮、变故和斗争，最终在围绕"德意志"之前途和生存状态展开的对峙中各自走上了帝国之路，然而不到半个世纪，双双于1918年灭亡。

世界史之构图

回顾上文所述，一战前后实际上是蒙古帝国及其时代以来曾处于其间接但浓重影响下的各帝国及残余势力一起灭亡的时期。换言之，蒙古以后"帝国史"的大部分，暂且在这里得到了总决算。因看法的不同，这或许也可以视为时间极长的"中世纪"的彻底终结，当然，也可以更具常识性地将其视为所谓"近世"的终结。

宏观地回顾世界史，可以说13、14世纪的蒙古帝国及其时代是对之前欧亚大陆的历史乃至非欧—欧亚大陆经营的全面总结。人类从之前分布于各个地区和各个文明圈、相互之间相对缺乏关联的状态，开始大步迈向另一个阶段。世界乃至人类这一

序章　历史因何而存在

广阔的地平面,以及对于它的憧憬,均因连通陆地和海洋的史上最初的真正大交流开始得以实现。

只是,对于自此开始的历史中"蒙古"所整合而成的状态之全貌、为后世所带来的各种影响和遗产,人们的了解还是很不充分的。对迄今一直主要由欧美所讲述的世界史形象,存在大小不一、各式各样的怀疑,然而最重要且根本的问题是,只有从15世纪末以后西欧的海洋进发开始,才能谈到作为完整形象出现的世界史。在那之前正像是割裂的历史,之后却一味地以欧洲为中心来描述。情况必然会向以"来自海洋之视角"为基础的历史叙述倾斜。但是,真的是那么回事吗?

例如,仅观察已述蒙古时代及后来非欧—欧亚大陆所经历的一系列帝国群的存在和发展,就可以明显看出既存世界史形象中无法解决的缺陷。蒙古世界帝国自身对世界史的意义自不待言,还有俄罗斯帝国、奥斯曼帝国、大清帝国、帖木儿—莫卧儿帝国、神圣罗马帝国,它们都是超越生态系和文化圈的框架,或是超越既存国家和社会的范畴而存在,时常相互争夺,处于一种复杂的关系,同时触动了欧亚大陆以及北非和东非,并时而向海上施加相应的影响。

总之,除了以葡萄牙和西班牙为先导,及大量吸收其成果的荷兰、英国、法国和美国,在非欧—欧亚大陆大致呈组合状并存和延续的若干"近世和近代帝国"的各个成员,也是上演世界史的主要角色,不断推动了历史。说起来,这种状况导致的第一次世界大战本身,除去最后参战的美国,以及英国和法国拥有的很多海外领地(包括战场在内),毕竟是在非欧—欧亚大陆内发生的帝国间的战争。

泰姬玛哈陵 第五代莫卧儿皇帝沙贾汗于17世纪所建造,其壮美无与伦比

理所当然地,世界史同时向海洋和陆地展开了。随着时代重要性渐增的"投向海洋之视角"固然重要,不过"依存陆地之理"也不可缺。然而,像斯基泰和匈奴以来贯串历史连绵不绝的欧亚大陆国家之传统自不必说,对于蒙古时代及其后非欧—欧亚大陆的综合把握,西欧中心主义的一贯历史形象,也都基本缺乏应有的知识积累、分析的视角和对历史全像的洞察等。说到底,已经形成一种固定模式,即只要能够在西欧的扩张和由此形成"世界统一"这一目标上站得住脚就可以。

这是因为照搬了约一百年前在欧洲尤其是西欧被体系化了的架构。这是欧洲最为自信的19世纪末的产物,日本也曾经将其作为世界标准来接受。于是,包括历史学在内,当时的学问、知识体系成为基础和支柱,展开了日后的教育和研究。这种东西进而被印在很多人的头脑中,转化为日本人的常识。我们头脑中所存在的"世界史形象",之所以只有欧洲本位特别是西欧本位的,

序章 历史因何而存在

原因就在于此。

当然不是要以此为辩解。首先，时间和思考停留在了19世纪末。历来的模式是将20世纪以后的事情作为"现代史"另辟框架来衔接，而"现代史"的部分，因各国之间的利害关系错综复杂，很难成为世界史，所以总有些稀里糊涂和虎头蛇尾的感觉。换句话说，历史和现在连接不上。

"现代史"和"当代史"，都处于由过去的历史所引出的延长线上。不仅如此，即使在第一次世界大战结束至今的约九十年间，历史的脉络的确依然存在，例如上文谈到的"帝国史"之潮流，今天似乎依然汹涌。

就是说，俄罗斯帝国向苏联和今天的俄罗斯联邦，奥斯曼帝国向目前仍陷混乱中的中东，大清帝国经中华民国向现在的中华人民共和国，帖木儿—莫卧儿帝国向今天的印度、巴基斯坦、阿富汗和中亚诸国这一不稳定的框架，以及"德意志民族的神圣罗马帝国"向现在的德国乃至整个欧盟，各自浓重地投下了正反两方面的影子，使得当今的时代突飞猛进。正因为保持了"帝国"似的形态，混沌之中才隐藏着大变化的可能性。不管怎么说，"帝国的记忆"都会一直成为现在和将来不可忽视的动因。

走向人类历史的新时代

划时代的蒙古时代　　蒙古帝国及其时代,究竟是个什么样子呢?对此需要做些重复叙述,这里只想扼要介绍一下其大致情况。

13世纪初,欧亚大陆刮起了一股强劲的风暴。这一风暴持续了半个多世纪,终于将欧亚大陆和非洲从陆地和海洋两个方面松散地整合在了一起。世界虽然是"非欧—欧亚大陆世界"这种形式,但是世界史因此首次拥有了一个可以看到的全貌。世界史在这里发生了大的转折。

关于蒙古占据世界和时代的中心的13、14世纪,将其视为"蒙古时代"这一世界史上重要划时代的看法,在日本国内外流行很广。这一观点首先是由已故的本田实信在其代表作《蒙古古代史研究》(1991)中提出来的。他在充分认识西方人所谓"地理大发现"或"大发现时代"(日本的对应说法是"大航海时代")之说的基础上,提出在其两个世纪前的蒙古时代,人类史上重大的一步就已经迈出了。这是日本所倡导的最初的世界史概念。

就是说,在以西欧走向海洋为开端、通向全球化形式下的"世界之世界化"的大门徐徐打开之前,欧亚大陆和北非以及东非都曾是人类历史的主要舞台。对此大概不存在什么异议。若将那里漫长的历史过程命名为"欧亚大陆世界史"或"非欧—欧亚大陆世界史"，就会出现那种"旧世界"的陆地和海洋的大部分地区因蒙古帝国得到直接和间接的松散连接，总之形成一个体系开始活动的状况，这是前所未有的。

因蒙古而导致的"新世界"的出现和形成，分为两个阶段。首先，在从13世纪初成吉思汗建国开始的约半个世纪中，欧亚大陆大部分地区得到整合，拥有人类史上最大陆上版图的"大蒙古国"即蒙古帝国在这个时间点上已经出现了。接着，从第五代大汗忽必烈开始，宗主国"大元兀鲁思"（准确的名称是 Dai Ön Yeke Mongqol Ulus，即"大元大蒙古国"）作为国家开始向海上进发，控制着通过印度洋航线所实现的交流和贸易，促进了贯通陆地和海洋的体系化。最终，以多个同族兀鲁思组成的化为世界联邦的蒙古为中心，清楚地呈现出"欧亚大陆交流圈"或"非欧—欧亚大陆交流圈"的状态。

所谓"兀鲁思"，是指在欧亚大陆中央区域发展起来的以游牧民为主的国家。蒙古语为 ulus，突厥语作 il，原本的意思是"部众""人们""人的集团"，进而指"国家"。兀鲁思土地和领地方面的意义较弱，是特指"人的聚合体"的一种概念。这种人的集团的首领，突厥语和蒙古语称为 qan（汗），而位于众多首领之上的最高统治者称为 qaqan（可汗）或 qa'an（合罕）。可汗之号，见于5世纪时的柔然和北魏，其后突厥、回鹘、契丹等也有使用，直至蒙古。在蒙古帝国内，从第二代皇帝窝阔台时开始使用合罕之名，而在帝国的组成部分即其他兀鲁思中，其首领始终只能称为汗。总之，蒙古帝国是由一位合罕和其下多位汗所统领的二重结构的多元复合体。

关于"可汗"和"汗"的区别和分别使用，一直以来日本的研究者们认识不够充分，曾出现一概以ハーン来表示的情况。之所以出现カ（qa）和ハ（ha）的不同，主要原因在于日语表音的局限性。原来的发音介乎 qa 和 ha 之间，因年代和地区不同而有些差异，但是在蒙古时代估计更接近 qa 的发音。

此前，欧美的历史学家们就蒙古所达到的史上空前的状况，试图仿照西方人引以为豪的"罗马和平"（Pax Romana）之语，表述为"鞑靼和平"（Pax Tatarica）或"蒙古和平"（Pax Mongolica）。之所以这样做，是因为不只是亚洲各地区，就连当时的欧洲也笼罩在蒙古所带来的"新世界"这一大环境中，即便想否定前所未有的新时代的到来也是徒劳的。如后文所述，说到以意大利半岛为中心的"文艺复兴"的真正展开，以及进入14世纪后迅速活跃的地中海贸易和航海技术的进步，实际上如果没有包括来自蒙古帝国本身的直接刺激，以及这一特殊时代的环境和物质精神两方面的影响，是无论如何也达不到的。尤其是在航海技术方面，可以想见西欧通过阿拉贡联合王国在伊比利亚半岛进行积累，而不久即以葡萄牙和西班牙为先导，具备了向海洋进发的条件。

后蒙古时代与"近世和近代帝国"

蒙古完成的大统一,势必为欧亚大陆乃至非欧—欧亚大陆各地带来大变动。在中华地区,出现了空前的大领地,这是连汉土都未能保全的北宋,以及勉强维持住本为"蛮地"的汉土之南半部即江南的南宋所无法比拟的。这片领地,自然是一个巨大的空间,足以驱散所谓"华夷之别"等终究不过是出于文饰方面考虑的小技。宏观地来看,尽管中间有很大的伸缩,但是可以说从"小中国"到"大中国"即经由明代迈向大清国乃至当今巨大中国的步伐是从这里起步的。

在中东,因蒙古造成的阿拔斯王朝的灭亡以及随之而来的伊斯兰的相对化不言而喻,而在包括蒙古之旭烈兀兀鲁思统辖的广义的伊朗,现今的阿塞拜疆、阿富汗、土库曼斯坦及其以东地区,形成以波斯语文化为主体的"东方伊斯兰圈",在与蒙古对峙的马穆鲁克王朝所控制的埃及以西地区,形成阿拉伯语文化的"西方伊斯兰圈",这个发展趋势已成定局。这一切都是与现在直接相通的现象,而且以突厥和蒙古系军事政权为核心所建立的"伊斯兰国家"的模式,这时也已经定型。

在蒙古之前的时代,尚未稳定地统一于一个国家或政权的西北欧亚大陆,即今天的俄罗斯、乌克兰、白俄罗斯、哈萨克斯坦、乌兹别克斯坦等广阔的地区,在名为术赤兀鲁思的蒙古政权的统治之下被动地走向秩序化,同时卷入整个蒙古帝国所创建的遍布欧亚大陆的交通体系和流通经济中。例如在俄罗斯,完全不同于过去基辅罗斯那样的小国的"新聚合体"已经开始运作。在同一地区，因草原之蒙古和森林之斡罗思诸公国这一模式达到的共存状态得以长久持续，莫斯科不久即凭借与蒙古政权的密切关系慢慢兴起，最终为俄罗斯帝国铺平了道路。

在蒙古时代变成毫无边界的开放空间的世界东西方，蒙古政权以国家财政或公权力来维系和保障着陆海交通方面的运作方式、便利和安全，使人员和物资得以以空前的质和量往来交流，文化、宗教、思想、知识、信息、学术、科学、技术、艺术等方面也得到了大发展。在思考人类文化并联想到作为世界现象的资本主义的产生等问题时，我感到蒙古世界帝国及其时代所发挥的作用的确非常重大。其中的很多方面仍然被遗忘在历史的角落，有待发现。附带说一下，蒙古时代游历东西方的人当中，光是出名的就有很多。社会上习称为"丝绸之路"上的旅行者们，大多集中出现于这一时期。这也是很自然的事情。

蒙古时代之后的欧亚大陆乃至非欧—欧亚大陆，进入了被称为"后蒙古时代"的状态。从政治方面的形势来粗略勾勒的话，东方是明朝和大清两帝国，中央是帖木儿和莫卧儿两帝国，西南是奥斯曼和萨法维两帝国，西北是俄罗斯帝国，共四个聚合体，再加上神圣罗马帝国，诸大型"地域帝国"并立，维持原状地直接进入了近代。在这些"近世和近代帝国"当中，四个聚合体之间尽管存在程度上的差别，但是难以否认它们都曾处于蒙古帝国的影响之下。不得不承认，蒙古帝国对于世界史所具有的划时代和超越时代的意义确实是重大而深刻的。

历史中的知识虚构　　在研究蒙古帝国及其时代时，有必要根据东西方的多语种原文文献和多种遗迹遗物这两大项所得出的基本数据，从一个个细小史实的考订入手，把握具有一定广泛度的事态和情况，在大量积累的基础上，展开跨地区和跨文明圈的综合分析和判断，从而建构其总体形象。说到文献史料，以波斯语和汉语两大史料群为主，多达二十多种语言。在很多情况下，它们是以原文书、原碑文、原写本、原刊本等名副其实的"原本"形式得以流传的，这也是其特点之一。而只是对这些史料进行大致的阅读和领会，也是极为困难的。仅此一点也已经和其他历史领域呈现出完全不同的状态。说到遗迹和遗物，的确是遍及整个非欧—欧亚大陆，尚未发现、尚未介绍和尚未处理的情况非常多。例如，即使被说成是"蒙古时代的考古学"等，但事实上听到的却多为笑谈。不能不说，这是一个穷尽人类知识也取之不尽的可畏的领域。

尽管如此，近年来由于水平和普及较从前大为提高，研究因此得以迅速展开。不久前，不少一直被视为理所当然的"重大事实"已经被宣布废弃。"新事实"的提出，在大实证、中实证和小实证任何一个层面都很多见。直言不讳地说，引领这一现象的是日本。日本所提出的历史形象在关系世界史的根基的领域里成为标准，这大概是第一次。

能够做到这一点，是政治、国界和史料之壁垒被打破后近二十多年来的事。除了中国的开放政策、苏联的解体和东欧的民主化，还可以举出不少实例，例如欧亚大陆中央地区的相对自由化，非欧—欧亚大陆不少国家紧张局势的缓和以及政治和历史方面禁忌的减少，作为无国界化和全球化的正面效应所反映出的调查、研究、阅读、交流等方面条件的改善，等等。总之，这是世界形势变化的礼物。反过来说，关乎蒙古帝国及其时代的这些历史，主要是在原苏联范围内遭到了相当严重的嫌恶、禁止和拒绝。这样做的出发点中，隐含着人为的负面遗产所虚构的印象。

对于蒙古帝国，长久以来多恶语相向。那是因视自身为"文明"、视他人为"野蛮"的固定模式和愿以蒙古受害者自居的情绪使然。事实上，中华文化正是在蒙古时代更加辉煌了。而且，认为伊斯兰近代的衰落和苦难不是出于自身原因而是在于蒙古的破坏，这种观点也被证实完全是虚构和偷换概念。因自尊和蔑视而产生的"慰藉模式"，与其说是人类社会常见的现象，倒不如说后世历史学家和思想家当真接受这种传统说法之举是令人称奇的。

制造对蒙古的负面印象并推波助澜的是近代的欧洲。在19世纪和20世纪"普及"的欧美本位的世界形象和知识体系中，不可能从正面实事求是地看待蒙古帝国及其时代。不仅如此，倒不如说在19世纪已经成为列强的欧洲各国是依据它们共同鄙视游牧民和亚洲各地区的先入之见，将蒙古帝国作为适合的

蒙古时代的中华文化之一例 位于山西省芮城市的雄伟壮丽的建筑群——永乐宫，作为全真教这一道教派别的本寺，是在蒙古政权的资助下建造起来的。其中三清殿内的壁画堪称中国美术史上的杰作

典型来观察的。从前（被认为）曾使欧洲陷入恐惧之中的蒙古，正是作为落后的应当征服的亚洲的代名词，成了超越历史和时代的合适的目标。

在近代的欧美，这是异常高涨的"文明主义"和自爱，以及由此产生的偏见和傲慢的产物。著名的阿布拉罕·康斯坦丁·穆拉贾·多桑的那部《蒙古人的历史》（日译本书名为《蒙古帝国史》），从19世纪20年代至30年代在欧洲大受欢迎（史实另当别论），是因为其有意贬低蒙古的说法与即将正式开始侵略亚洲的欧洲列强的"时宜"，以及那一时代的氛围和情绪是相符合的。顺带说一句，亚美尼亚出身的多桑，以蒙古帝国将自己的祖国推入灭亡之深渊而对其产生憎恨。然而，事实上亚美尼亚在更早的时期即已失去故土，在地中海沿岸的奇里乞亚得以再生，而在蒙古统治的宽松的框架和庇护下度过了安定的岁月。

对蒙古帝国史等过去的历史所做的负面化印象，被以欧美价值观为前提的历史学家继承。这种现象不仅限于西方历史学家，实际上在亚洲历史学家中也很明显，其残留的影响至今仍然不少。直言不讳地说，有很多人坚信近代欧洲为了自身利益所制造出的虚像是世界史上不可动摇的定论，这种情况确实令人遗憾。虚像会引发误解和不信任的连锁反应。欧美打着"文明化使命"的旗号使自己正当化，其自负、傲慢以及刻意的谎言，譬如对亚历山大的极端英雄化和溢美之词等，举不胜举。这里始终贯串的是抬高欧洲、鄙视亚洲等地区的视角。

丑陋的蒙古兵 15世纪欧洲的绘画。"恐怖蒙古"之典型印象

这只能说是历史中的知识虚构。随之而来的负面影响依旧俨然存在。不能不使人联想到历史学家和思想家的作用。近年来，对于蒙古帝国及其时代的评价，在世界范围内有了迅速的好转，其潮流早晚会回潮到日本。

面向知识基础之再设计

历史究竟是什么？历史研究到底为何而存在？被称为历史研究者和历史学家的人们想要寻求什么，又想要表达什么呢？

自古反复出现的这些发问近年来愈加显得迫切和深刻。冷战结束后的世界，走上了与以往水平截然不同的全球化（所谓的 globalization）和信息化之路。伴随着经济、物流、金融、交往、视频、音乐、娱乐、嗜好、时装、饮食文化等方面的共通化和一体化，战争、对立、争端、恐怖主义、犯罪、艾滋病、传染病、疯牛病、大气污染、海洋污染等负面情况也明显在世界范围内普遍出现。被广义归结为环境问题的多种情况，即其典型事例。

从前被称为思想家和历史学家的人的头脑中所描绘的世界形象以及世界史形象，事实上不是被追平并超越它的形式所抛弃，就是被要求对其进行根本性的再建构。"近代之重新认识"等，是最低要求。不，更通俗地说就是，生活在今天的我们已经习惯于依据被报道的情况，盲目地对每天发生的事情进行漫无边际的思考。还有，有必要从今天这个时间点回顾过去各个时代，看它们是如何在世界规模上运作的。以这样的视角宏观地重新审视历史，对于很多人来说将会逐步成为自然而然的事。

对于思想家和历史学家来说，现在或许是个难堪的时代。然而，从前穷尽一生也无法到手的信息和知识往往一下子就可以集中在眼前了。思想家和历史学家也不一定只能是专职人员了。就是说，思想研究和历史研究已经变成了向大众开放的领域。自欧洲出现近代大学的 19 世纪初以来，观察过去和现在、思考人世的过往未来的活动，多被交办给了特定的职业人员。现在它又再次慢慢地回归到了个人中间。这或许是在向本应有的状态靠近。

针对某一时期、地区和领域的研究，既要成为从原始史料入手的历史研究者，又要成为多角度描述不同时代历史形象的历史学家，绝非易事。尽管如此，为了这样的目标每天漂游在史料的海洋中付出努力的人仍然不少。此外，今天更需要的是，在史料壁垒、政治壁垒和国界壁垒基本解除的情况下，依据确凿的根据和信服力来重新构想地球这一舞台上迄今为止的历史路程，亦即整个人类史。

还需要一种超越战争、争端和对立的平台和思考。争端和对立真的不可避免吗？拿伊朗等中东国家的现状来说，可以当作"文明的冲突"等，以历史的必然式的眼光来一带而过吗？依事实来说，本不应存在的"文明的冲突"，是由卑劣的想法臆造出来的虚像，而愚蠢的政治重复着将它坐实的愚行而无所顾忌。

我们经历了怎样的路程才达到今天这个样子呢？打造出为人类所共有的历史形象和世界史形象，无论如何是很期待的。希望这种形象能够不问过去、现在和将来，为认识世界提供不可或缺的视角。我们人类的"智慧"，如今正处于大的变动之中。有必要从其根基开始重新审视各种各样的"智慧"，从人类的立场出发进行再设计。

当然，那一定是一种超越个体、国界和人种，汇集众人智慧的共同行动。尽管艰难，却是必要且具有意义的挑战。我们如今就生活在这样的时代里。其时，历史估计会发挥出本来应有的作用。

第一章

绵延不绝的欧亚大陆国家的传统

古老而新兴的亚洲、欧洲、欧亚大陆

历史舞台是多重结构的 首先想说一下历史的舞台。亚洲和欧洲合起来称为欧亚大陆。再加入非洲成为非欧—欧亚大陆。在这块巨大的陆地板块上,从古至今出现的人群及其活动多种多样。还有因此而好歹改变了的这个地球,或是广义上的环境。

实际上,观察历史和考虑环境在现在来说非常接近,即指从过去的种种情况中推测现在,面向未来构想应有的形态。在这一点上,包括社会上所说的文科和理科,所有的壁垒都是不需要的。应当网罗一切智慧和经验,立于人类这一地平面上。

当然还有南北美洲大陆和大洋洲,以及漂浮在拥有惊人广阔水域的太平洋上的大大小小的岛屿，近年来甚至连南极大陆也成了人类历史的舞台。所有这些地区上的进展虽然都属于全球世界史或地球世界史，但毋庸置疑，人类社会和人类文化的基础的很多方面，是由欧亚大陆乃至非欧—欧亚大陆及其周边海域和岛屿地区所实现的积累和发展构成的。也就是说，观察欧亚大陆乃至非欧—欧亚大陆这一空间及其居民应有的状态和进步，在思考世界史的整体形象方面自然拥有很大的比重。

亚洲和欧洲

接下来，我准备就构成世界和世界史的一些基本组成部分展开探讨。首先，是亚洲和欧洲。

"亚细亚"之名，起源于古代亚述语的 asu 一词，意即"日出之地"。与同为亚述语的 ereb 或 irib 即"日没之地"一词本是一对词语。asu 变成 Asia，并进一步传到希腊，演变成了变身为牛的宙斯抢夺女神欧罗巴，将她驮在背上渡海西去的神话故事。ereb 和 Europe 的主要成分是基本相通的。因此一般认为希腊语的 Asia 和 Europe 又传播到地中海以西地区，终于形成了亚洲和欧洲的名称。

那么，为什么是亚述呢？亚述以今伊拉克、目前正处于争端之中的北部美索不达米亚平原为根据地，自公元前 2000 年起拥有源远流长的历史。从公元前 8 世纪中叶至公元前 7 世纪后半叶，它发展为一个强盛的军事国家，鼎盛时期几乎征服和统治了

亚述的王侯 亚述凭借铁和马匹具备了军力，被称为"人类最初的帝国"。图为描绘王族猎狮场面的充满动感的精美浮雕。大英博物馆藏

今天中东中央区域的全境。它常常被说成是人类史上最初的"帝国"，其军事体系、多民族统治、官僚机构为周边地区以及后世造成的影响，虽然今天还难以准确估量，但是以楔形文字碑文的出土和解读为支柱的亚述学已经展开，这方面的情况正逐步清晰起来。尤其就"亚述帝国"来说，可以想见经由取而代之的巴比伦王国和伊朗高原的米底王国的中介，为堪称世界史上真正大帝国的哈卡马尼什帝国（一般据希腊语称为"阿契美尼德王朝"等，但在确知其原语的情况下，西式的通称和俗称就显得奇怪了）所继承和发展的东西并不少。

asu 和 ereb，确实见于亚述的碑文中。说"日出之地"是东、"日落之地"是西，完全是一种简单朴素的说法。反过来说，亚细亚和欧罗巴也只具有这一词义。这一极其朴素的说法，由希腊语转入拉丁语，变成 oriéns 或 oriéntem、occidéntem 等词语，意即"升起的太阳"和"落下的太阳"。至此仍然不过是意指"东"和"西"。

或许这种直截了当、非常直观的说法，作为词语的语素仅仅传达了三点内容：第一点，亚细亚和欧罗巴之间是两个词语组成的一个套组的关系；第二点，其各自的名称在"东"和"西"以

外，不具有其他印象和价值观；第三点，在亚述这一"古代世界"最初的统一国度那里使用的这一对词语，后来传到周边的多为"穷乡僻壤"的希腊，几乎原封不动地使用后，又传入受到希腊浓厚影响的罗马境内，尽管词语发生了变化，但含义被原样继承了下来，如此而已。

对此或许还是做一点补充为好。当时希腊人普遍认为"欧罗巴"之地是指以现在的博斯普鲁斯海峡和达达尼尔海峡为界，向北侧延展的整个地区，而其南侧向东方延展的地区是"亚细亚"，西方被称为"利比亚"（非洲）。

亚细亚和欧罗巴之中自然包含"东"和"西"之意，而实际地形与"三大陆"的认识重合，同时也包含分作南北的细微差异。这使得兼具南方氛围的亚洲因温暖和炎热而被认为是丰饶富裕和世俗的奇异世界。在西方，北部的欧洲因寒冷而被赋予了荒凉淳朴和粗野的印象。习惯的认识是，文化之花盛开之地是亚细亚，粗野且凶恶之地是欧罗巴。这种认识发生逆转，是近代以后的事。

欧洲本位观和日本的误解　问题在于"后世"。原本只表示"西"的词语，因泛称自己为"欧罗巴"的人们而得以在后来长久使用。经历了中世纪和近世，"欧洲"差不多变成了"基督教世界"的同义词，而且，其独特的地域文明体实现了工业化和军事化，从19世纪中叶开始一下子崛起于世界，于是"欧洲"一词被赋予了完全不同的印象和价值观，传遍世界——

不，是作为绝对优势的文明成了世界的主人。

至此，"亚细亚"从仅具东方之义变成了负面印象的集合体，概括为应由"欧罗巴"使之文明化的落后地区，而欧洲对亚洲的侵略反倒成了"使命"。就是说，近代以后的"亚洲"只不过成了欧洲本位的第三人称。

再强调一遍，"亚细亚"一词原本只具有"东"和"非欧罗巴"两个词义。回顾历史，被视为"亚细亚"的地方从古到今存在着各式各样的人和地域的聚合体，进而营造出很多独立的文化圈、生活圈和文明圈，完全是百花齐放，无法以一概全。以"亚细亚"之名来概称是不合理和任性的，只能说它是约定俗成的名称、用法和简便之称。也就是说，使"亚细亚"像"亚细亚"的，也几乎只有"亚细亚"这一个词。其他某些看似合理的理由、目的、行为、意图，是过后扣上去的。

幕府末期和明治年间，日本对"亚洲"一语做出了反应。"脱亚"和"兴亚"的争论、后来的亚细亚主义和大东亚共荣圈之路，其根源深处也都隐含着与"欧洲"相对的"亚洲"、不做"欧洲"的"亚洲"这种语言形象或幻术，也可以说是"亚细亚幻想"。战后的日本本应因此接受了教训，然而事实上，只是言辞和说法显示出不同，因"亚细亚"一词而喜悦，合作、团结、共存、一体化、共同体等美好的喝彩声不绝于耳，做法基本上没有改变。日本这个国家及其国民，似乎非常喜欢"亚细亚"一词。

生活在中华人民共和国的五十多个民族的人们，除了政治和体育等广义上的活动,基本上不感到自己是"亚洲"。尤其为自己是中华而感到自豪的人,更会如此。韩国的情况虽有不同,但首先不存在什么感动于"亚洲"之语,或为之动心甚至陶醉其中的事。况且,西伯利亚和中亚五国以及直至中东的各国各地区的人们,彼此之间在多大程度上感觉自己是"亚洲"呢?不,究竟是不是把自己看作"亚洲人"呢?

"欧洲"的许多方面,以欧盟及通用货币欧元等为契机,今天已经走上了实体化的道路。但是仅仅作为"非欧洲"的"亚洲"一词,终究不过是赐予的用语或强送的包裹。仅此而已的这样一个名称,自然也就仅在考虑政治、经济、国际体育活动等方面的便利和名义时使用,或是用作非欧美、反欧美的标语和口号,仅在这种场合被试图蒙混过关的政治家和学者们便利地用作理论上的一种平衡。总之,"亚洲"一词对于借此有所企图的人或许有用,对于不同于他们的人来说,也就是连内容都没有明确标识的商标而已。

作为历史构架的亚洲

那么,作为历史的构架,"亚洲"有多大效用呢?对这一提问的回答,似乎是二律背反的。

如前所述,"亚细亚"确实具有非常多元的含义。本不应做单线的把握和阐述。假设可以在稍作重复的基础上粗略地点出多元领域中的主要部分,则能够列举出日本史、朝鲜史、中国史、东南亚史、内陆亚洲史、中亚史、南亚史、西亚史、伊斯兰史这样的聚合体。其中的大多数也可以说是大领域，但各自拥有几乎独立的发展脉络，而相关的研究也基本上是分别展开的。名称与"亚洲"有关的历史，每一个单独史都可以与欧洲史相对应。而且，不用说中国史，就连日本史和朝鲜史等，仅仅通过历史去观察也并非寻常之事。

这里之所以未提东亚史这一范畴，是因为"东亚"这一用语隐含危险和质疑，对于它所包含的空间之具体所指的认识因人而异，且大多近乎荒唐。如果以现在的日本、韩国、朝鲜和中国的领土之和回溯至过去来谈所谓"东亚"的历史形象，就只能是出于现在的目的而歪曲事实的行为。

对于已经谈到的大领域，很多研究亚洲的学者似乎并不赞同，认为更为细化的领域设定才具有意义。这肯定是那么回事。广义的历史研究，今天甚至可以超越国境表达出细微且内心丰富的小世界。希望在充分了解此种情况的基础上，由过去来观察现在的视角才是全面的。

在19世纪和20世纪的欧洲，曾经出现了好几位试图全面观察"亚洲史"的巨匠，这里不一定要提及姓名，但他们及其著作将欧洲最为自信的时代的风气和氛围传达给了今天。此处也可以深切地感到时势造人的想法，此后经过一段时期，日本也迎来了学术的英雄时代。在众多人所走过的路程中，宫崎市定这位巨匠以中国史研究为中心提出了"亚洲史"的说法，不能不说是颇具气魄的壮举。而详细内涵的补充，自然落到了下一代的身上。直言不讳地说，从前是不可能出现这一经过大量实证和考察获得的宏观视角的。这种视角下被言说的历史，多能使人振奋。

欧亚大陆说及其发展

除了对亚洲和欧洲的这种理解，对欧亚大陆这一想法和构架的探讨从19世纪末左右开始自然而然地冒了出来。正如已经反复提及的那样，时代已经到了帝国列强竞相瓜分世界，权力政治、军事冲突的状况不断加深的时候了。

"欧亚大陆"一语，不用说是将欧洲和亚洲二词合并简缩而成的说法。之所以把欧洲放在前面，与其说是因为Eurocenteralism（欧洲中心主义），倒不如说是出于处理词语的方便而为之。总之它是在近代欧洲产生的说法，尤其为从事地理学和地缘政治学的人们所使用。

作为纯客观的大陆名称，"欧洲大陆""亚洲大陆"的说法和概念本身就很奇妙，因此欧亚大陆一词自身对于地理学者来说是非常自然的事情。然而，这其中存在着时代的问题。置身于激奋的时代，人们往往超越人的身份界限，而学者们轻而易举地超越学者的领域，将眼光投向世界和机遇，因人而异地描绘出了宏伟的蓝图。他们以人类和地理环境的关系特别是以国家、社会和民族为焦点，进而就各种各样的政治现象通盘考虑本国所处的地理位置和条件，于是自然而然从中产生了以展开最有效的战略和外交为要点的地缘政治学。

关于地缘政治学，从大的方面来看存在两个流派：一个是德国，另一个是俄罗斯。地缘政治学是19世纪末从德意志帝国学者弗里德里希·拉采尔的政治地理学开始，在第一次世界大战前不久主要由瑞典政治学家鲁道夫·契伦倡导的观点。德语作Geo-politik，英语作geo-politics，这一主张的提出是为了动态把握因一战激烈冲突导致的帝国列强间的强权政治。

成为议论对象的空间，自然是德国等帝国列强直接并靠接壤之便利用空隙，展开竞争的欧洲和亚洲，即欧亚大陆。在这一点上，甚至可以说欧亚大陆、强权政治和地缘政治学几乎就是同义词。

德国曾占据欧洲中部的大片地区，自古就拥有向东欧和俄罗斯发展的眼光，以及扩展开来的可能性。就是说，德国也很有可能既是西欧又非西欧，在欧洲大地上如神圣罗马帝国般再次像主人一样大摇大摆。就德意志帝国来说，对于"欧亚大陆"的感觉和战略几乎就像是与生俱来的。

而对于俄罗斯来说，"欧亚大陆"就只能说早已是一种国家的基本状态了。向西是欧洲、向东是亚洲，在区分这一点的基础上从北面构想"欧亚大陆"大地，既是俄罗斯的优势所在，也是其宿命所定。不管是过去还是现在，俄罗斯人当中都存在着某种感情的暗流。那是一种自己既不是欧洲人也不是亚洲人的感觉和立场，就是说非常接近于"欧亚大陆人"。20世纪二三十年代，旧俄国的逃亡者们针对俄罗斯独自的历史发展而提出的所谓"欧亚大陆"形式,今天似乎依然在社会的细微之处保持着旺盛的生命力。

马汉和麦金德之考察

除了这样的"大陆派"观点,还有从海上把握陆地的看法。这里暂不做详细论述。众所周知,成为这一领域理论性支柱人物的是美国海军军人阿尔弗雷德·马汉和英国地理学者兼地缘政治学者哈尔福特·麦金德。前者针对以俄罗斯为首的陆地强国(land-power),主张美国、英国和日本等海洋强国(sea-power)的团结,防范俄罗斯的扩张最终成了重点。马汉往往被批判过于重视海军的力量,但这倒不如说由于他的主张在现实中迅速得到证实而出现了拥护之词。

令人惊异的是麦金德对"欧亚大陆"这一说法的洞察。在日俄战争爆发前不久的1904年1月,他就发表了精彩的见解。他认为控制欧亚大陆的中心地区(heart-land)者将握有世界的霸权,并以始于成吉思汗的蒙古帝国作为人类史上罕见的成功实例,滔滔不绝地一直讲到其后的历史。他指出蒙古帝国的大部分遗产为俄罗斯这个北方帝国所继承,即使那里发生了社会性的革命,但是其"帝国"的性质没有变。一般认为,麦金德针对海洋之王英国提出陆地之王俄罗斯威胁论的主张,也被之后冷战时代的封闭政策所继承。

尤其是在第一次世界大战后的德国,地缘政治学因军人兼学者卡尔·豪斯霍费尔而与纳粹的扩张主义政策结合起来得以发展，并对日本等国也产生了影响。战后，虽然在其负面印象的影响下以及在美苏冷战引发的两大阵营中衰落了，但是又因苏联解体后国际形势的多极化和流动化而正在复苏。波兰裔的兹比格涅夫·布热津斯基曾任卡特政府总统顾问，他提出"欧亚大陆地缘政治"的战略，使人联想到今后的一种可能性。

综观亚洲史和欧亚大陆史全貌的视角

亚洲史也好，欧亚大陆史也好，初看让人以为其框架、观点和内容是过去传下来的，古香古色，然而作为理解历史的提法，实际上特别新，绝非那么古老。虽然背负着漫长历史发展之名，但最多不过经历了一百多年来世界史结构的剧烈变化。

特别是在日本，主张欧亚大陆或欧亚大陆史观点的人本来不多。作为学术研究，它是由研究中亚史、内陆亚洲史和考古学等领域的人提出来的。因为这些都是自然以与现存国界基本无关的形式展开研究的领域，即使在文献记载、遗迹遗物等实物性史料的层面，也不得不时常在连通欧洲和亚洲的视野下考虑问题。换句话说，如果想要忠于实际发生过的历史来进行观察，则须在欧亚大陆这一大的整体中看待问题，这就形成了多个领域。

日本史暂且另当别论，可称为老字号的中国史和欧洲史这两大历史领域的研究者们，大多数人容易固守各自的框框和传统，而故步自封。先不说是否以此为幸，至少对于欧亚大陆这一观点和提法似乎一直觉得没有什么必要。然而随着苏联的解体和冷战格局的结束，一种对欧亚大陆的感觉开始油然而生。中国史研究者除了欧美，还频繁前往中亚和亚洲内陆地区乃至东南亚等地，而专门研究欧洲史的学者开始积极奔赴中国等亚洲各地。这或许可以说是近年来的一次小潮流，说来也的确是值得欢迎的事。自我封闭于一成不变的框框内，是违背历史研究之宗旨的。

这里再次想到的是，不管是亚洲史还是欧亚大陆史，都必须是将其全部概括为一个总体来观察的领域。那就是蒙古帝国及其时代。立身于这个观点之上，所谓中国史、中东史、欧洲史等各种框框和壁垒就会消失，各种具体的史事就会呈现出原状。"文明"名义下的虚构以及某些领域独有的奇异价值观和习惯做法等，就会被暴露出来。对于蒙古时代史来说，亚洲史和欧亚大陆史各自发展的大部分脉络，既构成其前史，同时又成为名为"后蒙古时代"的后史。

近代欧洲之所以将蒙古帝国作为"亚洲"的代名词，其卑劣的恶意和傲慢另当别论，是因为作为历史上和空间上的框架来说还是正确的。也就是说，亚洲乃至亚洲史的最大范围和最大框架是蒙古帝国及其时代。而且在此基础上，蒙古世界帝国还广泛涵盖了被视为"欧洲"的地方。除了欧洲，还进一步间接而宽松地控制了北非和东非。

就是说，从亚洲、欧亚大陆、非欧—欧亚大陆的三重构造的任何一方来说，在客观上认为"世界史"的地平面正式始于此时都是理所当然的。那里有着把握世界史的关键。

欧亚大陆世界史内在的物力论

欧亚大陆的内侧

所谓的欧亚大陆是个什么样的世界呢？不管怎样，只要一打开地图就一定会再次令人感到格外惊异。

在沿海部分之外，其内侧的广阔世界是高原、山脉、山地、盆地、平原、沙漠、荒地、干旱地带、湿地，一个个的大板块确实规模很大，总之是粗犷、开阔的感觉。在地形和地块方面，构成大单元的地方占绝大多数。日本列岛以及朝鲜半岛、中国华南、东南亚、西欧等，不用说有不少程度上的差别，但与空间被细小分割开的那些地方毕竟完全不同。

尤其令人感到特别吃惊的是，除了沿海地区和岛屿地区，欧亚大陆的大部分地区还是存在程度上的差别，而干旱绝对是最为突出的。这虽然是最主要的特征，不过横亘于巨大干旱空间的东西方，即东起今中国北部西至匈牙利平原（或根据不同理解直至德国和法国），几乎呈带状地绵延着草原或可视作草原的平缓山野。

毋庸赘言，贯通欧亚大陆东西方的草原这一"陆地带"，自古以来就是游牧民活动的天地。游牧民们平素焕发着生动而广阔的行动力，往往将易于形成相互孤立的中小区块以及社会和部落结合起来，同时依靠尤以骑马和射箭为主的军事力量组成强大的部族联盟，从而形成广阔的活动圈和势力范围，创建起政权和国家。

粗略地回顾这样的欧亚大陆乃至其扩展形式非欧—欧亚大陆的历史，尽管截取事例的方法各不相同，但作为非常简单的概括可以归纳为"停留状"和"连接状"两种状态。"停留状"以定居、农耕、村落等关键词为象征。而"连接状"以迁徙、游牧、贸易为核心。用象征性的说法来说，也可以说成"点"和"线"或"点"和"面"。在这样的二级结构中，将"点"和"点"连接起来，将人们超越地区、文化和职业松散地结合在一起，进行更大的"面"上的扩展，成了推动历史的主角。

游牧与游牧民

用一句话来解说游牧，也只能说其形态和方式因干燥程度和地形方面的制约而异，但是作为一种典型的形态来说，就是指夏季以家庭为单位分散在广阔的平原以及山脚、山腰之地进行放牧。反之，冬季则以几个家庭至几十个家庭为单位，在发生纠纷和战争的状况下，有时会以几百个家庭或更大的规模集体越冬。这种冬营地的选址，多为可以抵御严寒甚至更为可怕的雪灾的溪谷或山南，如果是在平原上就选洼地和低地。顺带说一句，在现今缩小型的游牧生活中，冬营地却多建在半山腰上，不知这种做法是否妥当？

在这种季节性迁徙的系统中,夏营地在中亚以西以突厥语称作yaylāgh,冬营地称作qishlāgh。认为其间的迁移路线是固定不变的、游牧即漫无目的地瞎走,是一种误解。其迁移的距离因地区而异,幅度在十几公里至几百公里不等。在蒙古高原和天山地区那种干旱并不那么严重,甚至绿色植被非常茂盛的草深草原也相当多见的地方,还常常设置春营地和秋营地,而且在很狭小的区域内进行迁移的情况也不少。总之,作为基本的形态,就是不断重复着夏季分散放牧、冬季集体越冬的极强聚散离合,在随季节迁移当中送走一年。

这种日常生活,最终使得中央欧亚大陆各地的游牧民在自然当中掌握了农耕民、城市居民、定居式牧民所不具备的特质——骑乘的技艺、个人的行动能力、集团的组织性和机动性等。以家庭单位行动,一般会产生以家长为主的父系社会,而尤其处在冬季越冬状态下的集团,会形成牧民们自愿归属的"氏族"或"部族"。

这里"氏族"和"部族"的表述,只能说是非常模糊的。对于游牧民来说,正是这样的集团才成为社会、政治和军事等方面的基础单位。若干个集团一旦联合起来,就会迅速形成很大的势力,而一旦联合松懈或解散,就会立刻恢复到原来的集团状态。因此,游牧民的社会以及以其为核心建立的军事联盟,在生活和组织等各个方面,都具有极高的机动性。所谓的游牧国家,成也容易败也容易,可以说是一种宿命。

游牧这一生活技艺和再生产的体系,不同于动辄被说成"漂泊""流浪""无根之草"等的印象，而是严格具有系统性和能动性的。从结果和事实上，为人类历史贡献了非游牧民所不能拥有的价值观、行动模式以及人的类型。尤其让人感到重要的是，人类在农耕之外依赖创造出游牧这一生活形态，将不可能始终定居一处生活的广阔无垠的干旱大地有效利用为生活的场所。假设只存在定居和农耕一种生存模式，人类的活动舞台将明显受限。恐怕欧亚大陆各地之间会小规模孤立，相互之间的联系和交流以及因相互刺激所带来的发展也难以实现。那么世界史和我们今天所看到的情况不是会很不一样吗？

特别要说的是，游牧民的能动性以军事力量的形式得到了很大发挥。以个人、家庭、氏族、部族的四重结构得以扩展的组织性和集团性，凭借骑射和高速而自如的铺开力，在近代之前的世界成了最好的战斗力和决胜力。游牧骑马战士是天生的军人和战士，他们一旦联合起众多的部族集团，组成更大型的军事联盟，定居社会是难以抗拒的。以军事为支柱掌握政治、统治、通商和交通，政权或国家由此得以建立。仅游牧民构成的军事力量和政治权力的状态，究竟能否单纯存在？历史上又是否有这样的实例？还难以断言。我们现在所知道的游牧国家，几乎无一例外地包含定居和农耕的人群及其地区，统有村落和城市。总之，是总揽多民族、多文化、多地域的混合型国家。在那里，几乎看不到近代国家那样的民族主义和排他性。

游牧和游牧民在人类历史上所发挥的作用，在很长一段时间内都没有得到多少应有的评价。更有甚者，历史上一直以来游牧民就被"文明社会"和"近代精神"单方面地两侧夹击，被强加上了野蛮、未开化、暴虐、破坏、不文明的负面印象。好在近年来这种误解和指责在事实面前得到了很大修正。但是即便如此，历经长久烙上的偏见和顽固认识的印记是不容易拂拭干净的。

原因之一在于置身于"近代文明"的人群大多是农耕民或定居式牧民的子孙，包括生活在日本列岛的我们，对于游牧和游牧民基本上不了解。而全球化的好处之一就是国界的壁垒变低，只要愿意，可以通畅地去往任何地方。而且通过每天现时报道的影像和新闻，可知相互间信息的质量和理解程度较之过去在发生着大的变化。今后可期待之处很多。

始自斯基泰和匈奴的某些因素

当放宽眼界来通观欧亚大陆的历史时，游牧民的存在不但无法忽视，反而可知其纵横驰骋于东西南北之间，孕育过众多的政权和国家。早在公元前6世纪，以绵延于黑海北部即今俄罗斯大草原为中心，就出现了希腊语称作Skithai（斯基泰）的游牧复合联盟。

斯基泰一度占领了伊朗高原的米底王国。后来，统治自伊朗全境至埃及和小亚细亚之广阔地域的哈卡马尼什帝国的大流士（希腊语作Dārayavahuš），召集七十万大军，于公元前514年至前513年亲自出征斯基泰之地。此即希罗多德《历史》中著名的

第一章　绵延不绝的欧亚大陆国家的传统

斯基泰与匈奴 关于最初的游牧国家斯基泰和与秦汉帝国并存的匈奴之间的关系,讨论至今仍在继续,从出土文物中独特的动物纹饰和造型艺术等可以窥知其强烈的影响。上图为镂有战斗中斯基泰战士造型的金制装饰梳。公元前5—前4世纪。第聂伯河流域的索洛哈遗址出土。艾尔米塔什美术馆藏。下图为中国内蒙古自治区出土的青铜装饰牌。战国—汉代

大远征。结果是大流士遭受惨重的失败,在失望中撤兵。此后他再次把目标设定为对"古代世界"的"世界霸权"。哈卡马尼什帝国以制服最强的敌人作为开始,此后即将矛头指向了希腊。

这种趋势充分传达了斯基泰的强盛状态。值得注意的是,哈卡马尼什帝国的核心部分实际上也具有很多很浓厚的游牧民因素。其前身米底王国的本质也是一样的。旧米底军团并入哈卡马尼什帝国,构成了准统治层。其后,在伊朗高原及其周边地区建立大型政权的帕提亚和萨珊两个帝国,其核心也是游牧民的军事联盟。

这种传统对整个中东也都十分适合,阿拉伯游牧民贝都因人曾作为伊斯兰大征服的主力,也正是这种情况。说起来,"阿拉伯"一词很有可能是指游牧民。俄罗斯巨匠V. V. 巴托尔德曾经壮观地描述包括伊斯兰中东地区在内的欧亚大陆西半部的历史,正如他所说的那样,伊朗方面和整个中东的自然环境和历史状况与中亚乃至中央欧亚大陆几乎是同样的。巴托

尔德认为应将这两个地区视作原本的一个整体来把握其历史的发展，他的话确实在理。

现在暂且可以确认为最初的游牧国家的斯基泰，其疆域乃至影响范围究竟达到了怎样的广度？这一问题困扰着历史学家们。至少就间接的影响来说，斯基泰风格的文物和遗迹越过西伯利亚、中亚、外蒙古，覆盖了远达现今中国境内的新疆、内蒙古、云南，以及华北的广阔区域。斯基泰风格的某种影响首先一时席卷了欧亚大陆的内侧世界并流传了下来，这大概成了欧亚大陆干旱地区的积淀，甚至有研究者认为起源于斯基泰的制度、文化、观念和价值观生生不息，其影响竟一直传留到蒙古帝国时期。

巴托尔德（1869—1930） 他在中亚史、伊斯兰史等领域做出了巨大贡献

在斯基泰之后出名的游牧国家，是公元前200年前后在中华地域秦汉交替之际迅速崛起为"帝国"的匈奴。出土文物雄辩地证实匈奴曾受到斯基泰的影响。关于匈奴，同时代的司马迁的《史记》有详细的记述。《史记》潜在的主题是说，武帝所统治的汉朝强行挑起长期大战，其对手就是匈奴游牧帝国。《史记》不仅是逝去的悠久岁月的"历史故事"（"史记"原本即此意），而且是司马迁自身被损的活的当代史。

第一章　绵延不绝的欧亚大陆国家的传统

司马迁对于匈奴的分析和记述确实精彩。关于游牧国家体系，除了第二章将要讲述的蒙古帝国所完成的世界综合史《史集》，世界史未见有能与这样的文章相媲美的。匈奴国家是在匈奴游牧部族联盟聚拢各游牧系部落而结成强有力的军事政权的基础上，以此为核心形成的广纳绿洲民和农耕民的定居地区的大型复合国家，而绝非匈奴民族国家。其疆域东边大概远及朝鲜半岛，西部抵达天山地区。

在匈奴国家根本的游牧军事体制中，君主单于处在中央面南而居，左翼（东方）和右翼（西方）整齐排列着首领们的游牧领地。以这种三级体制及十、百、千、万的十进制编成的军事、社会组织为两大特征的国家体系，此后在欧亚大陆东半部的游牧系诸国中基本成了共通的标准，其影响进一步扩展到整个欧亚大陆同系的国家或政权。就是说，在斯基泰所奠定的基础之上，由匈奴确立了国家和军事体系，成为超越时代的模式。斯基泰和匈奴在欧亚大陆史上发挥了开创新的历史大潮流的作用。

被遗忘的欧亚大陆国家的系统

其后，在欧亚大陆的东西方，游牧国家或游牧系政权兴衰频繁。其中主要的成员，一想就可以马上举出其名的有不少，例如：萨尔马提亚、匈奴、阿瓦尔、可萨、贵霜、乌孙、乌丸（或乌桓）、鲜卑、铁勒、乌古斯、柔然、高车、嚈哒、吐谷浑、突厥、东突厥、西突厥、突骑施、不里阿耳、阿拉伯·伊斯兰、回鹘、契丹、喀喇汗、塞尔柱、马扎尔、哈喇契丹（此为误称，所谓哈喇契丹，原本指契丹本身。作为国家和政权，正确称呼应该是"第二契丹帝国"）、花剌子模沙、古尔、蒙古、马穆鲁克、帖木儿、白羊王朝、黑羊王朝、札剌亦儿、奥斯曼、萨法维、昔班尼、哈萨克、莫卧儿、准噶尔、阿富汗、杜兰尼等。如果再加上中小规模的国家和政权，以及夹杂游牧系的混合政权，恐怕数字会增至两倍或三倍。

总之，在欧亚大陆的大地上，以游牧军事力量为支柱的势力曾以大中小不同规模展开活动。作为陆地的欧亚大陆，伴随着各种沉浮和传续送走了漫长的岁月。当时，除了实像尚不清楚的斯基泰可能控制的地域，还有匈奴和匈人（如果被认为有关联）在广阔区域内的活动，继而由突厥完成的东自中华北境西至拜占庭近边的大规模扩张，当然还有蒙古的巨大统一，整个欧亚大陆作为一个巨大板块所经历的这些变动、内在的能量和动力不可否认。将这些现象整合起来观察，能够多大程度上如实地作为历史来把握人类的活动轨迹？这里不能不使人再次深切感到以往历史研究中存在的问题。

在游牧军事力量型的国家和政权的发展中，存在几种特征和类型。不仅是上述亚述、米底、哈卡马尼什、帕提亚、萨珊，还有阿拉伯·伊斯兰以及其后的突厥、蒙古系伊斯兰诸政权这一系谱，也证实了巴托尔德中东与中央欧亚大陆没有什么不同的论点。在这一点上，埃及等北非国家也是处于中央欧亚大陆的延长线上的。广义的中东史就是在这样的脉络中发展而来。这一因缘关系,至今仍无多大变化。与伊斯兰这一主要因素不同,中东历史上游牧型政权的优势实际上是一股深深潜伏着的暗流。

"中华王朝"的扮相

游牧型国家,不是仅在表面上所认为是游牧世界的地方才产生和维系的。一般来说,即使是很容易被视作中华帝国之典型的隋、唐,其出身和由来也都深深继承了鲜卑拓跋部的血液和体质。从前身的代国经北魏、北周等连通至隋、唐的政权链条,属于"拓跋国家"这个系列国家。接力赛式地被传续的这一国家,在以往的中国史上基本没有受到重视,而它却从一开始就吸收匈奴王权的血脉,利用其尚存权威作为权力和政权的支撑,可以说这是用匈奴之血武装起来的复合国家,而中华王朝的扮相是另半边脸。另外,虽纯属画蛇添足,仍需指出至北周为止的一系列政权的首领们都曾保持着固有的军事力量。如果认为这种现象在进入隋唐时代后消失,就希望看到合理的解释。在强调府兵制等问题之外不见对这种"私兵"的分析,多少让人感到奇怪。

除了中华王朝的风仪和扮相,无论是对官修文献还是私人著述,应当戒除照字面囫囵吞枣地理解中华式文笔下的史事。实际上,类似的现象在伊斯兰史书中也明显可见。区分的办法,说到底首先还在于多识、对比,以及跨领域的视野。尽可能地了解世界史上的实例和相似之例,在此基础上依据丰富的常识进行综合判断。历史研究的趣味也就在这里。另外，作为在中华地域发生的事情，古代的周王朝和建立最初的统一帝国的秦王朝，也原本出自游牧民或畜牧民。总之，之所以在半干旱地区的华北形成权力基础，是因为这里是通向统一的中央政权的一个关键所在，而且为了抵御来自草原方面的进攻，也还必须保有游牧民或类似的军事力量。

印度的游牧民系政权 　放眼看去，作为非游牧地域的国家和政权的形成，跨越中亚和忻都斯坦平原（北印度平原）的狭长空间中的又一个实例就会映入眼帘。从北方干旱地区向印度次大陆南下的迁徙，贯串历史并得以确认。

说来，最先出现的是雅利安系人群涌向印度方面的浪潮。接着，曾出现于希罗多德之书和哈卡马尼什帝国之大流士碑刻中的Saka族，即斯基泰向东方扩张的人群也来到了印度。印度所说的Saka族，在汉文文献中称作"塞种"。公元前4世纪，亚历山大远征军以印度为目的地，自然是因为印度的富有，也是连接历史的潮流之一。

贵霜的南下和对西北印度的统治，成为横跨兴都库什山这一高峻壁垒南北、形成疆域的模式的开始。以犍陀罗为中心的佛教文化的兴盛及其北传，属于这一脉络。被认为发迹于阿尔泰山方面的嚈哒在5世纪以后以兴都库什山北侧的阿富汗·突厥斯坦为中心展开的广阔活动，也属于连贯下来的系列。甚至向东西方发

莫卧儿帝国皇帝巴布尔　帖木儿王朝末代皇帝。创作于1579年的细密画。新德里美术馆藏

展的突厥，也显示出相似的动向。这些大概成了下一拨发展的起因。

首先，流淌至今的洪流是以突厥族为主的伊斯兰军事权力对印度的统治。1206年以后，连续出现了五个游牧民族政权，以10世纪的伽色尼王朝和取而代之的古尔王朝为样板，以德里为首都。而1206年正是成吉思汗建国之年。

这些德里王朝在走过了三百二十年之后，被逐出故土的帖木儿帝国末代君主巴布尔，作为最后的北来之波进入印度建立了第二帖木儿王朝莫卧儿帝国。莫卧儿的解体和英国对印度的统治，意味着上述长时期内北来的潮流因来自海上的霸权而发生了改变。当然，这是象征世界史结构发生变化的事态，但同时也反映出印度次大陆的政治传统容易被外来者的征服型权力所覆盖。

黑海北岸的游牧民

除了中东方面、中华地域、印度次大陆的模式，西北欧亚大陆的情况也值得注意。萨尔马提亚人驱逐以黑海北岸广袤绿色草原为根据地的斯基泰国家，进而吞并其地，于公元前4世纪左右从东方崛起。他们也是伊朗系的游牧民，同样建立了部族联盟，度过了漫长的时期，但在3世纪被同样来自东方的匈人逐出，迁徙到了欧洲。

关于匈奴国家解体之际西迁的部落和匈人是否是一回事的讨论，在19世纪的德国十分热烈。这自然与德国自身的起源有关，且与其向东方扩张的意图不无关系。从历史发展的角度来看，从西迁匈奴中出现了所谓的匈人，他们的活动引起萨尔马提亚等日耳曼系诸族的迁徙，对于这种"台球"般连续相撞的现象，我们找不到积极予以否定的证据。

从里海北岸至黑海北岸一带，是从中央欧亚大陆延伸而来的"草原带"。在"大迁徙"之后，阿瓦尔、不里阿耳、马扎尔相继而来，更有突厥、西突厥势力的抵达。此后在7世纪时，同属突厥系的可萨独立，以伏尔加河河口处的阿的尔为首都，建立起游牧联合国家，与阿拉伯和拜占庭抗衡。一般认为可萨因改信犹太教而出名，虽然因乌古斯族和基辅罗斯（罗斯是俄罗斯的古名）的进攻等原因于11世纪解体，但是其后人散布于俄罗斯和东欧，成为诸如德意志系犹太人阿什肯纳兹人的来源。有人认为因"威尼斯商人"夏洛克出名的鹰钩鼻子本不是犹太人的特征，而是可萨的遗产。

如同可萨的交替一样，在从现今哈萨克草原至黑海北岸一带的广袤草原地带上，进入史书记载的是突厥系大部落——突厥语和波斯语称作Qipchāq、俄语称作Половцы、在欧洲和拜占庭被称为Kuman或Koman。在俄罗斯史上，9世纪以后的基辅罗斯被视作俄罗斯的起点受到了过多的重视,而对可萨和钦察诸族的来袭和侵攻多采取激烈批判的立场。然而坦率地说,根据斯基泰、萨尔马提亚至可萨、钦察的一连串游牧民的世系可知,他们比东斯拉夫诸族更先入住,国家的形成也更早。视他们为"野蛮",是出于"文明"的一种习气,也可以说是试图就后世蒙古帝国对俄罗斯的统治进行批判和否定的禀性起了很大的作用。

在 13 世纪蒙古统一欧亚大陆之后,因蒙古世界帝国得到整合的国家体系,成为通用于欧亚大陆的前所未见的标准。它为上述俄罗斯帝国、奥斯曼帝国、萨法维帝国、帖木儿帝国、莫卧儿帝国、明帝国、大清帝国所直接或间接继承。作为国家,这些都是多民族复合国家。大概萌芽于斯基泰、基本成形于匈奴的军事联合体的构造,走过漫长旅程,经历几度变化,至蒙古帝国完成了欧亚大陆化。世界史上,确实曾经存在绵延不绝的欧亚大陆国家的传统。

第二章

蒙古曾如何看待世界和世界史

人类史上最初的世界史——《史集》

两个阶段的编纂　　在这一章里，我打算就蒙古帝国及其时代，谈一谈它在人类史上具有划时代意义的两件事情。一件与蒙古帝国编纂的名副其实的世界史及其内容有关，另一件与对蒙古帝国时期出现于东西方的两种著名世界地图的比较研究反映出来的情况有关。可以说两者都是从世界史和人类史的立场出发的极为重要的研究课题。

首先，处于欧亚大陆超域帝国蒙古的政权核心的人们，是如何观察当时的世界的呢？是如何理解至那时为止的历史的呢？对此最为真实的反映，实际上就是可以称之为人类史上最初的世界史的《史集》（Jāmi' al-Tavārīkh）。关于这部语义为"诸史之集"

的内容浩繁的史书，可以最为简明扼要地介绍如下。

作为由蒙古世界帝国建立于伊朗和中东地区的旭烈兀兀鲁思（通称伊利汗国）实施国家编纂而完成的蒙古帝国的"正史"，该书应当被视为世界史。不用说，它是研究蒙古帝国史的基本史料，而且对于研究蒙古时代以前的世界史也不可或缺。不过这方面的利用还不是很充分。编纂官是宰相（vazīr）拉施特。曾推进国家改革的旭烈兀兀鲁思第七代君王合赞，作为其政治改革的一环，于1300年下令使负责庶政的宰相拉施特编纂一部成吉思汗家族和蒙古国的历史。此举是以蒙古帝室传来的《黄金秘册》（Altan Debter）以及蒙古各部族集团所保存的传说和古老记录、世系谱等口传记述内容和文字书写内容，即各种各样的资料为素材进行编纂，动用从蒙古统治范围内各文明圈招来的不同人种、操不同语言的学者和知识分子从事创作。

1304年合赞离世时尚未完成、不久被上呈其弟即汗位继承人完者都的史书，被命名为《合赞之福运蒙古史》，是受到合赞个人观点强烈影响的蒙古帝国史。与兄长一样继续任命拉施特为宰相的完者都，下令继续补写与蒙古有关的世界各地诸族的历史，撰写工作于1310—1311年暂告一段落。由于形成的是在蒙古自身的历史之上纳入不同地区文明史的综合史，所以最终定名为《史集》。另外，在第一次编纂之时蒙古帝国正处于内乱当中，而在第二次编纂时整个帝国已经实现了东西方的和合，不应忽略该史书成书背景中的欧亚大陆这一局势的变化。

二重结构的世界史

用当时的国际语言波斯语写成的《史集》,必然含有大量突厥语和蒙古语等多种语言的用词和术语,这本身已具有世界性。其内容,第一部为蒙古史,可以视为第一次编纂时的产物,第一章是突厥和蒙古诸部族志,第二章是成吉思家族的历史(分为"成吉思汗的祖先"编和"成吉思汗及其子孙"编,后者由成吉思汗纪、窝阔台纪、术赤纪、察合台纪、拖雷纪、贵由纪、蒙哥纪、忽必烈纪、铁穆耳纪等历代君主的传记,以及旭烈兀兀鲁思的旭烈兀纪、阿八哈纪、阿合马纪、阿鲁浑纪、乞合都纪、合赞纪等构成)。

《史集》所绘成吉思汗 既是蒙古帝国史又是人类最初的"世界史"的《史集》,存有法国国家图书馆所藏抄本(通称巴黎本)、托普卡帕宫博物馆所藏抄本(通称伊斯坦布尔本)等版本。尤其是巴黎本插入了很多精美的细密画,十分华丽。上图描绘的是已白发苍苍的成吉思汗在向儿子拖雷和窝阔台托付蒙古国之未来的场景。盛开的万花丛中大幅张开的太阳伞和绒毯,美不胜收。另请参见彩色扉页画

第二部是世界史,相当于第二次编纂时的产物。第一章应该是在位君主完者都的纪(只是现已无存),接着在第二章,首先写了从人类祖先亚当至伊斯兰历704年为止的先知们的历史(具体目录为古代伊朗诸王朝、伊斯兰的创始人先知穆罕默德至后来被蒙古所推翻的第三十七代阿拔斯王朝之谟斯塔辛为止的历代哈里发、"地方政权"伽色尼王朝、

塞尔柱王朝、花剌子模王朝、萨尔古尔王朝、亦思马因派等各自的历史），最后记述诸族史（具体目录为作为游牧民历史的乌古斯史、作为中华史的乞台史、讲述犹太史的以色列史、欧洲史的拂朗史、讲述印度史的忻都斯坦史，附有释迦牟尼传）。第三部被认为是地理志，但未见传世。另外，虽然世界各国对《史集》的研究和译注已经走过了一百七十年的历程，但仍然可以说尚未出现在校勘各种版本的基础上所制成的完备定本和译本。

被遗忘的"部族志"的意义

自然，这样一部在世界史上具有突出意义和内容的《史集》，经过不同角度、观点和学科之间接触的积累，已以多语种的特征形成可称为"《史集》学"的丰富多元的研究领域。然而，在作为一大综合史的《史集》的各部分中，多被认为此前并未得到充分且适当理解和评价的，是置于全书开头部分颇长的"序言"及其后的"突厥和蒙古诸部族志"。

对于以总序、目录、第一部的序这三段式"序言"所讲述的内容，宏观上从人类史上历史编纂或史学史的观点出发，需要进行更加准确的分析和把握。与希罗多德的《历史》和司马迁的《史记》等之前的"大史书"相比较，至少在规模上任何人都可以看出《史集》更胜一筹，对《史集》的很少言及，明显地反映出世界历史学的偏颇。

但是，更为严重的是对"突厥和蒙古诸部族志"的轻视。此前，除了志茂硕敏之外，论及的程度充其量也就停留在主要对蒙古的族源传说和作为联合体的蒙古兀鲁思的结构的分析上。照实说，不过就是所能看到的被用作《蒙古秘史》研究的参考史料的程度。况且，不可能指望那些想要将《史集》当作伊斯兰史料的人们能从正面审视"部族志"所具有的意义。

顺带说一下，如果以一句话概括闻名于世的《蒙古秘史》，则其原名为 Mongqol-un Ni'uča Tobči'an，即"蒙古之秘密集册"，波澜壮阔地讲述了蒙古帝国的创建者成吉思汗的先祖们的历史、成吉思汗本人艰苦奋斗和成就霸业之路，叙事至第二代大汗窝阔台即位为止。除了令人精神振奋的内容，其作为纯历史记录来

《史集》所绘合赞　命拉施特编纂《史集》的旭烈兀兀鲁思第七代君王本人也被画了下来。上图描绘的是在岩山上打猎的合赞。下图描绘的是和一位夫人坐在王座上的合赞。周围除了蒙古人，还可以看到裹着缠头的穆斯林们

说还存在不少疑问，具有可以说是"介于历史与文学之间"的性质。另外，因为现存实物是明洪武十五年（1382）以汉字音译、书写的本子，所以称其为"元朝秘史"就是为了表示大元兀鲁思已经灭亡。实际上，《史集》不仅比现存《元朝秘史》成书要早，

而且就成吉思汗一代的记载来看，其史料价值和可信度也高出一筹。

在《史集》"部族志"中，按照大、中、小地域势力和部族集团逐一详述了欧亚大陆中央区域所发生的游牧民的历史和现在（当然这里指的是蒙古时代中的"现在"，进一步明确说就是1305年至1311年左右的"现在"）。这些部落最终被统一到成吉思汗麾下，分成两大集团，一是1206年所建蒙古国家即命名为"大蒙古国"（蒙古语作 Yeke Mongqol Ulus）的游牧民联合体的成员，一是其后迅速扩大的蒙古所囊括的人们。这两大集团也可以说是形成了"蒙古"和"准蒙古"。总之，在《史集》编纂之时，蒙古军事政权已不折不扣成为世界帝国并走过了半个多世纪的岁月，构成其核心、主力和基础的人们被归类排列起来做了记述。

对支撑欧亚大陆超域帝国蒙古的根基的游牧集团乃至相类的人们进行同时代的全面记载，仅此一书。不把握这些，则蒙古帝国不可谈。而且，这些集团尽管情况各不相同，但是后来在"后蒙古时代"和中央欧亚大陆史的发展中，有不少成了下一阶段历史的起点。就整体意义上来说该部族志也是很珍贵的记载。不仅如此，即使是在世界史上，就居住在欧亚大陆内侧的游牧民或绿洲民进行如此完整详细且成体系的记述，放眼古今东西也找不到第二种。就是说，《史集》全书自不必言，仅"部族志"部分即构成了独立且非常独特的、空前绝后的重要史料源和信息源。

概括归纳一下，蒙古帝国首先扩张成为横跨欧亚大陆东西方的巨大陆上帝国，在此基础上进一步向海洋发展，形成了陆海超域势力圈。它是经历了两个阶段壮大起来的。在蒙古人希望自己讲述蒙古帝国历史的《史集》的开头部分，综述蒙古所统一的内陆世界的过去和现状的想法，是非常值得肯定的。我们应该领会"部族志"所具有的极高史料性以及所包含的信息。

不为人知的惊异的世界史实像

突厥和蒙古及其源流

"部族志"以非常奇怪的话题开始。只是在前面做了一些说明。

《史集》的编者们将居住于欧亚大陆内陆地区的人们泛称为"突厥"。当然，这里所说的突厥不仅限于现今的土耳其共和国，而是对广义上的突厥语族人群的一种概括表示。接着，西起钦察草原和斡罗思等，向东逐个列举其住地的众多地名，直到乞台（北中国）的长城的汪古（意为"墙"）为止。

又说，现在这些"突厥"人凭武力扩张至秦（南中国）、忻都（印度）、怯失米儿、Irān-zamīn（伊朗之地）、鲁迷（小亚细亚）、苫（叙利亚）、密昔儿（埃及）诸邦，将那里存在的各国几乎全部纳入统治之下。此即明确表示以游牧民为主体的蒙古帝国实现了对世界的统治。

《史集》伊斯坦布尔抄本　图为讲述突厥源流和乌古斯的部分

该志继续写道，被称为"突厥"的人们在长期的过程中，逐渐分成了各种各样的支系氏族。就是说，钦察、哈剌赤、康里、哈剌鲁等大部落也属于这一类，而由于蒙古掌握了权力，今天被统称为"蒙古"的人们实际上也是这种情况。意思是说，首先存在"突厥"这一大的概念，原本势力弱小的"蒙古"被安排为其若干下级集团之一。

这种认识，与蒙古语人群的存在恰似突厥系语言集团"大海"中的"岛屿"的历史事实基本一致。至此为止的记述，先于对各部族集团的详述，可以说是作为全部内容的概述或总论的"开场白"。问题在于接下来的章节。

不可思议的故事

"部族志"紧接着设置"突厥游牧民（Ṣaḥrā-nishīn）诸部落名称一览表"的标题，以简洁的形式介绍"突厥"的源流之后，讲述如下（特据《史集》伊斯坦布尔抄本直译）：

（自叶八背面第二十七行起）他们都起源于阿布勒札汗之子的卜·牙忽亦的四个儿子。阿布勒札汗是先知努哈的儿子，他将的卜·牙忽亦及其四个儿子哈喇汗、斡儿汗、古儿汗、阔思汗同时派往北方、东北方、西北方。由于哈喇汗名为乌古斯的儿子成了一神教徒,同族中一些人投向他,因此分成了两派。下面将解释事情的全部,情况就会变得清楚吧。

(叶九正面)首先是哈喇汗之子乌古斯的分支。如前所述,兄弟们和从兄弟们中有一些人投向了他。

关于乌古斯的分支,如下文所述,他有六个儿子,他们每人又各有四个儿子。乌古斯分给他们左、右两翼军队,具体是:

右翼(dast-i rāst)
坤汗:海亦、巴牙惕、阿勒哈剌兀里、哈剌阿兀里。
爱汗:牙思儿、都哈儿、朵儿都哈、牙帕儿里。
余勒都思汗:阿兀失儿、忽里黑、必克鲁里、哈儿勤。

左翼(dast-i chap)
阔克汗:巴颜都儿、必克捏、札兀勒都儿、札巴尼。
塔黑汗:撒鲁儿、爱木儿、阿牙云秃里、兀思古思。
鼎吉思汗:阳都儿、不克都思、比捏克、哈尼黑。

乌古斯的兄弟以及投靠他的一些从兄弟:
畏吾儿、康里、钦察、哈剌鲁、哈剌赤、阿哈札里。

第二章 蒙古曾如何看待世界和世界史

（接下去，是有关"蒙古"诸部落被分作三个系统、五个种类的重要记述，因与这里的论述无直接关系只好割爱。）

意思是说，"游牧民突厥人"可以追溯至努哈之子阿布勒札汗及其子的卜·牙忽亦二人。实际上，"部族志"在上文所译出的"一览表"之后，又连续地详细讲述了始祖传说。对照那里的记载来看，则努哈将大地从南向北分成三块，第一块给了儿子含，他成了黑人的祖先。第二块即"中间地区"给了闪，他成了阿拉伯人和波斯人的祖先。第三块给了"突厥人"的祖先雅弗，派他去往东方。"突厥人"称雅弗为阿布勒札汗，说他是努哈的儿子或孙子。

这是将阿布勒札汗或布勒札汗假托为犹太教中的雅弗。上引"一览表"所谓的卜·牙忽亦和他的四个儿子被派往"北方、东北方、西北方"，在这里详细提到"东方"，可知斡罗思和钦察草原也曾是"突厥人"的居住地，由此看来这里的说法更为合适一些。

这个始祖传说的主角是乌古斯。上述译文相当于"乌古斯可汗传说"中开头部分的纲要。顺带说一下，"可汗"相当于"合罕"即皇帝。故事设计为乌古斯有六个儿子，分别拥有突厥语的"日"（kūn）、"月"（āī）、"星"（yūldūz）、"天"（kūk，原意为"青"，指"苍天"）、"山"（tāq）、"湖"（dīnkīz）等象征性的名字。这六个人又分别有四个儿子，各自的名字成为后来部族集团的名称。在这种乌古斯嫡支之外，还有加入"乌古斯联盟"的亲族们，他们的子孙被认为是畏吾儿、康里、钦察、哈剌鲁等。没有聚集到乌古斯麾下的三位叔父的支系组成了别的集团，成为各自后嗣不同部落和支系的起源。

乌古斯可汗传说果真是神话吗？

闻名于世的这一英雄传说，13、14世纪以后主要在中亚至小亚细亚地区突厥系人群当中长期广泛流传。这被视为通过乌古斯可汗的生平、征服活动及其子孙们的繁荣讲述突厥族的壮大和发展的作品。

一般认为乌古斯族本身在历史上是真实存在的，在汉文文献中首次以归属"铁勒"（本身被视为Turk的音译）集团的"乌纥"或"袁纥"之名出现。虽然乌古斯族后来曾建立九姓铁勒（Toguz Oguz）部族联盟与突厥对抗，但在7世纪和8世纪时西迁，8世纪和9世纪以后落脚于锡尔河中下游地区，似乎逐步同伊斯兰融合了。11世纪，以乌古斯族之一部为核心的塞尔柱政权挺进西亚，以此为开端，乌古斯人逐渐扩散到伊朗高原、阿塞拜疆、高加索、小亚细亚、巴尔干地区。蒙古时代以后白羊王朝、黑羊王朝、奥斯曼帝国等国家的形成，可以说是乌古斯族的西方发展的延续。

当然，乌古斯族的始祖故事"乌古斯可汗传说"，似乎是从中亚起源的亘古时期的传说故事讲起，作为西迁过程和定居小亚细亚，进而接触和接受伊斯兰教等事项的最终结局，将各种因素和故事吸收进来,做了不少改编。尤其是包括上面译出的部分在内,相当于"传说"的开头和起源的最重要部分究竟产生于何时?是以什么为背景的?晦暗未知的荒野在这里张开了大口。

此处最为关键的是,记载"乌古斯可汗传说"的最古老且可以确认的文献正是《史集》。就是说,《史集》这一国家编纂事业的主持人宰相拉施特,身兼发令者和编纂方针及内容执笔积极参与者的旭烈兀兀鲁思君王合赞、其弟即继承人完者都等人,在编纂蒙古帝国史时,将人类史上首部综合史《史集》全书的开篇设计成了"乌古斯可汗传说"。这究竟意味着什么呢?

大历史的开端

这里,感觉大历史的开端隐约可见。总之,事情的核心在于乌古斯将六子向左右两翼的安排,以及该结构下由每人的四子组合成总共二十四个军事集团的格局。其图式见下页。

由此立刻联想到的首先是《史记》中著名的匈奴"二十四长"。匈奴帝国的君主单于执掌中央部面南而居,其右(西)边配置有右贤王所领十二长,其左(东)边同样配置有左贤王所领十二长。"二十四长"个个都是统辖"万骑"的首领。

这种形式,是以蒙古高原为中心向东西方横向大幅扩展开来的匈奴国家的基本结构,也是单于宫廷中的排序和设置。而且,这一左右两翼制不仅仅是匈奴国家沿用约四百年的制度,还为匈奴之后形成的檀石槐的鲜卑帝国和青海地方的吐谷浑等政权所

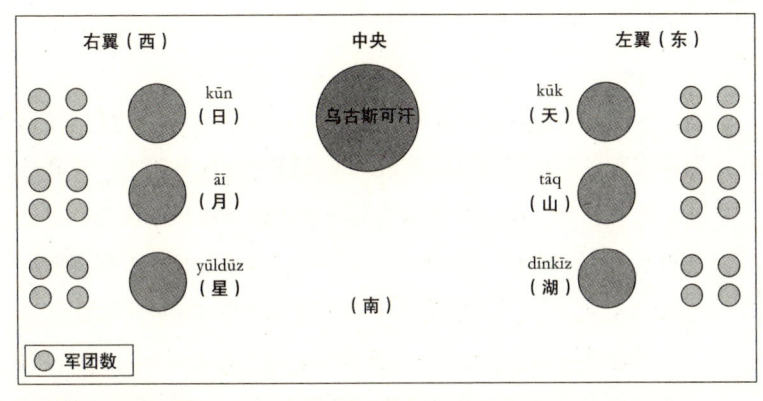

```
右翼（西）          中央           左翼（东）
           kūn                    kūk
          （日）    乌古斯可汗    （天）
           āī                     tāq
          （月）                  （山）
          yŭldūz                  dīnkīz
          （星）                  （湖）
                   （南）
● 军团数
```

乌古斯可汗的军事集团

认同，即使是在柔然、突厥、吐蕃等一系列游牧型的国家和政权中也明显得到了沿袭，只是很遗憾今天没有留下像《史记》那样详细的记载。

其次联想到的是，北周事实上的始祖宇文泰所设立的"西魏二十四军"，北周在6世纪曾将以长安为中心的关中作为根据地。具体来说就是，设有六位分别领有四军的柱国大将军，总称为"六柱国大将军"。每个军，由担任"开府仪同三司"的首领率领。因此，"二十四军"即拥有开府仪同三司职衔的二十四位有权势的人组成的联合体。

从北魏分裂出来的一半政权西魏及其继承者北周，是以"武川镇军阀"重组后形成的多种族混合的"关陇集团"为核心，而后来建立隋朝的杨氏和建立唐朝的李氏虽然也都取了汉姓，但显然是非汉族的强势军阀，又分别是二十四军的将领。以鲜卑拓跋部为轴心形成的代国、北魏、东魏、西魏、北齐、北周、隋、唐，尽管中华式的王朝名称发生了改变，但其实质是可称为"拓跋国家"的一连串国家和政权。匈奴以来游牧系武士传统和性质的色彩浓厚，甚至多被认为是中华大帝国典型的唐朝，说起来也是"异族人建立的新中华"。六个权势者及其属下配置四位首领的这种形式，的确不能不让人联想到"乌古斯可汗传说"。

不能说匈奴以来的制度与拓跋国家的结构之间没有联系。暂不论此事正确与否，就匈奴和拓跋都出现于"乌古斯可汗传说"之前的时期来说，如果考虑到原本乌古斯族自身就是与突厥和后半部分拓跋国家同时在中亚得到发展的，那么一定是欧亚大陆中部至东半部实施的国家模式影响了"乌古斯可汗传说"，或者说很可能成了其始祖传说的雏形。

二重撰写的世界史和世界实像

蒙古帝国的原像

然而，更为重要的关键只能在蒙古帝国中寻找。令人吃惊的是，"乌古斯可汗传说"所说的左右两翼制、各翼三人共六人之权势王侯的配置，以及由每组各四个凑成总共二十四个军事单位的状况，几乎就是蒙古帝国的创建者成吉思汗最初创立的蒙古国家本身。现根据笔者近三十年前的论文，将其结构图示如下。

右翼并列着成吉思汗的三个儿子术赤、窝阔台、察合台，左

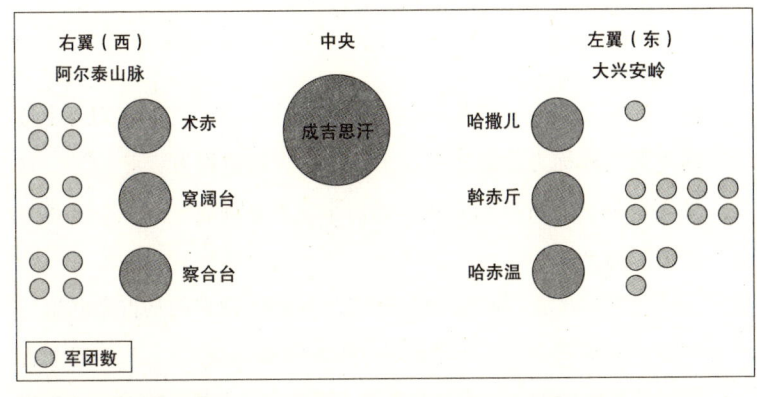

```
右翼（西）          中央          左翼（东）
阿尔泰山脉                         大兴安岭

 ○○  ○        术赤        成吉思汗        哈撒儿    ○
 ○○
                                                  ○○○
 ○○  ○        窝阔台                   斡赤斤    ○○○
 ○○                                              ○○○

 ○○  ○        察合台                   哈赤温    ○○
 ○○                                              ○○

 ○ 军团数
```

成吉思汗初期的军事集团

翼并列着他的三个弟弟搠只·哈撒儿、铁木哥·斡赤斤、哈赤温。在派驻右翼的三个儿子的麾下分别配置了四个千户，共形成十二个千户。左翼三个弟弟的麾下，哈撒儿处一个千户、斡赤斤处八个千户、哈赤温处三个千户，配置的千户数目多少不一，但总数也是十二个。诸弟所领千户数参差不齐，是因为曾是成吉思汗即位前有力辅佐者的二弟哈撒儿后来成为其对手，因某个事件受到处罚，千户数遭到削减。另外，幼弟斡赤斤的千户数格外多，那是因为他还继承了作为成吉思汗等人的生母又是树立霸权之路上的功臣月伦的份额。实际上，很有可能是当初三个弟弟每人平均分得了四个千户。

综观所有的情况，可知诸子是被派到了地位高的右翼，诸弟被派到了地位低的左翼，而"乌古斯可汗传说"中被安置于右翼的年长的坤（日）、爱（月）、余勒都思（星）三人，较之左翼的年少的阔克（天）、塔黑（山）、鼎吉思（湖）三人，被视为处于上位。这里二者有明确的区别。"乌古斯可汗传说"又说处于上位的年长组被称为三张"弓",下位的年少组被称为三支"箭",这种等级划分一直持续到很久的后来。看来在这一点上二者也是很相似的。

总之,尽管存在细微的差别,但是传说中的乌古斯联盟与创建当初的蒙古国,可以说是"相貌酷似"。而且,在随着蒙古帝国的扩张而形成的术赤兀鲁思、旭烈兀兀鲁思、察合台兀鲁思等地,左右两翼的体制或另外表述为左中右三级的体制,基本上得到了原封不动的沿袭。在宗主国大元兀鲁思,实际情况也是如此。成吉思汗统一蒙古高原时创建的制度,成为"原像"扩展至欧亚大陆东西方。

传说和事实的彼岸

在历史的大潮中对照"乌古斯可汗传说"与历史上的现实,难以否认的是,"乌古斯可汗传说"开篇的乌古斯建国及其部落编制内容即讲述"起点"的部分,反映出匈奴以来诸游牧国家绵绵不断地继承了左中右三级体制这一基本制度。或者也可以说,乌古斯开国神话是将欧亚大陆中央区域诸势力曾有的"历史记忆"加以传说化后记述的东西,这些势力包括被视为近亲的畏吾儿、哈剌鲁、康里、钦察等在历史上发挥相应作用、终被蒙古帝国所兼并的部族。

"乌古斯可汗传说"讲的是乌古斯整顿局势后开始征服世界。在这个雄壮"故事"的背景中,作为有直接关系的史实,估计自然是指以乌古斯族为核心的塞尔柱王朝走出中亚、一度称霸西方世界的事。《史集》所记载的乌古斯族确曾被表述为"突厥蛮",这也可以成为证据之一。

不过,在这一个个"传说"和"事实"的相互重合之外,不能不给我们以超强印象的是"传说中的乌古斯"与"事实上的成吉思汗"之间形象的联动。《史集》中的"历史姿态"呈现的安排是,首先存在乌古斯所率领的乌古斯族对世界的征服以及由此产生的"突厥世界",相隔很长时期以后再次实现了成吉思汗的蒙古称霸世界,而当时正是蒙古世界帝国的时代。换句话说,就是其中强烈地包含着认为蒙古将游牧民世界的"神话"攫取为"现实"的信息。

在成吉思汗和蒙古出现以前,"乌古斯可汗传说"的那种"原型"恐怕就已经存在了。这里令人颇感兴趣的是,在以中央欧亚大陆为中心的亚洲史的广阔领域中取得丰硕微观研究成果的法国巨匠伯希和,得到一份与"乌古斯可汗传说"有关的畏吾儿文书后,依据从中发现的蒙古时代所特有的蒙古语词汇考证它完成于1300年前后。但是,如何能够做到确切地将其年份定在1300年前后呢?估计伯希和本来就了解《史集》的记载,在此基础上推想出了这一年份。比起《史集》的编纂时间,既不早也不晚。对于作为国家编纂的、具有确切撰写"绝对年份"的《史集》,伯希和试图"制定"出其编纂过程中细致的中间年份,其举动说明他时常运用的"巧智"在这里恐怕只是一种可怜的猜测。

总之，蒙古人在讲述自己的"世界和时代"时，吸收了"乌古斯可汗传说"。于是蒙古人自己明确宣称是"突厥中的蒙古"。其结果使得广义上的"突厥"人分别适当地找到了在蒙古统治下的位置。而时代的主宰蒙古人，也在突厥和蒙古的"历史记忆"中实现了自身统治和权力的正当性的整合。而且，乌古斯人和伊斯兰教的关系，对于蒙古来说也是一次良机。

以二重写作处理"传说中的乌古斯"和"事实上的成吉思汗"，是一开始的宗旨。蒙古首先是想制作这样一种"历史"，那是一部以游牧民为中心的，亦应称为"欧亚大陆内部世界史"的作品。作为"蒙古正史"首次编纂的《史集》即《合赞之福运蒙古史》，大概可以视作这样的作品。

意识到人类的综合史

然而，现实的蒙古不仅向陆地还向海洋进发，冲破直接的版图，逐步建立起连接诸国、诸地域、诸文明的巨大势力圈和交流圈。下令第二次编纂《史集》的1304年，正是蒙古克服内乱、恢复宽松的大统一，呈现出世界联邦状态的时期。欧洲和中东尤其是地中海地区，实际上也是从这一时期开始一下子卷入了活跃的交流和贸易的旋涡之中。一个不仅限于欧亚大陆中央区域的超广域的"世界"由此诞生。遵完者都之命进行的第二次编纂写的是以蒙古为中心的"世界各族史"，也就是当然的事了。

于伊斯兰历710年（1310—1311）完成的《史集》，在描绘以

"乌古斯可汗传说"为基础的"内部"世界史和世界面相的同时，也成就了面向以蒙古为核心于14世纪形成的幅员扩大约两圈的"开放的"世界史和世界面相而编纂的作品。二重构造的世界史《史集》，是意识到"人类"这一群体才得以创作出来的最初的综合史。在其"世界各族史"部分之所以另外设立"乌古斯可汗传说"的内容，是因为在犹太、伊斯兰、乞台（北中国）、拂朗（欧洲）、忻都斯坦（印度）之外，固有的"游牧世界"被明确地认识为一个整体。

另外，其后的"乌古斯可汗传说"，可以归结为在某种原型（prototype）中将蒙古时代现实的历史与世界面相加以重合后"再编"而成的作品。这一框架，大概不会变型。二重写作，不只限于乌古斯和成吉思汗、突厥和蒙古。蒙古之后的"乌古斯可汗传说"本身，不用说是有意识地反照过去的二重写作，还很有可能是在沿袭认为理当存在的蒙古世界帝国的基础上进行的著述、创作和新发挥。

通向地图所述新时代的门扉

两幅世界地图

目前，我正在针对蒙古时代的东西方出现的两种世界地图分别进行解读，并在此基础上展开比较研究。两种地图即东方的《混一疆理历代国都之图》、西方的《卡塔兰地图》(原名为 Mappae Mundi，英语通称为 Catalan Atlas)。这里，想举其要点谈谈曾存在时代史的大回旋的问题(均请参看彩色插图)。

首先，关于东方的"混一图"，依据四种抄本对显示其世界性的中亚以西的地名进行解读，弄清楚了二百二十多处地名。最终基本上厘清了几个方面的问题：该图所描绘的中亚、印度、西亚、非洲、地中海地区、欧洲等部分中，旭烈兀兀鲁思所涉地区较为详细，阿拉贡联合王国的相关信息十分丰富；从若干关键的伊朗和印度方面的地名，推知所绘为下限不超过 1313 年至 1318 年的蒙古时代的状况；据所推测出来的 13 世纪末至 14 世纪初势力扩张至地中海地区的阿拉贡联合王国的状况等，可以确定显示的数据上限不超过 13 世纪 90 年代。

其次，关于西方的《卡塔兰地图》，我主要对东半部即西亚以东至中国为止的部分进行了分析，而这一部分在欧洲以往的研究中从未得到正面的认真对待。作为阶段性的成果，也还是弄清楚了几个方面的问题：与旭烈兀兀鲁思相关的信息很醒目；蒙古世界帝国的宗主国大元兀鲁思以及旭烈兀兀鲁思、术赤兀鲁思、察合台兀鲁思都受到了应有的认真把握；从主要的地名信息中可以推测，此图是以 1313 年至 1314 年左右的数据为中心制作的；真实地描绘了包括制作该图的阿拉贡联合王国在内的，14 世纪开始迅速活跃的地中海地区与欧亚大陆东半部之间陆地和海上贸易的状况。

两图所示内容 可以说是描绘出了东西方各自历史的这两种地图,当然反映的都是蒙古时代的数据,出现的令人吃惊的结果实际上是同时期的信息几乎占据了大多数。正如在讨论《史集》时已经接触到的那样,从1304年蒙古帝国实现东西方和合之时起,蒙古时代的非欧—欧亚大陆就卷入了空前的交流和贸易的浪潮之中。

从前因欧美史家不经意和轻率的类比产生出了"鞑靼和平"或"蒙古和平"的说法,这种所谓的东西方浑然一体化的现象,实际上的确与这两种地图所表示的时代和状况相吻合。例如,人们往往说地中海地区的交通和交流在11世纪以后似乎因十字军接连不断进攻中东而变得活跃起来,但这基本上是由纯粹精神原因产生的误解和执念。事实上,即使是在13世纪时地中海仍然是近乎封闭的海洋,很难开展有组织的航海。

地理知识和航海技术,到13世纪末迅速提高,进入14世纪后情况大变。所谓波特兰海图的出现,重视现实知识和技术、回归合理精神的世界认知得以发展。

《卡塔兰地图》的确象征着欧洲世界的变身,又以前所未见的水平绘出了东方世界的身形。一方面,东方的混一图终究不过是流传民间的中华本位的地图,且与当时的统治者蒙古人所拥有的地图(大概也曾有过世界地图)也不在一个水平上,但是作为流传至今的地图保存了很特别的内容。因绘有为海洋所包围的非洲等内容,仅凭一部混一图就可以轻易地推翻以往的欧洲中心史观。

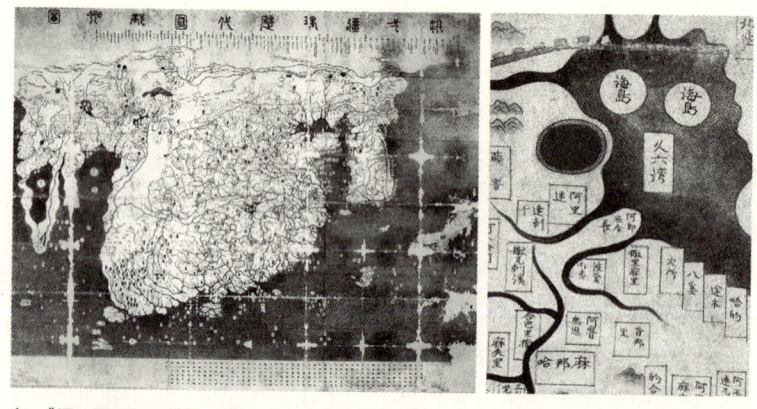

左：《混一疆理历代国都之图》 有几种抄本为人所知，此图为日本长崎县岛原市本光寺所藏。数字表示部分的放大图请见本页其他图片

右：显示蒙古时代的地名 旭烈兀兀鲁思在阿塞拜疆的主要城市"麻那哈"（蔑剌哈）、"撒瓦剌溪"（桃里寺）等。因有误写需要正确识读

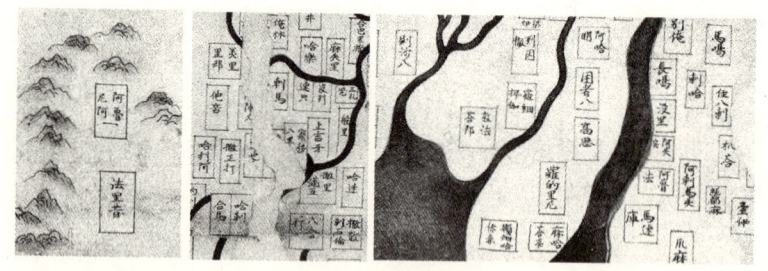

左：混一图之欧洲部分 可读出"阿鲁尼阿"（Almanya 阿曼尼亚即德国）、"法里昔"（Paris 即巴黎）之地名

中：报达 被标记为"八合打"

右：有关西方的详细信息 还有"马喝"（Makkah 即麦加）和东非的"麻哈答采"（摩加迪沙）等地名

东西方两图所讲述的新大地,才是蒙古时代后半期世界的姿态。

失去的下一个时代

人类历史在蒙古时代来了个大转弯。迈向世界史的步伐首先就在这里,而它本应更早地宣告下一个时代的到来。例如,在 1371 年至 1375 年之间制作的《卡塔兰地图》中,已经明确标示非洲西北方海面上的加纳利群岛处于阿拉贡海上势力的掌控之中。由伊比利亚人开创的"大发现时代",实际上就在眼前。

然而,该图以后的欧洲反而逐渐倒退、沉沦下去了。正如《卡塔兰地图》以后的地图和世界地图充分说明的那样,至哥伦布为止的一百二十多年间,欧洲看上去似乎陷入了停滞和冬眠的状态。同样,东方也在混一图之后基本上失去了对西方的关注。近年来,主要是中国大陆和台湾对郑和下西洋给予了过高评价,然而郑和下西洋本身不过是蒙古时代的延续和遗产,倒不如说此事最终更为重要的是中华和亚洲东方迅速丧失了有组织的海上发展视野。

在 14 世纪末以后的"东西方衰退"的背景中,可以举出的首要因素恐怕是伴随蒙古解体而来的"非欧—欧亚大陆"交流圈的退步。例如,横跨欧亚大陆东西方的陆上交通随着蒙古的解体开始消失,经过很长时间后,可以说实际上直到苏联解体后才终于在最近好不容易得到了恢复。而印度洋航线的东西海上交通恢复到蒙古时代后半期的水平,还是始于 16 世纪以后葡萄牙向东方的发展。

对"大发现时代"的质疑　　日本的西洋史学者所改用的"大航海时代"的说法，本身存在很大的疑义，这里暂且不谈这个问题。只是想问，总是在"唯有欧洲世界才可能发生"这一前提之下谈论葡萄牙和西班牙的海洋进发，究竟合适吗？至少自古以来阿拉伯和伊朗的船只就往来于中国和非洲间的印度洋航线上，而这一航线在蒙古时代也因国家介入的航海组织化和体系化而得到了促进。然而，蒙古以后的亚洲东方自己将这一航线放弃了，只是在经历了近一百年的"空白期"后，小小的葡萄牙出现在了东方。众所周知，葡萄牙人依靠的是阿拉伯和伊朗的船只和技术。顺带说一句，西班牙对南北美洲大陆的统治，也正是因为处于同一地区而成为可能。过于抬高葡萄牙、西班牙的海上发展，是否合适？

作为此章的总结，想谈两个问题。一个问题是西方人所说的"大发现时代"或"地理发现"，是由葡萄牙和西班牙所开创的。之前，卡斯蒂利亚女王伊莎贝拉一世开展政治大联合，实施"民族净化"，使得阿拉伯人、犹太人、非洲人被驱逐出因长久以来多族共同居住而形成的多文化、多元社会的伊比利亚半岛。在全然幸运到手的新大陆上，这些伊比利亚人"神"一般地恣意妄为。人类史上出现的种族歧视各式各样，但没有像"大发现时代"以后欧美人的种族歧视那样强烈、不体面和罪孽深重，其余影至今仍持续存在。

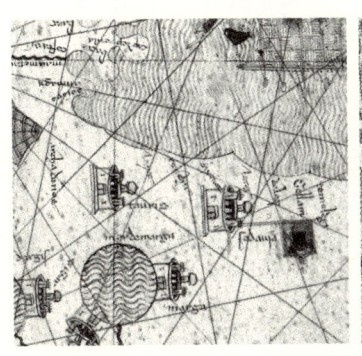

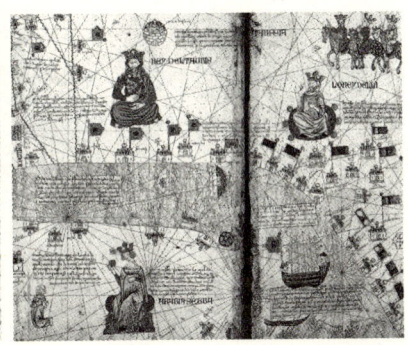

《卡塔兰地图》的局部放大 在靠近里海的地方，可以看到 Marga（Marāgheh，蔑剌哈）、Tauriz（桃里寺）的地名

波斯湾周边（右图） 《卡塔兰地图》的局部放大。海洋上的船只悬挂的是旭烈兀兀鲁思的旗帜，同样的旗帜在海湾岸上的街道里也飘扬着几面。大尺度绘出的船只，使人可以想象其航行于印度洋上沟通东西方的状况

另一个问题是，改称为"大航海时代"也可以，但是很难否定其中隐藏着一些不可忽略的陷阱。除了上文所说的问题，例如被认为是新时代的引领者的恩里克航海王子，其真实面貌就几乎笼罩在黑暗中，评论基本上是 19 世纪有意的"奉承"。这除了葡萄牙自身所为，还有英国的主动效仿。这其中难道没有吸收葡萄牙和西班牙的"成果"的英、法等国的"历史创作"吗？

在英帝国论者等一些人喜好的所谓由"大航海时代"之后的"海进"引发全球化进展的理论中，非常缺少朝向陆地的视角和见识。同样举例来说，16 世纪中叶以后莫斯科帝国的出现、接踵而来的俄罗斯帝国的形成、后来直至 20 世纪末为止长期持续的"陆进"，不得不说是世界史上的大现象。不只是那位麦金德，仅凭"海洋理论"讲述的世界史，本身也是非常奇怪的。

如前所述,能够为人类所共有的世界史尚未被创作出来。朝着这一方向重新树立信念、孜孜不倦地努力,不能不说是历史学家的使命。

第三章

大蒙古与世界开创者（Jahān-gushāy）

成吉思汗的历史故事

时隔八百年的纪念活动　　1206年春，在今天已被自然地称为蒙古高原的广阔大地的中心地带，发源于肯特山的斡难河河畔，在牧草争相吐芽的一片绿色中，人马一拨拨地不断涌来，不久就出现了庞大的毡包群。历史上划时代的"忽里台"大会即将开始。

回首远望，自9世纪中叶回鹘游牧国家由于环境的异常变化而被黠戛斯乘隙摧毁以来，在大约三个半世纪的时间内，不折不扣的群雄割据在这片高原上此起彼伏地上演着。其间，占据高原东南隅的契丹族于10世纪初叶兴起，形成了牧农复合型的"帝国"，与华北的突厥系沙陀政权和以其继承者的形式建立的北宋南北并存。在中华地区和当时的日本国以"契丹"知名、不同场合又按照中华王朝习惯称为"大辽"的契丹帝国，虽然偶尔也出兵北部的蒙古地区，但是仅限于间接的统治。

进入12世纪，推翻契丹和北宋的女真族的大金国，高度戒备蒙古高原的游牧战士，曾操纵强大的部族集团，导演出对立、内讧和冲突，如有需要则大举北征。金国还集中修建被称为界壕的空壕和土墙，在要冲之地建造城塞和堡垒，以构筑起宏伟绵长的防御线。如果说它是"长城"，那么就是秦始皇时代以来史上线路最北的长城，其中一部分已经深入高原内部。

这期间，相应地出现了意欲统一高原牧民世界的动向。但是其萌芽每次都被从外面掐断了。这种遗怨，在了解牧民之心的同时也被传播至了下一个时代。

12世纪末前后，一位名叫铁木真的实力并不被看好的人开始显露头角。时代正当列国相争的乱世，下克上的现象不足为奇。至少，铁木真推翻称霸路上的主要对手克烈部首领汪罕（或作王罕），夺得了高原东部的霸权。接着，他又消灭高原西部占据阿尔泰山方面的乃蛮联盟的首领塔阳汗，基本控制了整个高原。

另外，这里需要注意的是，克烈和乃蛮都处于拥有几位首领的联合王国的状态。世界综合史《史集》的"成吉思汗纪"，只对克烈王汪罕和乃蛮王塔阳汗二人以"帕迪沙"之号相称。蒙古世界帝国的组成部分旭烈兀兀鲁思的第七代君王、可称为中兴英主的合赞，针对这个可译为"帝王"的词语，自称 Pādishāh-i Islām

即"伊斯兰的帝王"。

蒙古帝国全民的皇帝称为"合罕",各兀鲁思的君主始终只能称为"汗"。鉴于此,改信伊斯兰教的合赞将"帕迪沙"用作表示特殊意义的称号。而且,作为下令编纂《史集》初编本《合赞之福运蒙古史》的人,合赞本人几乎就是事实上的作者。对于蒙古创业英主成吉思汗的称霸故事,合赞不仅熟知而且很可能曾亲自进行口述。那么,合赞为何认可克烈王汪罕和乃蛮王塔阳汗与自己一样拥有"帕迪沙"的称号呢?

这一称号不仅存在于蒙古时代,还一直持续到后蒙古时代,而大历史的关键就隐藏其中。这一问题将于第七章详述,概括起来说就是,曾广泛控制蒙古高原中心区域的克烈联盟和占据阿尔泰至准噶尔盆地广阔地域的乃蛮联盟这两个"联合体",对于合赞所拥有的一般王国等政体来说,都是远超其上的强大政治权力。不见于《蒙古秘史》的真相,只因《史集》是以整个欧亚大陆范围来讲述才会时而浮现出来。

再回到斡难河河畔。在经历长期分裂之后完成高原政治统一的铁木真,在九斿大旗(即用牦牛尾装饰的九斿 tuq,汉字作"纛")之旁举行即位仪式,自己上称号为"成吉思汗"。与此同时,他以自己所出身部族集团的名称将聚集在麾下的突厥和蒙古系游牧民联合体定名为 Yeke Mongqol Ulus,即"大蒙古国"。这是作为国家的正式起点。众多不同族属、不同来源的牧民,在这时认识到自己是属于"大蒙古国"这一"兀鲁思"的一员。这

哈剌和林挖掘现场 蒙古帝国曾经的首都，现在正由德国的学者们进行发掘考察。选自《成吉思汗展图录》2005

是最为重要的关键点。这也理所当然地是全体蒙古游牧民值得纪念的一次重大事件。一切，从这里开始。

由此过去了八百年的时间。至2006年，从成吉思汗建立的蒙古国家出现开始算起整整是八百年。世界各地开展了各种各样的筹划和活动。例如，德国从前一年开始举办了盛大的"成吉思汗及其遗产"展览和由政府特别资助的国际学术研讨会，集中展示了不少与蒙古帝国有关的各种文物、文献、文书、绘画等。在日本，东大寺展出了所藏蒙古袭来时期著名的国书传本的原件。从国家、政府到国民，德国很早就对东方十分关注、关心并抱有热情，现在又承担了对蒙古帝国故都哈剌和林遗址（今哈拉和林）的发掘考察工作。日本也开展了一些相关的出版、集会和制作视频的活动。

尤其是在欧亚大陆的内侧，即在北面被俄罗斯联邦，东、西、南三面被中华人民共和国这两个超级大国完全包围住的蒙古国，更是举国庆祝"大蒙古国建国八百周年"，人们如醉如痴地尽情欢腾。高达三十米的成吉思汗巨型雕像被建造起来，成吉思汗肖像被印上纸币，国际机场也以其命名，成吉思汗之名随处可见。而日常生活中倒是很多人在心中敬仰爱戴成吉思汗，静静地

因大蒙古国八百周年而沸腾的蒙古国　左图为乌兰巴托的苏赫巴托广场。国家宫前，与1921年的人民英雄苏赫巴托的骑马雕像一同竖立着的成吉思汗、窝阔台、忽必烈雕像。右图为乌兰巴托郊外建造中的成吉思汗巨型雕像。木村理子摄于2007年

将他奉为尊贵的圣人。听说对于那种近乎喧嚣的热闹，他们感到些许遗憾或是不适。

而在戈壁之南的中国内蒙古自治区，也组织了相应的庆祝活动。可与蒙古挂上钩的人还散布于中国的新疆维吾尔自治区、东北三省、甘肃省、河北省、四川省、云南省等地区。在中华人民共和国这一框架和现状中，说成吉思汗是中华之内的民族英雄也不是不合适。在俄罗斯联邦境内，除了布里亚特共和国，还有图瓦、哈卡斯、阿尔泰、鞑靼斯坦、巴什科尔托斯坦、卡尔梅克等直接或间接与蒙古有关的行政区域。即使是在已经各自独立的原苏联中亚五国，石油和天然气储量丰富的哈萨克斯坦也将国家的身份认同归结至蒙古帝国。对于这种场合的相应措施包括对待成吉思汗的态度，成为反映那一国家和地区的一面镜子。

从前在苏联尚未解体之时，当时的蒙古人民共和国就出现了

准备隆重纪念成吉思汗诞辰八百周年的动向,但是遭到了苏联的强力压制,政治家和参与者处境艰难,活动被彻底打压。将成吉思汗视为残暴的入侵者是俄罗斯帝国历来的定调,不过是为了将沙皇政权奉作神圣的救世主而使自己的政权合法化的一种手段。苏联恰恰是其真正的继承者,毫不犹豫地实施了其蠢行。这是发生在1962年的事。

此后很长一段时期,成吉思汗被人们藏进了心中。2006年的盛况,显示出蒙古以及俄罗斯联邦乃至欧亚大陆的大变化。作为衡量时代和政治状况的标尺,成吉思汗可以说超越历史,依然活在今天。

难以真实了解的成吉思汗

那么,这位成吉思汗究竟是个什么样的人物呢?首先,他的相貌、风度、体态如何呢?

台北故宫博物院内,收藏着名为《中国历代帝后像》的画册,其原图原为大清国内府所存,其中包含成吉思汗的肖像。作为成吉思汗本人的画像,可以说实际上仅此一幅,非常著名且常被使用。为大蒙古国八百周年纪念而竖立的雕像、设计的纸币等,基本上都是以此图为蓝本,电影、戏剧等也以这一形象作为人物造型。但是,此图就如此可信吗?

实际上恐怕不太靠得住。收入《中国历代帝后像》的皇帝、皇后的画像,某种程度上是先有相应的依据或原画,不一定是毫无根据之作。但是说到成吉思汗像,即便是有过原画或什么依据，那恐怕也只能是忽必烈建立大元兀鲁思（1260）以后的东西了。就是说，那终归是一种想象，而且是以中华风格绘制的，很明显施用了这种意义上的"神圣化"笔法。

引人注目的是，成吉思汗的肖像与其孙忽必烈的肖像比较来看，尽管长相完全不同，但是脸形实际上基本一样。忽必烈胖乎乎的脸庞和体形，在刘贯道知名的画作中全都一致，他的长相应该就是那样。据一种有名的说法，当年成吉思汗看到刚刚出生的孙子忽必烈的脸就说："像个汉人。"意思是说包括成吉思汗在内其他人都不是这个样子。

那么，说成吉思汗和忽必烈脸形相同，是不是说有可能以忽必烈的肖像画为依据或样本绘制了成吉思汗的画像呢？肇基的

十分相像的两幅肖像 上图为成吉思汗，下图为忽必烈。让人感觉原本形象不很清楚的成吉思汗，其肖像可能是参照后来的"大帝"忽必烈绘制而成。均选自《中国历代帝后像》，台北故宫博物院藏

成吉思汗、中兴的忽必烈，至少在大元兀鲁思的统治下，他们是并驾齐驱的两位"大帝"。对于形象不很确知的成吉思汗，或许隐含地利用了忽必烈的影子。顺便说一句，《史集》特别是其巴黎抄本的插图画像中几处出现的成吉思汗，尽管本身画得很好，但由于处在不大的画面中，根本不是肖像画的感觉。

第三章　大蒙古与 Jahān-gushāy（世界开创者）

苍狼和阿阑果火传说 据说寡妇阿阑果火感天光生下了成吉思汗的祖先。天光被表现为圆脸。选自帖木儿时代的画册《拜姓忽儿画册》，托普卡帕宫博物馆藏

有关成吉思汗风貌的记载，不知道为什么非常少，而东西方的两则记载十分醒目。一则为1221年出使蒙古统治下的中都（今天北京市城区西南一带）的南宋人赵珙的见闻录《蒙鞑备录》所载，是有关当时已远征中亚的成吉思汗的传闻记录。原文作："其身魁伟而广颡长髯，人物雄壮，所以异也。"即身材非常魁梧，天庭饱满，留着长髯，性格勇猛，是个不一般的人。另一则为自称见过远征中亚途中的成吉思汗的人说的话，被曾仕于古尔王朝的术兹札尼（Minhāj b.Sirāj Muḥammad Juzjānī）用波斯语记载下来（《纳昔儿史话》——译者注）。书中说成吉思汗已六十五岁，身材高大与众不同，体格强健，拥有猫一样的眼睛，灰色的头发所剩不多。这两则记载，都已被前述俄罗斯大学者巴托尔德注意到了。

当时，在矮小身材似乎居多的蒙古游牧民当中，拥有与众不同的高大身材这一点很重要。在草原和战场上的指挥等方面，身材高大可以说是作为指挥者的首要条件。而且，所谓"猫一样的眼睛"，可能是指与一般的黑眼球不一样的特征。总之，根本不

是什么寻常人。而《中国历代帝后像》所收成吉思汗像多少缺乏魁伟、别样、强健感。真实的成吉思汗，应该是更像草原游牧王的样子。另外，有关成吉思汗的东西方同时代的主要文献，都完全没有言及他的相貌，尽管多数是成吉思汗的后裔让人做的记载。或许这其中存在某种"禁忌"。

不过是故事的前半生

不确知的还不只是相貌。在成吉思汗的人生和事迹当中，特别是有关其前半生或是说推翻克烈之汪罕迅速崛起之前的史事，总是笼罩在某种薄雾之中难以看到真相。成为成吉思汗之前的铁木真的奋斗时代，才正是蒙汉合璧《蒙古秘史》等文献讲述的生动振奋故事的主题。然而，那里所写下的事情尽管是游牧民们心中的印象，可又有多少是真实的呢？关于这一点已经谈过一些，这里就不再细说，只想说在蒙古国及其广阔疆域基本形成之时传颂出的美好壮阔的"历史故事"，与真正的历史之间还是存在不小的距离。

以往的做法多是以《蒙古秘史》为核心，结合汉文的《元史·太祖本纪》和《圣武亲征录》等文献作为一个完整的故事来理解。直言不讳地说，无论经过多么精细且合理的思考来加工而成，还是让人觉得越是如此越不如视为一种进一步的虚构为好。还有一点，在迄今为止的对成吉思汗的了解中，《史集》等波斯语史料还没有得到很好的利用，尤其有必要从抄本研读阶段开始认真地予以充分理解。

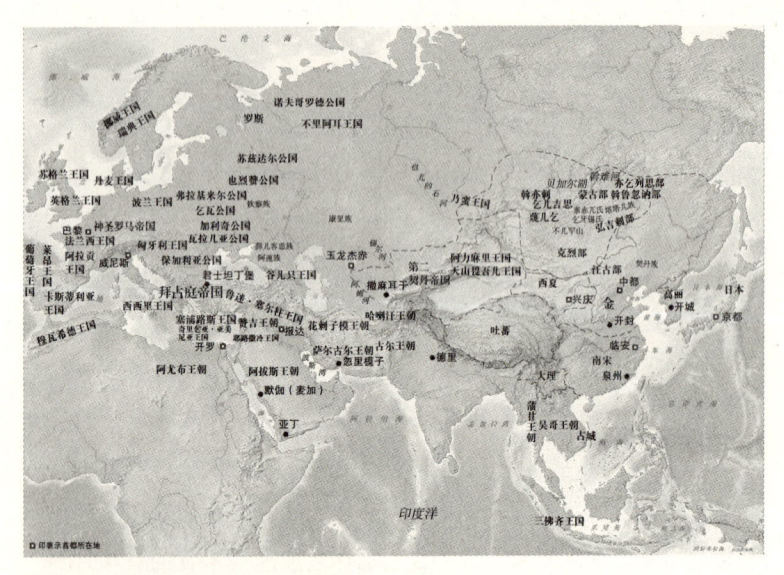

成吉思汗之前的欧亚大陆示意（12世纪）
根据中国自然资源部所供标准地图绘制而成

以成吉思汗为题的叙述和著作，世界各国都有不少，近来又因特逢八百周年纪念，所以国内外的出版物相当多。然而，这些作品仍然局限于某种固定模式中。且不论应当对东西方文献进行彻底的比较研究，哪怕对于作为铁木真的奋斗时代和成吉思汗的君主时代，也应当理解为被以不同方法分别"神圣化""传说化"了的产物，去冷静、客观地予以重新审视。称作史料的文献本身，不过是使作为"人"的成吉思汗成为 boqda ejin 即"圣主"、开始走上通往完全不可触及之"神"的道路那一时期以后的作品。

年老的苍狼

成吉思汗被确定为近乎那种真相的形象,可以说始于在1206年的大事件中称成吉思汗之时。大蒙古这一游牧民联合体的出现,对于周边的各国、各种势力都是不寻常的威胁,是一个大事件。周边地区都在注视着这个新兴的国家。因为它们清楚,一旦游牧民战士被以十万为单位组织起来,将会发挥多么大的威力。

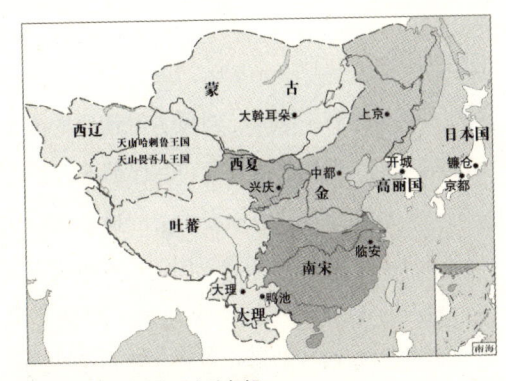

蒙古国建立时的欧亚大陆东部
根据中国自然资源部所供标准地图绘制而成

实际上,占据南中国的南宋于1206年突然出兵向在大蒙古国南边立国的大金国发起了进攻。被认为是当时亚洲东方最强大的大金国在因连年灾害走向势衰之际,即将面临北部高原终至统一而带来的重大危机。南宋也非常清楚这一点,遂单方面破坏友好关系,越过淮河一线北伐。这虽然是彻底背叛宋学之名分论的可耻突变,但说明牧民世界的统一和新强权的出现已经切实触动了南中国。只是,还不能说大金国就衰弱已极,它出兵殊死反击,南宋北伐军所到之处皆败,最终撤兵。南宋为此交出政府宰相的首级,痛苦地得到了宽恕。

大蒙古出现的消息,使保有今宁夏、甘肃一带土地的西夏国一下子紧张了起来。对蒙古最前线的亦集乃地区可以说是沙漠中的绿洲，此时黑水城等防卫线都进入了最高戒备状态。

而且，来自高原新势力的显著威胁也传到了西边的天山畏吾儿王国、天山哈剌鲁王国，以及凌驾于其上的第二契丹帝国（与北宋一同被大金国所灭的第一契丹帝国，由宗室耶律大石以横跨中亚东西方的形式重建。将该国称为"哈喇契丹"或按中华式称为"西辽"，都是不妥当的。契丹国总共存在了三百多年，这基本上相当于被称作北宋和南宋的第一宋朝和第二宋朝存在的时间长度，在转移领土和重心重建统治这一点上也很相似。另外，如果能以这样的观点来重新看待契丹国和宋朝，可以很好地了解10世纪至13世纪欧亚大陆东方的格局）。甚至，在这些国家西边即西突厥斯坦之地势力渐长的花剌子模王国，还有人准确地预见到蒙古国的建立终将成为降临到自己身上的灾祸。

总之，大蒙古国从一起步就成为被注视的目标。换言之，从这一时期开始，该国及其统治者成吉思汗吸引着其他国家的视线并得到了记载。也就是说，在记载和历史之中开始了被迫的客观化。也可以说是从牧民们口传中的内部记忆的世界，转变为外在的兼具多元视角和记述的世界。

成吉思汗此后不断向东西方发动征战，于1227年进攻西夏的最有利时期，在其都城兴庆府开城迎降前三日去世。关于其去世的日期，东西方文献的记载有明显出入。细究这一点，除了存在历史记载方面的问题，还会引出如何确定出通用于欧亚大陆东西方的历法上的年、月、日这一深层问题。

稍稍跑题一下，欧亚大陆东西方在客观的时间坐标轴中被那样连贯起来看待，还是蒙古时代以后的事情。在此之前，东方是东方，西方是西方，不用说月、日，就连年的表示也有一些不同，实际上是没有引起什么注意，因为基本上没有出现过东西方一致按照"实际时间"来行事的情况。反之，对于研究蒙古时代史的人们来说，就不能不把它作为一个大的问题。蒙古帝国要创造出东西方通用的统一历法，不，是不得不创造。历、历法、天文学、数学的东西方的统一，是蒙古时代的科技革命之一。这里想明确指出的是，世界史克服时间和历法的障碍是蒙古时代以后的事。

不管怎样，从1206年至1227年的二十一年间，是属于我们暂且可以在某种程度上确知成吉思汗的范围。那是他作为君主乃至王者的岁月。那么，对于成吉思汗本人来说，已处于渐渐老去的日子了。

众所周知，关于成吉思汗的出生年份，存在1155年说、1162年说、1167年说等记载，是因为各自所依据的东西方史料本身记载不同。关于这一点，这里不做详述。不管是哪一种说法，在1206年这个人生的转折期，成吉思汗至少已经虚岁四十岁了。游牧民的衰老来得较快，辈分的更替也早。成吉思汗是体型魁梧的狼，但已不是壮年的狼了。

成吉思汗此后的二十一年几乎是在征战中度过的。这本身就是了不得的事情。在持续的对外征战和迁徙的过程中，成吉思汗麾下的"蒙古"的团结和一体感变得不可动摇。蒙古，真真切切地和成吉思汗连在一起。在他长眠之时，大蒙古这一国家已经覆盖了欧亚大陆中央区域相当大的部分。投向"世界"的眼界正迅速打开。

年迈的苍狼成吉思汗。这其中包含着观察他的关键点。

成为史上最大帝国的原因

蒙古是否曾经强大过

提到成吉思汗和蒙古，总会出现一种特别强大的印象。然而果真如此吗？

即使是蒙古骑马军团，说到底还是人。他们骑在虽有耐力但速度不快、体型矮小的马上，使用射程确实可观的短弓短箭。当然，也有使用长弓和大小不等的弩、在马上使用扎枪的部队，但总的来说不过是马和弓箭的军团。就破坏力而言，其限度可想而知。更谈不上拥有机枪和火枪。将蒙古说成前所未有的强大暴力集团，是错误的。

东西方记载中存在所言一致的内容，即蒙古游牧民们非常淳朴而勇敢，严格遵守命令和纪律。对于他们淳良、忠厚这一点，即便是一提到游牧民就极尽讥讽的汉文史料也异口同声地记载着。

蒙古骑兵的战斗 选自《史集》伊斯坦布尔本。托普卡帕宫博物馆藏

然而在当时，不管是在大金国还是在南宋或西夏，将帅和士兵都经常内讧，战场上也频频发生脱逃、观望、叛变现象。伊斯兰史书描述的中亚伊斯兰地区，情况也差不了多少。在下文将要讲到的本名为罗斯的斡罗思或欧洲，情况也是基本如此。部将之间的不和、妒忌和退缩，更是司空见惯，一时所获的来之不易的胜利，常常因围绕战利品的分配和赏赐额引发的纷争而翻盘。一方在实战中取胜却最终衰败下去的现象并不少见。

这种情况的背景之一，是众所周知的中华地域中对士兵的蔑视、歧视和不信任，以及官兵上下多为金钱所雇用的"佣兵"这一事实。尤其是在中亚和中东，究竟能够以何种组织形式屡屡雇用到出身、来源和种族不同的雇佣军，成为赢得战争的关键，这是很引人注目的事例。真的是有钱能使鬼推磨，因此叛变成为常态也就无可奈何了。顺带说一下，南宋曾存在畏吾儿雇佣部队。还有，或因不曾参与成吉思汗统一蒙古高原的行动而最终被排挤出去的人们，作为重要的战斗力在欧亚大陆各地受到欢迎，还不时与蒙古军碰面。

在这种状况已成常态的欧亚大陆上，成吉思汗及其家族率领的蒙古军，真正是管理和组织得很棒的军队。如后所述，其基础在于1206年之后不久成吉思汗开始推行的国家体制和军事组织的重组。虽然历史上似乎存在彻底的金字塔形的制度建构，但是至此为止还未见到其他组建得如此出色的实例。

一切，都被与成吉思汗及其近亲们乃至成吉思汗自己选拔编制的多民族、多语言、多文化的首脑层联系起来。被认为是"蒙古"的人们，以与成吉思汗一族"共享富贵"为口号，遵从首脑层下达的指令。出征时所需的马匹、武器、装备和食物，基本上都由个人负担。这可以说已经基本上就是"蒙古共同体"了。蒙古的首要之强，在于其组织力和团结力。

"不战之军"的威力

蒙古周到至极的计划性，也给人以深刻印象。在出征之前，成吉思汗及其臣僚会针对自己的军队，进行充分准备的动员和统一意志的工作，而对于敌方则进行充分的侦察和策反工作。一般都需要花费大约两年的时间。争取在开战之前就使敌人崩溃或顺其自然来降，而蒙古远征军在大局已定的情况下光是进军就可以了。实际上情况也确实如此。

反之，在对敌方所进行的私下沟通和在实地所做的事先疏通尚不充分的情况下，与敌军遭遇时往往败阵。蒙古军本身既富铺开作战能力又具有能动性，是不惧恶战的极其优秀的战斗集团，不过欧亚大陆游牧民军团的特征、战法基本上大同小异，一旦敌方结成大的骑兵部队来攻，蒙古军是没有必胜把握的。

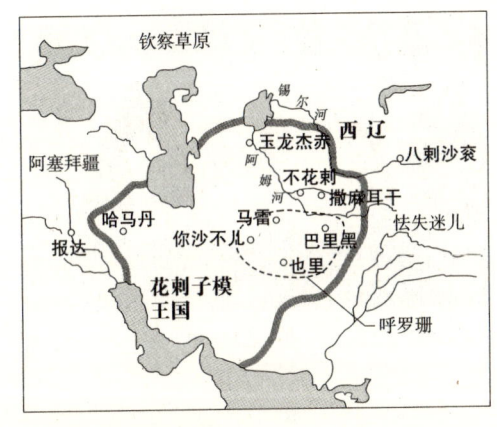

征战花剌子模王国示意图

总之，可以很好显示这一特征的是1219年至1225年间成吉思汗的西征。其前半程是对花剌子模王国之核心区域展开的进攻战。那次是以难以置信的速度在短时间内取得了辉煌的战果。处于国境线上的要塞城镇，在似乎掌握全部情况的蒙古军的准确攻击下一一陷落。河中地的两大都市不花剌和撒麻耳干也对蒙古打开了城门。其后，花剌子模王国从内部自行毁灭，开战后仅仅一年半时间，这一伊斯兰世界最强大的国家事实上就已经消失了。不用说，这归功于蒙古方面极为周全的战前侦察、私下沟通和事先疏通。

然而，在渡过阿姆河踏入今天的阿富汗境内后，进展却一点都不顺利。东部伊朗的呼罗珊，是帕提亚、萨珊时代以来的文化中心，巴里黑、马雷、你沙不儿、也里等城市自古以来就很繁荣。为追击花剌子模军而缓缓进入呼罗珊的蒙古军，没想到在各个城市遭遇到抵抗，重复着无谓的战斗，损失也很大。也包

花剌子模国王之死　《史集》巴黎本中，算端摩诃末之死被描述得特别凄惨

含对此进行报复之意，在一部分地区的确发生了杀害平民的事情。此事后来被夸大解释，鼓噪出"破坏者蒙古"的印象。还有，从前常有人说呼罗珊的衰败是由成吉思汗造成的。然而，即使是在其后的蒙古时代和帖木儿帝国统治时期，这些城市也都一如既往地存在着。而真相是，进入近代后交通体系和产业结构的变化等才导致了这些城市的衰落。

对于阿姆河以南地区，预先的侦察和私下沟通工作还没有完成。花剌子模王国如此迅速的解体，看来出乎了蒙古军的预料。老者成吉思汗这时的判断发挥了作用。他于1222年放弃了在阿富汗的作战，下令全军班师，而且是非常缓慢耗时的谨慎撤退，一路上万无一失地牢牢巩固住了所有缴获，包括人口、城市和土地。

放弃之妙和颠扑不移的冷静。成吉思汗不是冒进的亚历山大般的战场英雄，而是沉着、冷静的组织者，是真正具有战略眼光的老练的指挥者。成吉思汗这个战术灵活、才能过人的指挥者，带领着质朴、顺从且精于骑射之术的机动部队。蒙古之所以强大，就在于这一点。

稍作一些补充，即蒙古从成吉思汗统一蒙古高原之时起，总的来说就已经是不战之师了。仅以曾率军对阵就假定发生过战斗，恐怕有些草率。因双方指挥者之间的谈判讲和或者是因何人的斡旋，使一方蜂拥而至地合并入另一方，总归是游牧民中常见的现象。反过来说，这还可以相应地避免伤害人命。《蒙古秘史》中被高声讴歌的壮烈的牧民战争，诚如被热血沸腾的战争场面染了色一般，但那只属于口传之英雄史诗的世界。心灵的印象可以飞翔到无限想象的彼岸。假如在每次的纷争、对立和征战中都杀尽对方，那么高原的游牧民早已不存在了。

倒不如说，统一蒙古高原时的经验和策略也适用于对外征战，即重视情报战、组织战，尽可能不实战。社会上所传大量杀戮和恐怖的无敌军团的印象，是由蒙古人自导的，是一种宣传策略。成吉思汗惯用的这一战术，为其后世的蒙古所继承，成为绵绵不断的传统。

开放的帝国

还有一点。详述蒙古内部情况的同时代的波斯语史书中，在讲到吸收、纳入敌方的人口、部落、部族、城市、国家的时候，多使用"成为 īl"之语。īl 一词原本为突厥语，也被用作蒙古语，原本指"人的集团"，由此扩展为"同集团、同族、同类"之意，再引申为"伙伴"。

所谓"成为 īl"，即"成为伙伴"。以前，这个词语被译为"征服""使降服""使服属"等，没有考虑到 īl 的本义，随意根据自己的想象按"近代概念"创作出了译语。这一误译，真是作孽。原为突厥语的 īl，是与蒙古语之 ulus 完全相当的同义词。人们的聚合体、部落即"国"，的确是游牧民式的认识，而这里隐含着蒙古扩张的又一关键。

不管是什么人，只要和自己成为一样的"伙伴"，就不再是敌我。同一 īl 或 ulus，就是一个聚合体、国家。蒙古令人震惊的快速扩张的核心原因之一，就在于这种真正融通无碍的国家观或胸襟无限开阔的集团概念。

另外，这里特别值得注意的事情是，蒙古极其重视蒙古人的生命。抛开近代和现代那样不断制造出大量战争死伤者的"野蛮时代"不说，即使是在重视人的生死的中世和近世，蒙古军的态度也是尽可能避免己方出现战死者，坦率地说，其彻底性令人吃惊。蒙古深切感受到如果轻视"蒙古"人的生命，组织就会瓦解，因此视其为国家的支柱，于是出现了在蒙古的统治下死刑极少的现象。不过另一方面，蒙古人及其国家却决定将在伙伴之间保持姑息特性也作为一种传统。

总之，蒙古帝国内基本上没有出现过明显的种族歧视。只要具有能力、实力、动力、智慧、技术、见识、人脉、文才等方面的过人长处，就会顺当地受到任用。从这个意义上讲，那时确实是一个交流顺畅的好时代。蒙古，那是一个各式各样的人们所共生的"开放的帝国"。

将什么视为蒙古

在观察蒙古时还有一件重要的事情,那就是人们曾将什么视为"蒙古"的问题。

一般,人们多根据"蒙古人""蒙古民族"等说法,认为从一开始似乎就存在这一稳固的人种和民族。而且,今天确实在戈壁之北的外蒙古地区有着蒙古国,在戈壁以南的内蒙古地区有着作为中华人民共和国一部分的内蒙古自治区。如前所述,包括中国和俄罗斯的部分领土在内,欧亚大陆各地区广泛分布着蒙古及其后裔。的确,也许不由得不使人认为蒙古这一人种和民族自古以来就俨然存在。但那只能说是一种错觉或误解。要想说明这一点,既要谈到过去也要谈到现在,情况有些复杂。

不用说,现在被称为蒙古的人们,至少是过去世界帝国时代的"蒙古"人的后裔的一部分。但是,这里想提出的是,在蒙古帝国时代所谓的"蒙古"到底是些什么样的人呢?

这里可能需要多说几句。在成吉思汗统一牧民之前,蒙古高原上割据存在着许多大小不一的部落。其中,除已经提到的克烈、乃蛮之外,还有塔塔儿、蔑儿乞、弘吉剌、汪古等部势力也很强。在那时,被称作蒙古的部落还是个谈不上多么明显强大的集团,但内部也有不少分支。蒙古这一名称本身,在唐代的汉文文献里已出现,不过长时期鲜有引人注目的事情发生。蒙古部发达起来,只是12世纪以后的事情。作为最初的聚合体的蒙古,应该说是一个新兴势力。

蒙古因成吉思汗对高原的统一而成为总体的名称。就是说,那时所谓的"蒙古"即指在成吉思汗麾下结成的政治组织体。也就是说,蒙古是用作国家的名称而非人种和民族的名称。当时还根本不可能达到那种程度的同一性。即使是囊括在"蒙古"一名之下,人与人之间相貌、语言、习惯也都各不相同。

作为一个衡量指标,蒙古向近代所言"民族"之路迈出步伐,始自忽必烈所建立的大元兀鲁思失去中华本土、构成大元兀鲁思政权核心的大多数人群将根据地移往北方草原之后。实际上其中也包括不少曾在大元兀鲁思宫廷内服侍的汉族人,还有原本来自斡罗思和钦察草原的人们,或是以高加索北麓为故乡的阿速族(今天的奥塞梯)的军人等。拥有多种多样的成员,符合世界帝国的要素。

这些人和以前便分布在高原及其周边的人一起形成主体,开始了另一个时代。如果借用中国史的断代分法,即为明代蒙古时期。通往"民族"之路当中的断坡,可以说始自惧怕北方"蒙古"人进攻的明帝国在大地上刻画出今天可看到的"万里长城"这一坚固的人工国境线,将高原和中华作为"各自的世界"清晰地分割开来。

从那以后,欧亚大陆世界中横亘着最广阔、最优良草原的这一高原,就真的成了蒙古高原。于是,生活在这里的人们逐渐具有了称为"蒙古人""蒙古民族"也无妨的实体。只是,其后的蒙古人在大清帝国时期与满洲人结成多种密切关系,从而过着非常宽松悠然的生活,但在帝国灭亡后受到了近代化的冲击并领略了欧亚大陆强权政治的风浪。就是说，其现在的状况本身，只是20世纪这一急风暴雨时代的产物。

多种多样的人群

在成吉思汗为大蒙古国命名以后，随着国土的扩张"蒙古"也不断扩大，终于在欧亚大陆各地出现了称作"蒙古"的实为各种各样的人。他们究竟是些什么样的人呢？

其中，因时间和地域而异，存在各种各样的人群。他们整体形成一个巨大的同心圆状的旋涡。第一人群是以成吉思汗王室为中心的原来蒙古部的人们，可以说是蒙古人中的蒙古人。不过，也包括在成吉思汗崭露头角时围绕部族内权力与他相争的人。除了旧的部族和亲族关系，铁木真还将超越其上的个人主从关系作为迈向权力的起点。与成吉思汗特别近的王族们，不见得说因为是蒙古部人就能破例得到优待。

第二人群，是1206年国家初创时被视为"蒙古兀鲁思"成员的众多牧民。札剌亦儿、弘吉剌、八邻、阿鲁剌、八鲁剌思等部，他们各自保留着原有部族集团之名，同时又抱有亦为"蒙古"的二重归属意识。第一人群和第二人群的总合，即《蒙古秘史》中记载的九十五个千户。千户是自匈奴国家以来为突厥系、蒙古系、吐蕃系等一系列内陆国家所采用的制度。在十户、百户、千户、万户的十进制体系的军事、行政、社会组织当中，千户是日常发挥作用的最大单位。可以将其看作几百人至一千人左右的骑兵以及可以提供这些人的家族集团。

一般来说，在13、14世纪说到"蒙古""蒙古人""蒙古军"时，首先以第一人群和第二人群的人类集团为前提。不过照此标准还存在一群"蒙古"，即游牧契丹族。从前构成契丹帝国之核心的契丹族，后来分别生存在东部大金国统治下和第二契丹帝国内。经过第一契丹帝国两百年的岁月，不少人已经城市贵族化，但也有相当多的人仍然浓厚地保留着游牧武士的遗风。对于新兴的蒙古国家来说，契丹族同样出身游牧民，曾组建过多族融合的大型国家，现时在中亚仍保持着另一个政权，是独一无二的前辈。而且，据说他们在相貌、语言、风俗、习惯上，都与第一人群和第二人群的"蒙古"人很相似。

大金国统治时期，在其北方国境地带的内蒙古草原以及都城中都担任防卫的游牧契丹军团，当1211年成吉思汗进攻金国的战事打响时，大举投向了蒙古一方，导致蒙古的全面胜利以及对内蒙古及中都地区的吞并。戈壁南北蒙古高原的真正统一，从此时开始。顺带说一下，在至1215年为止的对金作战中，蒙古军在华北大地上肆意驰骋，进而围困已成孤城的中都，几乎毫发无损地取得了大胜。最为重要的是将东方最强的大金国赶到了黄河以南，把内蒙古、满洲地区和华北的北半部这一牧农复合地带纳入了掌中。新兴的大蒙古国的前途，豁然开朗。

接下来，作为进军花剌子模王国的先行步骤，成吉思汗几乎不战而胜地接收了乃蛮王子屈出律篡权的第二契丹帝国的领土。

尽管不好确定当时契丹军的具体规模，但终归是吸收了其治下包括诸族军在内的所有军队。也就是说，自1211年至1218年，东西方的契丹军团原封不动地加入了蒙古国家，被当作"大蒙古"的成员对待，即第三人群的蒙古。

联合的重点"成为伙伴" 世界综合史《史集》记载说，当成吉思汗1227年去世时全蒙古的 hizāra 即千户有一百二十九个。较《蒙古秘史》所记九十五个千户多出来的部分中，可以说相当多的是合并进来的契丹族。"蒙古兀鲁思"吸收了游牧契丹族，在领土方面东起满洲地区和华北西至中亚，大约拓展了两圈，是成吉思汗时代的大蒙古。另外，《史集》所说的一百二十九个千户，才真正是"蒙古基干部队"。这些部落分别被当作始祖成吉思汗谱系中的名门，作为世界帝国蒙古的核心的核心，直至后世都受到尊重。

蒙古在成吉思汗时代已经成为多重构造的复合体，随着它的不断扩大，其多重性和复合性进一步提高。欧亚大陆各地的突厥系众多人群，被当作蒙古人不断吸收进来。对于东方的女真族、唐兀族、汉族等，以及西方的穆斯林地方势力和斡罗思、谷儿只、亚美尼亚等基督教势力，如果是王侯、首领、军阀、土豪、宗教领袖这类有权势者归顺蒙古，就可以被认可为其中一员，当作"蒙古"来对待。例如，华北地方军阀的代表人物史天泽和张柔，就被蒙古大汗下令赐予"拔都儿"即勇士的称号，同时被正式认定为"蒙古"人。甚至在接收南宋之后,也确实有旧南宋人被当作"蒙古"人。

蒙古的显著特征,是很少以人种、民族、文化、语言、宗教等方面的差异来区别对待人,基本上不抱有基于特定的文明观和价值观而形成的偏见。总之,只要对自己有用或有益就行。从这个意义上讲,蒙古可以说首先是个政治性突出的国家。

"成为伙伴",或是"当作伙伴",这是蒙古吸收其他人口、集体、地区、国家时的惯用语。这才真正是蒙古能够跨越"文明圈"的框架,创造出巨大的人类联合的广度的关键。

"世界开创者"的系谱

在第二章已经大略介绍过,即成吉思汗在1206年宣告大蒙古国建立后不久,结合千户的重编,将全蒙古的军队分为左翼和右翼两部分,在中央,分别将由直属自己的牧民和畜群组成的帐包群、斡耳朵安置于四地。蒙古高原,拥有东部的兴安岭和西部的阿尔泰山这两大天然边境线。在高原中央面南而立,则东为左、西为右。成吉思汗依这种地势建构了国家。再次以图表示,则如下页图。

在最外侧,东边是三个弟弟的兀鲁思,西边是三个儿子的兀鲁思,作为中央兀鲁思的,是与统辖左右两翼军队的成吉思汗一同移动的宫廷和政府。这成为此后贯串蒙古世界帝国的一切的原型,尤其是左、中、右的三大分割体制,用于军队编制和向外远征自不必说,而且从实际的战斗队形到幕营的设置乃至宫廷内

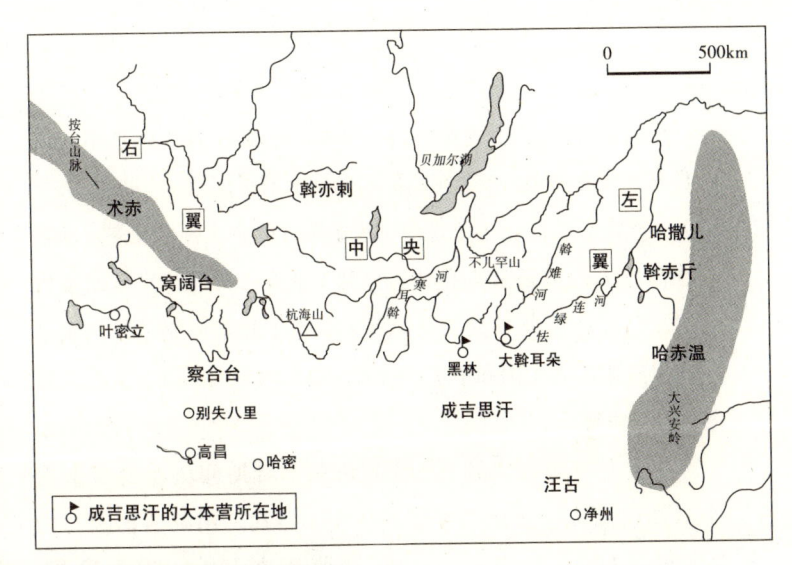

成吉思汗初期蒙古国家的左右两翼结构

部的仪式，也都是照此形式进行的。因成吉思汗的"分封"出现的一族兀鲁思，随着帝国的扩大而发展，成为与蒙古大汗直属的中央兀鲁思不同的独立性组织。

总之，"蒙古"这一聚合体不仅是多重结构，而且作为系统的帝国，还是由大汗的中央兀鲁思和其他一族兀鲁思共同构成的多元复合体。因此，各个一族兀鲁思也都分别拥有仿照帝国建立的结构。这一切在形成多元多重结构的过程中不断扩大，最终就是作为世界帝国的蒙古。

所有的原点和原像，包括大蒙古和成吉思汗，在成吉思汗一代之内已经基本成型。这里包含成吉思汗作为超越时代的不可否定的巨大存在，不断被众多传说所渲染而仍然活在今天的根源。

第三章　大蒙古与 Jahān-gushāy（世界开创者）

成吉思汗的遗产为其后裔所继承，逐渐实现了不折不扣的世界化。不久后的1252年，伊朗的文人官员阿塔·马里赫·志费尼为了拜谒于此前一年正式即位为第四代蒙古大汗的蒙哥，动身前往高原上的帝都哈剌和林。控制了欧亚大陆相当区域的蒙古帝国，已经在英姿勃勃的蒙哥汗的领导下修整体制，计划实施对尚未收服的南中国和中东以西地区的东西方大远征。其目光显然瞄向了世界。

二十七岁的志费尼，在滞留哈剌和林期间决意要写下这个试图改变人类历史的帝国的历史。那就是用波斯语撰写的 *Tārīkh-i Jahān-Gushāy*。Tārīkh 意为历史，jahān 意为世界，gushāy 意为开创者。《世界开创者的历史》，那是首次以蒙古帝国为对象记载下来的史书，而且完全是同时代的著作。

志费尼所意识到的世界开创者，自然是想要成为世界帝王的在位皇帝蒙哥。不过，书名中的"世界开创者"在指蒙哥本人的同时，还包含其祖父——大蒙古国的创建者、打开通向世界之门的成吉思汗。他所撰写的蒙古史，自然是成吉思汗至蒙哥的历史。顺带说一句，在旭烈兀兀鲁思统治下由国家编纂《史集》一书，已是很晚的事情了。而且，作为《蒙古秘史》最基本史源的口传历史故事，被落实到文字上更是稍后的事情。

大蒙古国出现四十六年、成吉思汗去世二十五年后，在那一个时间点上，作为生活于同一时期之人的证言，志费尼想要向后世传达始于成吉思汗的令人惊异的历史。关键词正是 Jahān-

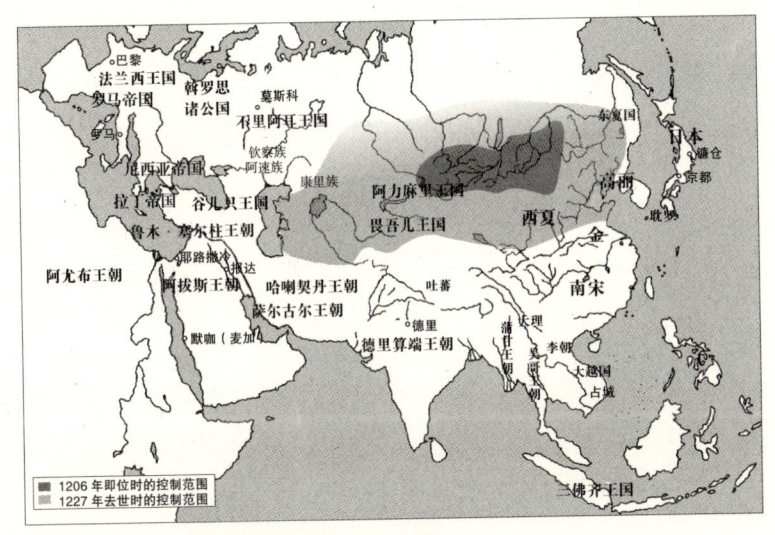

成吉思汗时代的大蒙古国势力范围示意图（13世纪初）
根据中国自然资源部所供标准地图绘制而成

gushāy——世界开创者。这一词语，包含了一切。清楚认识到自己生活的时代为前所未有的特殊时代，在这个基础上，志费尼撰写了这部史书。

成吉思汗本人及其后续的系谱，的确是名副其实的 Jahān-gushāy。以往，这一词语被英译为 world conqueror 即"世界征服者"，这部史书的书名也被译为"世界征服者史"，但这不能不说是一种似是而非的翻译。大概只有直译为"世界开创者"才能传达出波斯语原文的确切含义。

第四章

蒙古与斡罗思

西北欧亚大陆大进攻

走向世界的明确意识　　1235年,蒙古在第二代大汗窝阔台的带领下正准备登上新的台阶。此前的1229年,在次兄察合台强有力的支持下继承了成吉思汗家业的窝阔台,于次年向保有黄河南岸土地的大金国出兵,从东、西、北三个方向大规模展开包围之势。1232年的阴历正月,在敌方的都城开封西南郊钧州的三峰山,蒙古军队冒着寒流展开大决战,消灭了金军的主力。至此,大金国的命运已决,金朝末帝辗转逃亡各地,最终于1234年在靠近南宋国境线的蔡州为蒙古和南宋联军所灭。自第一代皇帝完颜阿骨打兴起于辽东地区以来,金国一百二十年的历史至此终结。

窝阔台政权的开局,大告成功。大蒙古国这一初升的朝阳,向内外显示出即使巨星成吉思汗逝去国家也照样能行的信息。而且三峰山之战的英雄、幼弟拖雷以遗产的名义继承了成吉思汗的中央兀鲁思,将其蒙古国接班人之位让给了最小的哥哥窝阔台。然而在决战取得胜利后,拖雷却在随兄长窝阔台的主力部队北还的途中不可思议地突然去世了。后来使蒙古帝国的历史转入动荡局势的混乱之种,就是从这里开始发芽的。

消除了大金国和蒙古最大实力人物拖雷这内外两大障碍后,窝阔台称"合罕"这一表示唯一至上统治者的称号,而没有称"汗",与代表东方即左翼的叔父斡赤斤和控制西方即右翼的兄长察合台三人组成三套马车的体制,然后充满自信地开始构想新战略。首先是1235年在蒙古高原中心部位建设哈剌和林都城。意为"黑色砂砾"的这个草原都城,沿袭了从前回鹘游牧帝国时期都城建设的传统,而斡耳朵八里(毡帐之城)的确是个拥有牧民都市式名称的城市。当时该城的遗址就在哈剌和林新城附近。

在哈剌和林中央政府的领导下,从旧金国治下的华北到中亚和伊朗,各地都开始了有组织的军事、征税和行政事务。同时,以蒙古语和当地语言双语的形式,将大汗的命令和指示写成文书传达的体系也已就绪,而且设置了"站"(突厥语作 yam)即驿传,可连通至窝阔台的后盾亦为盟友的察合台的根据地——天山和伊犁峡谷。以此为开端,得以建立起从草原都城面向国内各地的联络和交通网络。总之,可以名副其实地称作"帝国"的形态就是从这时开始形成的。另外,蒙古自己并不曾使用过与"帝国"相应的用语,始终是称"大蒙古国"。"帝国"之语,与对于其他许多近代以前的国家一样,都是由后世的我们随意或出于方便叫出来的。

窝阔台 成吉思汗的第三子、蒙古第二代皇帝。选自《中国历代帝后像》

在新都城哈剌和林的工程得以推进的1235年,在郊外广阔的营地上举行了几次由蒙古帝室、诸将领参加的忽里台。一个议题与大金国灭亡后华北的战后处理有关,另一个议题是商议东西方大远征。东边的远征是帝国东部诸势力参与的出征南宋,总指挥是窝阔台的第三子阔出,汉语称作"皇太子"、波斯语称作 valī al-ahd(或是 ahd valī),即"代行统治者"。然而,开战后不久阔出即离奇死亡,整个战事陷于混乱,导致此次远征最终失败。

向西方的大远征,是以术赤次子拔都为主帅展开的。作为世界史上罕见的著名长距离陆地进攻战、使俄罗斯乃至欧洲陷入恐怖深渊的"蛮族入侵",长久以来被议论纷纷。而在今天的俄罗斯,又特逢普京政权发起的"恢复权威"之举,在提问"俄罗斯是什么"的同时,那次远征现在仍然是或者说近年来更成了热议的话题。不管怎么说,在1235年那个时间点,窝阔台和蒙古人对"世界"已经有着明确的认识。其东西方两面的作战就基于这一认识。这的确反映出窝阔台是想要在现实中成为"世界开创者" Jahān-gushāy 的。

"斡罗思和东欧远征"之称

拔都的西征，一般称为"斡罗思和东欧远征"。但这是否真是一个合适的称呼，还存在一些疑问。从蒙古的角度来看，西征的首要目标是征服钦察草原那片广袤的平原，那里以当时的世界语波斯语被称作 Dasht-i Qipchāq，是位于里海、高加索、黑海北岸，西边直达多瑙河河口的一片区域，也就是自古代斯基泰国家以来，各种各样的游牧民势力作为根据地的地方。它与蒙古高原及其周围区域并列为欧亚大陆大地上的"又一大草原"。尽管蒙古已经夺取了绿洲区域和农牧地带，但是由于要以游牧民联合体作为立国之本，所以控制这里就成了当务之急。

而俄罗斯即当时的斡罗思究竟在多大程度上被视为"目的地"，确实仍有讨论的余地。如下文所述，斡罗思不曾是那么重要的地区。用现在的感觉观察过去，往往会有危险。这里的情况也一样。东欧及其以西地区真的被纳入了最初的远征计划？

俄罗斯历史上针对蒙古就有浓重的受害者意识，于是借言说此事来使自己合理化并煽动国家和民族高涨的情绪，其愿意强调"俄罗斯和东欧"的做法是可以理解的。然而，除了"俄罗斯和东欧"，还作为整个欧洲的危机来说这说那，就是欧美学者的长项或是一种习气了。说到底，这恐怕是一直以来用西洋史的想

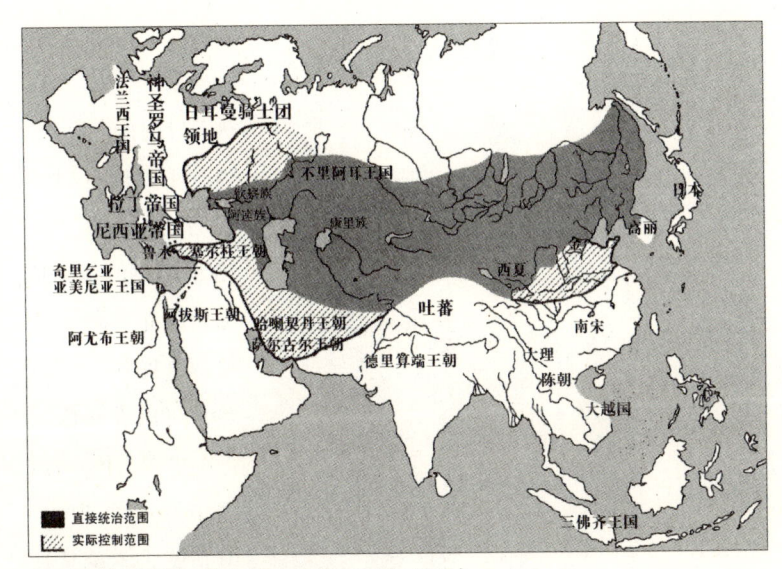

窝阔台时期的蒙古帝国势力范围示意图（1229—1241）
根据中国自然资源部所供标准地图绘制而成

法和感觉编造世界史的故事的结果。

说实话，对于蒙古来说目的是库里亚。蒙古计划在确实掌控了相邻的伏尔加河中下游流域后，将钦察大草原揽入手中。这样，就可以将连接欧亚大陆东西方的"草原带"的西半部全部合并进来，把那里的游牧民也作为"蒙古"有效地组织起来，使其加入到蒙古国中来，即实现陆地上唯一的横跨东西方的游牧民大联合体。在此基础上构想"世界"，就不是那么遥远的事了。

首先，是将欧亚大陆西部的游牧民及其军事力量收入掌中。除此之外，就看这方面的情况或"事情"进展顺利与否了。

认为蒙古似乎一开始就将斡罗思、东欧和欧洲全境确定为

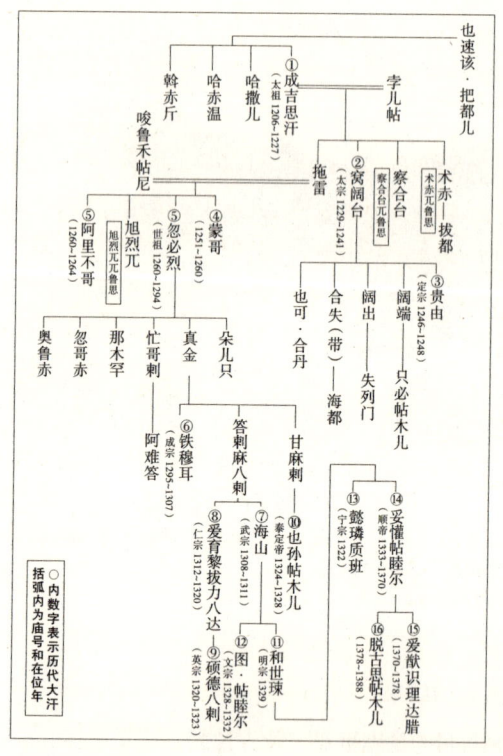

成吉思汗家族系谱

（家族系谱图，括弧内数字表示历代大汗的庙号和在位年代）

也速该·把都儿 — 诃额仑
- ①成吉思汗（太祖 1206—1227）
  - 术赤
    - 斡儿答
    - 拔都（术赤兀鲁思）
    - 昔班
  - ②窝阔台（太宗 1229—1241，察合台兀鲁思）
    - 贵由（定宗 1246—1248）
      - 阔端
      - 阔出 — 失列门
      - 合失（带）— 海都
      - 也可·合丹
    - 只必帖木儿
  - 察合台
  - 拖雷
    - ⑤蒙哥（1251—1260）
    - ⑤忽必烈（世祖 1260—1294）
    - 旭烈兀（旭烈兀兀鲁思）
    - ⑤阿里不哥（1260—1264）
  - 哈撒儿
  - 哈赤温
  - 斡赤斤
  - 唆鲁禾帖尼

忽必烈一支：
- 朵儿只
- 真金
  - 甘麻剌
    - ⑩也孙铁木儿（泰定帝 1323—1328）
      - ⑫阿剌吉八（天顺帝 1328）
  - 答剌麻八剌
    - ⑦海山（武宗 1308—1311）
      - ⑨和世㻋（明宗 1329）
        - ⑬妥懽帖睦尔（顺帝 1333—1370）
          - ⑯爱猷识理达腊（1370—1378）
          - ⑯脱古思帖木儿（1378—1388）
      - ⑫图帖睦尔（文宗 1328—1332）
        - ⑮懿璘质班（宁宗 1332）
    - ⑧爱育黎拔力八达（仁宗 1312—1320）
      - ⑪硕德八剌（英宗 1320—1323）
- ⑥铁穆耳（成宗 1295—1307）
- 忙哥剌 — 阿难答
- 那木罕
- 忽哥赤
- 奥鲁赤

进攻目标的说法，近乎于依据"文明"进行的历史创作。13世纪时的基督教和希腊正教都非常坚持自我中心主义，经常可以看到因一点小事即大惊小怪、渲染恐怖的现象。但是蒙古不论是针对大金国还是针对花剌子模王国，行事都非常谨慎，不愿看到己方的死伤，尽可能避免蛮干，多采取能胜则胜的战略。

如下文所述，蒙古军最多不过对匈牙利发动了真正的进攻。对于拔都来说，除此之外不存在更多的余地和客观条件。被以蒙古语称作 Sayin Qan 即好汗王、集内外尊崇于一身的拔都，确实非常聪明，能进则进、当退则退。拔都统帅的本领，终其一生都非常出色。他在西征过程中所实际采取的行动，即便如实地以当时的情况来看，也并无多大失误。

**通向钦察草原之路
——术赤北行之谜**

从现今哈萨克草原以及亚伊克河（今乌拉尔河）和亦的勒河（今伏尔加河）滔滔河水的彼岸无限伸展的大平原，至实际上与其连成一片的钦察草原，其整体在成吉思汗的构想中本应是要分封给长子术赤的。在东西方六个一族兀鲁思创设之际，在蒙古高原西限的阿尔泰山脉一带配置了诸子兀鲁思的右翼三王家。从北面起，按照术赤、窝阔台、察合台的顺序排列。这一配置，决定了其后术赤兀鲁思、窝阔台兀鲁思、察合台兀鲁思向西方的扩张。

三王家当中，在最西北的也儿的石河上源地区，从术赤的游牧领地形成之时起就已经注定了向哈萨克草原以西的进发。关系到这一点，还有一条有力的线索。在始于1219年的消灭花剌子模王国的战事中，当察合台和窝阔台二人所指挥的第一军指向其边境重镇讹答剌时，术赤率领的第二军在其北侧，沿着锡尔河谷奔向下游地区。显然，那是依据三人各自初封地的安排确定的军队编制和区域划分。

术赤从锡尔河河口处短暂南下，在声援花剌子模本土上的扫荡和平定作战之后，又一下子回师转向了咸海之北。那里是突厥系游牧民康里族的根据地。分成若干群落和分支的康里族，实际上构成了花剌子模王国军事力量的主体。这其中有一关键点。

被成吉思汗推翻的花剌子模沙摩诃末二世，其母忒里骞哈敦出身康里名门，他统治时期的花剌子模王国发展迅速，其中既包含其母亲的人情关系，康里军队出力也很大。然而，康里兵也是双刃剑。他们依仗武力和功绩，各个部落都大摇大摆横行于花剌子模国内，到处引起骚动。而且康里兵内部并不和睦，很难控制。面对蒙古的进攻，摩诃末之所以未能有效地调动兵力，不得已采取各自分散分别防守的策略，就在于康里兵一旦集中就容易引发政变，危险太大。在花剌子模王国摧枯拉朽般灭亡的背景中，这种事情起了很大的作用。

实际上，康里部队中既有与蒙古私下结交的人也有轻易投降的人。这种情况下的术赤军北还，意义不只是作为制服花剌子模王国的一环，目的更在于掌控康里本土的人。另外一点，作为康里军的友军，西边钦察族的一部分也成了花剌子模的雇佣兵，这同样是值得注意的事实。就是说，隔断康里和钦察的联合、真正控制今天的哈萨克草原，对于整个蒙古和术赤一系来说都是不可或缺的。

术赤在咸海北方草原采取的军事行动究竟是如何展开的？关于这方面，历史上基本没留下什么记载。说到与父亲成吉思汗率领的蒙古主力部队分开行动、没有一同返回蒙古本土、死于成吉思汗之前的术赤，一直以来总是被赋予各种想象。例如说，谜之北行，与父亲成吉思汗不和，悲剧之死，等等。作为小说和故事的题材，倒是真有些魅力。

但我认为事情绝非如此，理由有两个。其一，在术赤初封地的区域内，其长子斡儿答有板有眼地守候着"遗领"，完全看不到因与成吉思汗的不和、对立和反抗等引起的不稳定和骚动的影子。其二，在始于1236年的以其次子拔都为主帅的西征中，征服咸海北面今哈萨克草原时根本没有费什么事。

当然，此时距离1227年术赤去世大约过去了九年的时间。其间，斡儿答和拔都等下一代所实施的行动也肯定取得了成果。尽管如此，认为在术赤时期所展开的"西方拓疆"暂告结束的基础上策划了拔都的西征，大概没有什么大错。另外，关于术赤的过早离世，在康里平定战中的辛劳、负伤乃至病逝、战殁，都是十分有可能的。因为可以想象，兵力不多的术赤军面对大概数倍于己的敌对势力在广阔地域内展开军事行动，并不是一件容易的事。

哲别和速不台的快速进击

关于拔都踏上西征之旅，还有一点必须得交代一下。那就是在成吉思汗进攻花剌子模的途中，哲别和速不台两员大将为追赶仓皇逃走的国王摩诃末，从伊朗本土越过阿塞拜疆和高加索抵达黑海北岸，与斡罗思诸侯和钦察族的联军展开战斗，将其彻底粉碎之事。与不明朗之处颇多的术赤北还相比，此事因酣畅的快速进击和鲜明的连战连胜而自古广为人知。

1220年3月，率领蒙古主力军的成吉思汗和幼子拖雷从不花剌抵达撒麻耳干，得知花剌子模国王逃走，遂命令股肱之臣的两员骁将一追到底。身列蒙古语称为Dörben Noqai 即四狗之内的两员大将，不愧是身经百战的勇将。如前所述，哲别曾追击逃往第二契丹帝国的乃蛮王子屈出律，在漂亮地完成了讨灭任务后，又为随后的花剌子模之战打开了局面。速不台后来在窝阔台时代曾围攻大金国的都城开封，进而在拔都西征时成为副帅和参谋，以丰富的经验和老练的战斗姿态辅佐着年轻的蒙古王子们。只管一心一意地立于最前线、成为成吉思汗家族忠实之犬而奋战，是他们二人的宿命。

两员大将各领一个 tümen（万户），迅速出发。从呼罗珊一路进入里海南岸的祃拶答儿，摩诃末几乎只身一人逃到里海中的阿巴思昆岛，于 1220 年 12 月穷死在了那里。但是哲别和速不台对此并不知晓，继续进军西北伊朗的阿塞拜疆，降服了控制其地的钦察族出身的月即别。1221 年，又挺进谷儿只，从那里一度折回，攻克桃里寺、蔑剌哈、哈马丹、阿尔达比勒诸城并北上，经由设里汪的舍马哈，进攻里海西岸的重镇、南北分界线上的打耳班，去往高加索北麓。他们在那里与当地的游牧民阿兰族、薛儿客思族等交战，收买曾与其联合的钦察兵，将其击破。

钦察诸族于 1222 年大举向西方或西北方紧急逃难。其中，进入斡罗思故都乞瓦的钦察分支的首领忽滩汗，说服岳父伽里赤公组成钦察斡罗思联军，东渡第聂伯河，在亚速海北岸迦勒迦河畔与蒙古军展开了会战。此役发生在 1223 年 5 月 31 日。联军在蒙古一方巧妙布阵、进退自如的战术下大败，斡罗思王侯中有三人被杀。

如果认为斡罗思是欧洲,那么此役就是蒙古和欧洲的首次冲突。然而这里所说的欧洲,基本上不具意义。如前所述,传统欧洲的东边是以 Tanais 河即顿河为界。照此标准,当时位于斡罗思中心的弗拉基米尔·苏兹达尔公国及其周围的东北斡罗思属于亚洲,而包括故都乞瓦在内的西南斡罗思属于欧洲。这终究不过是无价值的区分。不管怎么说,都是发生在欧亚大陆这一现实舞台上的事。

哲别和速不台二将的军队,实际人数也就是一万两千或一万三千左右。加上长途奔袭,所到之处肯定都会出现相应的损耗。而且这还是一次令人吃惊的快速进击。如果只是将蒙古军获胜的原因简单归结为组织化了的游牧骑马军团的破坏力,那么在此之前,不仅是斡罗思军队就连钦察兵团也同样是游牧系的战士呢。

总之,与蒙古军不同,他们各自分散,几乎未经过组织,叛变、临阵逃脱、内讧、后撤之事时常发生。照实说,与其说是蒙古强大,不如说是对方过于粗糙。我们在观察过去的历史时,有必要很好地重新审视当时的实际情况。

在迦勒迦河战役之后,蒙古军追击逃窜的敌军而稍稍西进,从斡罗思南部进入克里米亚,掠过斯基泰和希腊时期以来的国际贸易港苏达克,转而向东抵达伏尔加不里阿耳地区,在这里遭遇了激烈的抵抗。随后踏上东归的路途,在也儿的石河流域与归途中的成吉思汗主力军会合。然而,"风一般袭来、风一般离去的恐怖之师"的传言和记忆，却越过斡罗思传到了西方。

所谓 Tartar 即来自 Tartaros 地狱之人的说法，被扣在了这里。蒙古兴起之前的强大部落 Tatar 之名，被认为是其根源。基督教教会和神职人员们，完全不在开放了的世界中。煽动恐怖，对于他们来说大概不只是一种措辞，而且成了一种现实的利益。因为不管是世俗当权者还是民众都是他们的仆人。不，教会本身即最大的权力者。蒙古军团以更多的人数再次出现于斡罗思，是十四年后的事情。

伏尔加河的彼岸

在 1235 年的忽里台上确定的西征军中，除了拔都统率的术赤家族的诸王，还有察合台、窝阔台、拖雷等诸王家族的长子或地位相当的王族入选。后来，当上蒙古皇帝的窝阔台一家的庶长子贵由、拖雷一家的长子蒙哥也加入了进来，特别是领有帝国内最多分封牧民的蒙哥，成了最重要的人物。没有拖雷家族的支持便难以施政的大汗窝阔台，即位后立即表示将视蒙哥为己子，予以优待。现在这位蒙哥决定率大部队参战。

对于主将拔都来说，蒙哥近如盟友。拔都作为稍稍被排除于二人的叔父窝阔台和察合台所把持的政权中心之外的术赤家族的首领，与虽然也同样受到尊敬但实际上被架空的拖雷家族的统帅蒙哥之间，同病相怜。再者，二人的母亲都是克烈部王家的公主，是姐妹。就是说，拔都与蒙哥、忽必烈、旭烈兀、阿里不哥四兄弟的关系，从父系来说是堂兄弟，从母系来说又是表兄弟。在看重生母血统的蒙古，拔都和蒙哥应该说都是成吉思汗孙辈中出类拔萃的人物。

进一步而言，这两个人在能力、见识和气量方面也都是屈指可数的人物。两人都懂多种语言，将才横溢，又具人望。而且蒙哥怎么说也曾在四年前跟随其父拖雷亲身体验过三峰山的艰苦决战。在认为士兵之人心所向几乎影响了战争的胜败这一点上，蒙哥与在父亲术赤之后尝尽艰辛的拔都有一致之处。另一方面，由于皇帝窝阔台所看重的次子阔端、三子阔出已担当东边征伐南宋的重任，所以拔都和蒙哥二人在整个西征军中的确显得最为突出。

拖雷的九个儿子 上排中间的是蒙哥，上排右边的是忽必烈，左边的可能是旭烈兀。选自《史集》巴黎抄本

在实际作战中，二人可以说基本上各为主将。而虽为窝阔台长子却庶出的贵由，显然被降格安排了。这三人之间微妙的关系，不仅为西征军而且为其后蒙古帝国的前途投下了复杂的阴影。另外，就察合台家族来说，自远征中亚以来接连遭遇离奇的不幸，已缺乏能够担当起下一代重任的合适人才。因此只有察合台的幼子拜答儿、孙子不里前来参加，也是无奈之举。

1236年，以拔都为统帅的蒙古西征军终于出发。越过今哈萨克斯坦，大军兵分两路。拔都亲率的主力军向伏尔加不里阿耳和巴什基尔进发。拔都认为从前与哲别和速不台恶战的不里阿耳族是一个关键，决定首先将其消灭。在拥有上游至下游非常广阔面积的伏尔加河流域，控制中游地区之不里阿耳族的住地，相当于今鞑靼斯坦共和国一带，而位于其东面的突厥系游牧民巴什基尔的住地，相当于今巴什科尔托斯坦共和国。在这个意义上讲，从13世纪的当时到现在这一方面的分布和图解基本上一直没有怎么变化，一路经历了八百年的岁月。

在其稍偏西和南的方向，实际上以蒙哥为主帅的另一支军队为镇压马里和摩尔多瓦人、钦察族的一支和阿速族而进军。这一地区相当于今天的马里埃尔共和国、楚瓦什共和国、摩尔多瓦共和国以及钦察草原北部之地。顺带说一句，从俄罗斯帝国到苏联、俄罗斯联邦，莫斯科长期作为政权所在地而延续下来，而在距其不太远的东边一带，包括前述的两个共和国在内的若干个共和国等"异族之地"连成一片。尤其是鞑靼斯坦和巴什科尔托斯坦兼有"独立"的趋势，色彩更浓。这里一旦脱离，俄罗斯联邦将难以维持下去。对此事所包含的意义，应当在重新回顾历史的过程中加以认识。

不管怎样，蒙古两支军队的军事行动都在1237年暂告结束。此次行动成功地确保了伏尔加河中游地区掌握在蒙古的手中，还控制了这里的游牧民，尤其重要的是消灭了拥有若干分支的钦察大集团中的实力派首领八赤蛮。原本就未得到统一的钦察诸族之后还是缺乏集中，各自脱离开去。而伏尔加河下游地区也自然

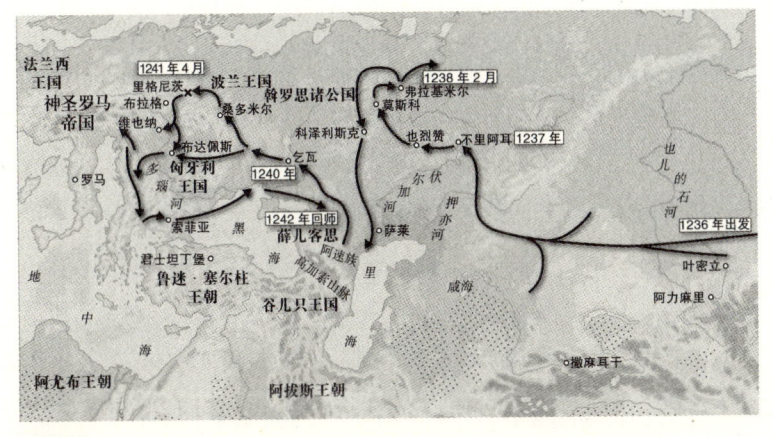

拔都西征
根据中国自然资源部所供标准地图绘制而成

而然变成了蒙古的领地。

掌握了斡罗思东部一带广阔地域的两支蒙古军队再次会合。有观点认为，当时有一定数量的钦察和不里阿耳、巴什基尔、阿速等族的游牧民，在蒙古的统治下得到了重组。蒙古军因此扩充了兵源。于是，眼前直接面临的就是诸多中小诸侯国构成的斡罗思了。

术赤兀鲁思和斡罗思的爱憎

进攻斡罗思是认真的还是随机的

蒙古军入侵斡罗思，自然是从相当于伏尔加河上游一带的东北斡罗思地区开始的。作为西征，是其第二阶段。首先，从东北斡罗思的南部和也烈赞地区进入，掠过普龙斯克等村落后，于1237年12月攻取了也烈赞。接着，向科洛姆纳进发，击败了弗拉基米尔大公的长子率领的军队。1238年1月20日，拿下了莫斯科。当时的莫斯科，不过是个简单的木寨式的小边堡，人口究竟有多少也不清楚，或者可能几乎就没有什么人。然而，所谓的蒙古在此次进攻中极尽所能进行了破坏和屠杀的传言被大肆传播。当看到大多是俄罗斯史家从古至今激情讲述的这类说法时，不由得会联想到历史究竟是什么。

2月，在严冬中进军的蒙古军，来到了斡罗思的都城弗拉基米尔城下。坦率地讲，可称为斡罗思最大城市的弗拉基米尔的状况，对于蒙古军的官兵来说可能可怜得令其扫兴吧。用土墙围起来、上面建有简陋的木栅栏，外围的壕沟倒是有些宽度和深度。但如果是大金国的都城中都以及末期都城开封，远不会是这个样子。弗拉基米尔城据说周长七公里，这与华北的城郭都市相比充其量也就是个州城的规模。就是说，中华之地有的是像这种规模的城市。况且，城墙一般都是用砖块包砌墙面，设有女儿墙和堞口，重要之处建有箭楼，在配备马面的城门处还威严耸立着高高的楼阁，护城河也很宽大。不管是防御能力、坚固度还是宏伟状，斡罗思都无法与之相比。

而且，花剌子模王国及其周围的中亚诸城，以及有坚固的城墙、堞口和楼塔护卫的 arg 或 qal'a（相当于雅典卫城的要塞）那种环绕街区的外城，也往往可以与中华的那些建筑相媲美。这样的城郭都市，不只见于不花剌和撒麻耳干等自古享有盛誉的大都市，而是蒙古军所到之处皆有。蒙古军全力进攻的呼罗珊诸城，如前所述也是无法轻易攻下的坚固城池。斡罗思诸城与之相比，只能说土墙、木栅和护城河都确实很寒碜。蒙古侵略时期的斡罗思，从整个欧亚大陆范围来看，难道不是一个非常素朴或至少在物质文化方面极其简单的地区吗？

一直以来存在一种俄罗斯属于欧洲的固有认知，同时又被刻上了所谓斡罗思是"文明地域"、草原是"未开化社会"的模式。这与贬低东方抬高西方的"思维模式"一样，都是19世纪式的负面遗产。这里想要建议的是，对于连接东西方的客观记载应展开比较研究。这时，对各地区都市和城池的综合把握才能变为非常易于理解的基准和标准。活动于欧亚大陆东西方的蒙古，究竟在哪里，又在多大程度苦战了呢？这是出自"文明"的比较视角。

西征的真正目的

蒙古军到达弗拉基米尔城下后，仅用五天时间就不费吹灰之力一举拿下了斡罗思最强最大的城市。这反映的是事实。其后，蒙古军分成几队大面积铺散开来。当然，各队也都轻而易举地攻陷诸城，如疾风一般穿行于斡罗思大地。弃弗拉基米尔城而逃的尤里大公，于1238年3月在锡塔河畔被蒙古军小部队俘获，大公一万人的军队未及反应即已败灭。仅看事实，只能说斡罗思军队实在太弱了。

然而，关于此事有俄罗斯史家毫无根据地说蒙古军一直在苦战，说"穿行"本身即意味着军队的消耗、死伤和战斗力减退。还有人说入侵开始时的七万拔都军，至此已经损失了三万至三万五千人。各种数字不过是纯粹的推测而已。那么，算上"穿行"之意在内，情形果真是那样吗？

在以大公身份被视为全体斡罗思之代表和关键人物的尤里战死之后，拔都及其蒙古军从东北斡罗思大举回转马头向南，进入了钦察大草原。至1240年秋，在大约两年半的时间里基本上没有再犯斡罗思。俄罗斯等国的史家们认为，蒙古军的目的在于从战争损失中得到恢复，因此在这期间致力休养生息、补充实力。但这都是俄罗斯中心主义的观点和定居民的想法，事实则完全不同。

其间，蒙古军不但没有进行兵力恢复和休养，反而在高加索一带至克里米亚的广阔平原地区上，针对游牧民诸势力展开了大规模的军事行动。不光是大族钦察系的诸部落，就连靠近黑海的薛儿客思族和克里木族也都被逐一制服了。接着向高加索北麓进发，进攻阿速族的根据地，攻陷其都城篾怯思，控制了南北交通要冲打耳班一带。完全没有游玩之暇。经过这一切，钦察草原基本上纳入了蒙古的统治。这才是西征的真正目的。

至于东北斡罗思，在从最初确保的不里阿耳展开战事时，为了免除即将到来的征服钦察草原之战的"后顾之忧"，只是表面上予以威吓迅速通过了事。"穿行"应当说是预定的行动。对东北斡罗思的"侵略"，不过是顺便而为。对于不准备真正进攻只是简单攻打一下斡罗思诸城的事,蒙古军显然是清楚的。因为,如果斡罗思诸城很强,蒙古又真要进攻,那么蒙古军就会在西征时带上攻城用的各种器具和操作这些器具的工兵队伍。

蒙古军深知成吉思汗时代侵入华北展开大战时的攻城战之不易,在中亚作战期间遂复制其经验,灵活地运用了攻城部队。在后来的对西夏作战和窝阔台时期灭大金国的战事中,反过来使用了在中亚和伊朗地区得到的各种兵器、攻城器械,以及学到的攻城战术。西征之时,蒙古军已经大致掌握了东西方的军事技术。而且如前所述,蒙古常常在远征之前缜密地进行对敌侦察、策反和疏通等准备工作。对斡罗思一战,为周全的战备所付出的时间以及国力的储备,也都非常充沛。

总之,蒙古军认为对斡罗思的战事不需要特别的攻城器械和攻城部队。事实上确实是仅靠骑兵部队就轻而易举地攻陷了斡罗思诸城。这些城市基本上由土墙和木寨形成的粗糙构造,如果就此点上一把火则一切皆完。首先可以肯定的是,斡罗思对于蒙古来说并不具有多大魅力。土地贫瘠、人口稀少,富裕程度和经济实力也都无法与唐兀、畏吾儿斯坦、河中地、呼罗珊、伊朗本土等地相比。如下文所述,蒙古对于斡罗思一直满足于非常宽松的间接统治,因此维持这种现状就足够了。

俄罗斯"爱国主义"的创作

俄罗斯史家们的爱国主义热情相当强烈,多习惯于只关注俄罗斯的事情,不怎么在意其他的因素、状况和记载。坦率地说,这多少有些缺乏历史的感觉。因此,他们的观点多缺乏合理性和说服力。

尤为根本的问题在于将后世的俄罗斯编年史囫囵吞枣地当成了史料。最近,栗生泽猛夫充满诚意的著作从正面就这一点进行了到位的分析,正如文中所指出的那样,13世纪同时代的斡罗思编年史很少,且几乎未提到蒙古的破坏和滥杀。然而随着时代的推移,斡罗思受害说渐渐"正当化",而蒙古则被作为神降天魔不断放大。这样做是值得的,因为他们高兴。

那是借希腊正教和俄罗斯沙皇主义之名的创作。以这种来路不明的东西作为基本史料诉说斡罗思的不幸和蒙古的残暴,已经成为一种惯常套路。蒙古被当成"拖后"俄罗斯的罪魁祸首,而所谓从这一恐怖的灾难中拯救出俄罗斯的沙皇等执政者和宗教人士就成了神圣的存在。蒙古,对于俄罗斯民众来说历来是恶魔,而对于执政者来说就是使自己合法化的麻药。

这里,客观的历史原像等尚十分遥远。知识的虚构,既是历史的虚构,也是政治性力量及其出场的准备。自俄罗斯帝国经苏联至今,蒙古一直是俄罗斯点燃爱国主义火焰的便利手段之一。

"里格尼茨战役"真的发生过吗?

总之,围绕这方面的观点和感觉全然是错误的。若能再做些回顾,则知当时对于蒙古军来说游牧民集团才是可怕和具有魅力的。

还有一点,想谈谈对斡罗思的进攻。对于蒙古西征军来说,最难对付的是钦察诸族,这些人和斡罗思诸侯自古以来保持着可以说是共生的亲属关系。此时就是要将其斩断。在漫长的岁月里已经分裂得七零八落的斡罗思诸侯国,各自单独组成不了什么军事力量,遇事多依靠生活在草原上的游牧民。从中可以看到,雇佣兵和雇主的存在方式以兼顾相互安全保障的形式建立起来。那是与花剌子模王国和康里钦察的关系相似的一种情况。前述1223年迦勒迦河畔之战就是这样的典型。

其时曾为钦察斡罗思联军策划人的忽滩汗,时隔十六年后再次作为关键人物出现。钦察族的大多数人已被组合进蒙古军,只有忽滩仍在顽强抵抗,他率领多达四万帐的大集团向西方移往匈牙利。蒙古军为了追击而向西南斡罗思移动。此时,与"斡罗思和东欧远征"之名相符的扩张活动才开始。

可是实际上在此前的1239年,蒙古军营内发生了大事。窝阔台的长子贵由和察合台家族的不里,与主帅拔都产生了矛盾,在哈剌和林得到这一消息的大汗窝阔台大怒,下令将二人召回,同时要求拖雷家族的蒙哥护送二人返回。在夺取钦察草原的最初目的即将达成之际,蒙古西征军被推上了徘徊的歧路。

里格尼茨之战 15世纪绘于欧洲的画作,但作为史实是不可靠的

最终,可以说是另一员主帅蒙哥率领拖雷家族的大部队东返了。除了察合台家族的拜答儿、窝阔台家族的合丹等庶出系的人物,拔都麾下所剩的就只有术赤家族的人了。应该说"纯蒙古"的官兵减少了一半。有两条路摆在拔都面前,一是继续留在钦察草原稳稳确保西征的成果,一是西进追击忽滩。

1240年以后的军事活动,实际上成了术赤家族的独角戏。不过其麾下曾有经过重组而成的多族混合的"新蒙古"这种骑兵部队。穿行于斡罗思故土乞瓦及西南斡罗思地区的拔都军,越过喀尔巴阡山脉驰向匈牙利,于1241年4月11日在赛约击败了贝拉四世统领的号称当时欧洲最强国匈牙利的军队。驻营于匈牙利潘诺尼亚平原的拔都军,向德国和亚得里亚海不断派出小股部队以观察局势,然而1242年3月皇帝窝阔台驾崩的消息和让西征军撤兵的命令传到了拔都处,于是蒙古军缓缓撤回了。不失所获之物、不损兵力,漂亮地一步步撤了回来。

拔都没有回到蒙古本土,在伏尔加河下游靠近里海的地方营建起毡帐群的大本营，将东起阿尔泰山脉、西至多瑙河河口的广阔地域建成了术赤家族的领地。术赤兀鲁思一直保持为以草原为根据地的牧民复合体。锡尔河下游地区的毡的、养吉干等地、花剌子模之地、打耳班、克里米亚，以及两斡罗思之地，不过是其间接统治下的属地。总之，并没有出现只是特别重视斡罗思的情况。

此处再稍作回顾，据说蒙古军在攻陷西南斡罗思的弗拉基米尔、沃伦斯基后，一支部队离开拔都的主力军进入了波兰。1241年4月9日，这支部队在里格尼茨东南方的平原上，击败了西里西亚公爵亨利率领的波兰条顿骑士团联军。有人说包括主帅亨利在内波德联军有数千人至四万人战死，蒙古军也遭受了严重的损失。传说，此次战役被以德语称作Schlacht bei Wahlstatt（瓦尔斯塔特之战），是因为后来城市（stadt）被建起来后那里出现了尸体的缘故。不管怎么说，西方史学者常常将此作为世界史上著名的大事件而夸大其词、大书特书。

不过此次战役的确令人生疑，因为不见于同时代正规文献的记载。然而进入15世纪后突然被大肆传讲起来。首先这本身就显得不自然。当时的波兰尚缺乏全面的统一，亨利也还只是一股微不足道的力量。而且，就是条顿骑士团当时也很难保证能够动员一百人左右的兵力。所幸，骑士团的具体成员已大致理清，看不出此役前后其人数方面有什么特殊的变化。

关于此时的东欧和斡罗思，仅有著名的普兰诺·卡尔平尼的游记存世，他作为罗马教皇英诺森四世的使节到访蒙古本土，完成了往返全程。本应载有他1245年至1246年间见闻及传闻的报告，多为谎话、故弄玄虚和夸大其词，还时而若无其事地讲述妖怪的存在，实在无法令人相信并使用。至于里格尼茨之战，情形也是如此。

德国制造的"历史幻影" 从蒙古一方来看此事，情况会如何呢？这支蒙古部队的主将，波兰方面记载是名为Peta的王，据此当指察合台家族的拜答儿。同一记载中的那支队伍，据说兵力远超波德联军。拜答儿的确留在了拔都麾下，但身为察合台庶子的他，恕不详述，其直属的蒙古兵可能至多也就一个千户。即使这里包括被重组进去的钦察等族，终究又能有多少人呢？

总体来说，关于拔都西征军的规模，俄罗斯方面的记载说是五十万人或四十万人，学者们的说法是三万人到十五万人不等。但是同一时期，阔出的南宋作战也在进行中，而在蒙古本土有皇帝窝阔台的宫廷、政府以及中央军团，在东方三王家的核心斡赤斤麾下和镇守天山方面的察合台麾下，也各自拥有相当的军队。在伊朗方面，也至少派驻有两万人的留守部队。重申一下，《史集》所说成吉思汗去世时的蒙古军队，按千户计算有一百二十九个。

当然可丁可卯的计算是不可能的，但假设拔都西征开始时有三万人的话，不就相当不错了吗？因此，估算的1240年以后的那一半只是附加了重编的"新蒙古军"的人数。不过这些人恐怕应当视为深入匈牙利的拔都主力军中的一部分，或者是拜答儿的另一将领所率领的一支仅具游击队程度的队伍。那么不管怎么说，即便曾发生过里格尼茨之战，估计也是很小的规模。

这样的讨论实际上也是很空洞的。例如，也有记载说亨利本人和家人、近侍等二十来个人一起逃难，途中遭到几个蒙古兵的袭击，悲惨地丢了性命。总之，所谓里格尼茨之战可以说仍然笼罩在迷雾当中，而问题就出在后世。

在所谓的近世和近代，亨利对于波兰和德国都成了非常重要的人物。自波罗的海沿岸条顿骑士团的领地至普鲁士王国的前身勃兰登堡领地的形成和发展，波兰和德国之间一直纠葛于复杂的利害关系中。据说是波德联军指挥的亨利，当时一方面是波兰统一的象征，同时又成了德意志吞并波兰的借口。其源头里格尼茨之战被改为德语的"沃伦城之战"，可以说是令人生厌的。这不由得使人产生对此缺乏敏感的史家们到底是怎么回事的想法。

吞并了波兰的希特勒，将缺了头颅的亨利的遗骨运往柏林。在柏林的最后一天，他自己和亨利一起从地面上消失了。二人都是命运多舛。世界史上被大书特书的"沃伦城之战"，是德意志扩张主义所制造的历史幻影。

从真正的客观事实来看，正是拔都和贝拉四世发生激烈冲突的赛约河河畔之战才具有意义。贝拉在拔都撤退后不断巩固着效仿蒙古的国家体制,只是他所引入的钦察游牧民变成流亡集团骚扰各地,成了很大的负面遗产。

亚历山大·涅夫斯基与"鞑靼之轭"

说到俄罗斯历史上的英雄,按年代顺序来排估计第一位应是亚历山大·涅夫斯基,然后是伊凡四世(雷帝)、彼得大帝等人。对于斡罗思或俄罗斯来说,他们每个人都发挥了使时代和形势发生大逆转的作用,具有划时代的意义。在与蒙古的关系方面,作为"开始"和"逆转"的象征,前两人所具有的意义应当说是重大的。

一般认为,亚历山大·雅罗斯拉维奇·涅夫斯基在德意志、瑞典、立陶宛等西方势力的威胁下保卫了斡罗思,又在蒙古的到来及其统治的苦难中作为弗拉基米尔大公(1252—1263)调停斡罗思诸侯,以巧妙的交涉和管理手段与拔都所领的术赤兀鲁思保持平稳的关系,避免了破坏性事态的发生。以其去世后不久成书的《亚历山大·涅夫斯基传》为代表,他作为神圣英雄的声望从过去到现在一直极高。然而其实际形象充满矛盾。关于蒙古和俄罗斯的关系的"开始",不用说拔都等蒙古人,就连斡罗思诸侯也大多受到了来自后世的痛骂和谴责,唯独他一人笼罩在赞颂的光环中。这很奇怪。

除俄罗斯之外,有关亚历山大·涅夫斯基的著作和论述也很多。这里仅做最简捷的介绍。涅夫斯基的称呼源于1240年他作为诺夫哥罗德大公在涅瓦河河畔打败瑞典军一事。"涅夫斯基"意为"涅瓦的",成了显示其武功和荣誉的象征。只是,希望能够联系当时拔都军正在席卷西南斡罗思的情况来一并考虑。

1242年,涅夫斯基在冰冻的楚德湖上击退了条顿骑士团。凭借这两次战役,他成了斡罗思的救国英雄,不断得到人们的赞颂。后来在伊凡四世时期被列入历代皇帝之列,在斯大林统治时期,爱森斯坦以其曾战胜德意志而将其比作同名的亚历山大大王,制作了电影《亚历山大·涅夫斯基》。神圣的亚历山大·涅夫斯基,洞察到来自东方的蒙古的势力占绝对优势难以抗拒,遂为了俄罗斯伟大的未来牺牲自己归顺了蒙古,从而避免了无谓的流血和毁灭——这是通常的形象。当然,这也是近乎美丽的传说。

亚历山大·涅夫斯基 俄罗斯的民族英雄。保加利亚首都索菲亚的圣亚历山大·涅夫斯基大教堂的马赛克图像

又有一种说法,说斡罗思在拔都到来以后遭受了巨大破坏和血雨腥风的袭击,直到很久以后仍然被野蛮的蒙古吸吮着鲜血,直到被彻底吸光为止。把斡罗思画作牛,把蒙古画成操控套于牛颈之"轭"、摆出一副主人模样随心所欲的寄生虫。这样的图解和图景,的确易于理解。这就是所谓"鞑靼之轭"的传闻。

这个传闻产生于俄罗斯帝国时期,目的是使自己合理化。亚历山大·涅夫斯基神话和"鞑靼之轭",怎么看也是二律背反的。坦然提倡二者,自然很奇怪,但实际上如果把它们都当作童话故事来看待,也就仅此而已,没有必要认真理会这类事情。

事实上,这两种情况都不曾存在。首先,使亚历山大·涅夫斯基换取名声的两次战役,实际上尚不清楚到底发生过没有。再者,亚历山大·涅夫斯基是驱逐叔父和弟弟,借蒙古人之力稳坐大公之位的。英国的俄罗斯史学者约翰·芬尼尔说:"所谓鞑靼之轭,不是始于拔都对斡罗思的入侵,而是始于亚历山大背叛自己的兄弟(1252)之时。"笔者也赞同这一观点。

真实的亚历山大·涅夫斯基,是任何时代任何地区都常见的那种野心家,是投机型的,在此意义上是指灵活的政治家。而很幸运的是他的对手为拔都,因为拔都当时正是全蒙古帝国中首屈一指的实力人物,而且办什么事都很果断,容易沟通。

金帐汗国与莫斯科的发迹

在术赤兀鲁思这一庞大的复合体中,与斡罗思有直接关系的是拔都及继承其血脉的"拔都兀鲁思"。按照蒙古的习惯,拔都一支属术赤一族的"右翼"。按季节移动于伏尔加河流域南北的拔都家族的毡帐群,以金线刺绣装饰的大毡帐为中心。被迫在那里侍候的斡罗思诸侯们将其称为"黄金斡耳朵"(俄语 Золотая Орда)。英语的 Golden Horde、日语的"金帳カン国",都是从那里来的。就是说,这一称呼仅指拔都兀鲁思。

拔都西征以后，分散于斡罗思的中小规模势力的掌权者们，不得不奉在里海至黑海北岸一带广泛进行游牧生活的拔都兀鲁思为主人。一面是雨量多但土壤贫瘠的森林地带的北部斡罗思，另一面是为蒙古所占据的雨量少但覆盖有肥沃黑土的南部草原地带。一旦有事情发生，面对不到一天即可将极富机动性的游牧战士以万人为单位动员、集结起来的拔都兀鲁思的君主，仅仅由缺乏统一和协作的弱小势力拼凑起来的斡罗思也只能表示臣服。但是，托术赤兀鲁思之福，斡罗思已经没有了来自西面的进攻，而且充分享受到了蒙古帝国所带来的庞大的东西南北交通和通商体系的恩惠，境内的"内战"也基本绝迹了。

这样的情形持续了很长时间。斡罗思诸侯被赋予负责征收各自管辖地内的上缴贡赋的义务，反过来说，就是通过纳贡使自己的管辖权得到蒙古政权的保障。用实物换得地位保全的一方，和几乎不行使实力即获得贡赋的一方，在这里建立起了一种相依互助的安定结构。

斡罗思各地驻有突厥语称作 basqāq（八思哈）的代理官或监理官，被认为经常搞额外征收和违法行为。责怪和仇恨都集中到了八思哈的身上。在蒙古统治下的定居地区，普遍派驻有蒙古语称作 daruqa 或 daruqači、波斯语称作 shaḥna 的官员。虽然最初也有不合理的事情发生，但是很快就稳定下来了。在斡罗思征收的什一税有时也被其他地方接受，但几乎没有出现过像斡罗思那样反应强烈的情况。

蒙古的统治，在任何地区基本上都是宽松的，在征税比例较其他时代低这一点上也是一致的。在信教自由等方面，甚至可以说其特征是在任何场合"约束"都很少。就是在斡罗思，宗教也完全是自由的。然而，俄罗斯的史家们却对此避而不谈。或许是因为有关斡罗思的记载多为后世所作，所以习惯于对什么都小题大做，表现得像是曾经的受害者一样。

还有一个关键，就是存在汇总斡罗思诸侯所收税收和贡赋送往蒙古一方的人。其"创始人"就是亚历山大·涅夫斯基。他成为斡罗思诸侯的代表，同蒙古之间巧妙运作，治理着斡罗思地区，是一个拥有两副面孔的人。继承亚历山大·涅夫斯基衣钵的，无疑是莫斯科。

原为东北斡罗思无名小镇的莫斯科的发迹，是通过承办向蒙古输送税收和贡赋达成的。就是说，是其自己主动作为蒙古的代理人来展开行动的。莫斯科是蒙古赐予的礼物。但莫斯科的兴盛应当说是经历了非常漫长的岁月才产生的。据统计，蒙古和斡罗思共存了二百多年。这只能说是已经形成了一种体制。

在构成蒙古世界帝国的四个兀鲁思中，术赤兀鲁思的寿命最长。它徐徐地松懈，和缓地解体，延续了很长时间。既是亚历山大·涅夫斯基的后继又是蒙古合伙人的莫斯科，于16世纪中叶伊凡雷帝之时对蒙古展开反击，鲜明地正式迈上了通向全新姿态的阶梯。但这距离兴起并"逆转"为欧亚大陆国家的愿景，还很遥远。

第五章

蒙古与中东

未结束的中东作战

为何西征　　1241年第二代大汗窝阔台去世后，蒙古的帝位居然由贵由继承了。他在钦察草原与拔都闹不和，被召回蒙古本土反倒幸运了。窝阔台的突然离世以及几乎同时发生的察合台之死，很有可能都是被毒杀的。就窝阔台之死，或许是在其身边却越来越感到不得志的耶律楚材下的毒？只是作为背后唆使的人，帝国东方的实力派斡赤斤或是贵由的母后脱列哥那都有可能。

窝阔台去世后，仅为第六哈敦（皇后）的脱列哥那掌握了游牧宫廷大斡耳朵的实权。而大皇后孛剌合真等其他后妃的动静，在记载中见不到踪迹。这里显然存在作伪。然而，脱列哥那顽

旭烈兀 伊朗的细密画。描绘的是手握弓和马鞭举杯畅饮的名将形象。大英博物馆藏

强的多方斡旋活动耗费了时间。对于贵由的即位，窝阔台的次子阔端也表示反对。他是故唐兀（西夏）之地的主人，曾于弟弟阔出死后接受"东宫皇太子之宝"，不过身体有病。于是，在窝阔台去世四年八个月后，贵由于1246年8月即位为第三代大汗。

但贵由的政权以短命告终。贵由曾敌视拔都，本来就与其不和，再加上拔都因西征的成功而成为整个蒙古帝国首屈一指的权势者，因此看上去成了大汗权力的障碍。贵由宣布远征中东，于1247年8月派宿将野里知吉带出征伊朗，并于次年春天西进，自称将返回旧领地叶密立和霍博。针对此举，拔都也从伏尔加河河畔的大本营出发，率大军东进。将蒙古帝国一分为二的东西决战一触即发。然而，此战却突然得以避免了。1248年4月，贵由在中亚的横相乙儿突然去世。据说是拔都派出的刺客所为。

局面急转直下。最终在拔都强有力的后援下，拖雷家族的统帅蒙哥于1251年即位为第四代大汗。新帝蒙哥在镇压反对派窝阔台系和察合台系的同时，分别部署小自己七岁的二弟忽必烈前往南宋等东方地区、小自己九岁的三弟旭烈兀前去征伐伊朗以西地区、幼弟阿里不哥总领广阔的拖雷封地，自己则立于其上注视着帝国和世界。蒙哥兄弟政权在与拔都所领的术赤兀鲁思间保持密切信赖关系的前提下，以强有力的布局起步了。正如志费尼所说的Pādishāh-i Jahān那样，蒙哥确实是想成为世界帝王了。

东西方两侧的作战，这已经是第二次了。窝阔台时期已首次意识到了世界，但此次显然是为实现称霸世界而策划的。负责东方战事的忽必烈，以阔出的失败为戒，采取了非常慎重的策略。在代表帝国左翼的东方三王家和五投下的协力下，提出不直接进攻南宋而先攻取云南和大理，做好打持久战的思想准备。这招致了正在兴头上的哥哥的不信任，引发了对立和调任。皇帝蒙哥遂亲自出征，最终意外死亡，而忽必烈却在帝国混乱中势力猛增。

以旭烈兀为主帅的西征，是以帝国右翼势力的协力为前提的。只是，其目的地究竟是哪里呢？此前拔都的西征被称作"斡罗思和东欧远征"，是带有误解的结果论。相比之下，旭烈兀的西征一般被说成是为了征服伊朗，或是为了消灭报达的阿拔斯王朝，或是为了征服直至埃及的中东地区。这些也仍然是一种结果论。至少在伊朗和小亚细亚，从窝阔台时代起就已经有称作tama军（或tanma探马军）的驻屯军先后在搠里蛮、拜住等大将的带领下被派往那里，不仅伊朗就连整个中东都在其威慑之下。况且，认为建立旭烈兀兀鲁思这一"新国家"是其目的，则完全是过于偶然得出的结论。

估计蒙哥肯定考虑到了中东以西的地区。就是说，旭烈兀西征军的最终目的地不就在实际进攻的埃及以西地区吗？亦即征服欧洲。蒙哥的构想，是要通过东边的忽必烈和西边的旭烈兀达

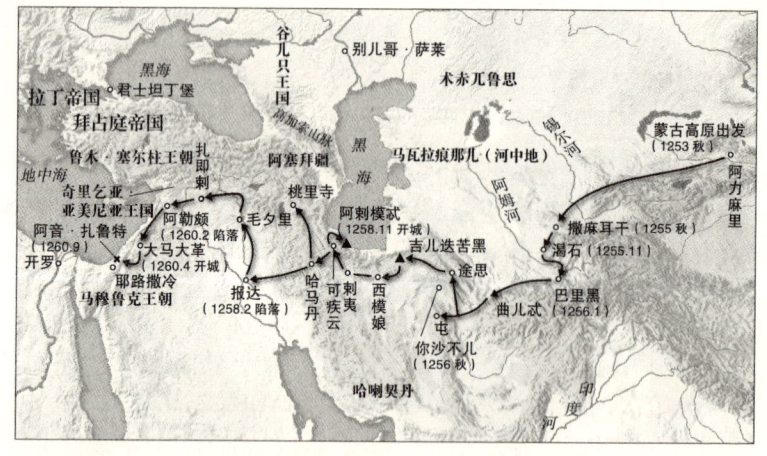

旭烈兀的西征

到名副其实的称霸世界。当时，拔都的术赤兀鲁思军没有根据战况的进展，为呼应旭烈兀军西进而采取行动吗？

当然，作为结果这是"没有发生的事"。但考虑到当时蒙古帝国和世界的状况、蒙哥政权周全的部署，不由得人不这样想。那么，假设这种情况真的发生了，其后的世界将会是什么样呢？

亦思马因教团的灭亡

旭烈兀于1253年从蒙古高原出发。旭烈兀所率领的是从蒙古各部族军中抽出的新军团，可以说是将蒙古联合体缩编了的阵容。旭烈兀军的步伐异常缓慢。

他们大概首先经过了窝阔台诸系的领地，接着顺路途经位于天山和伊犁峡谷的察合台家族的大本营阿力麻里，从那里补充兵源，又进一步得到来自术赤家族的援兵，逐步充实了阵容、兵备和粮草，于1255年11月在河中地的渴石接受了伊朗总督阿儿浑等人的迎接。可以看出旭烈兀军首先慎重谋求的是，一边沿途逐一摸清刚刚遭受蒙哥压制的窝阔台一系和察合台家族的动向和忠心，一边稳定中亚地区的形势。这本身恐怕是旭烈兀和兄长蒙哥商定好了的计划。

在渡过阿姆河之前，旭烈兀已经向兵锋所指的伊朗、阿塞拜疆、谷儿只、小亚细亚等地的首领们发出呼吁，令其向蒙古提供协助和物资并参战。还要求他们鲜明地亮出旗帜，表明是 yāghī（敌）还是 īl（友）。于是各地的首领们陆续来到旭烈兀的营地。最终，除亦思马因教团王国外，几乎其他所有势力都明确表示服从蒙古。摆出步步为营、稳健取胜架势的旭烈兀，其策略和沉着冷静从远征一开始即显露了出来。自始祖成吉思汗以来蒙古所擅长的事前侦察和疏通的传统，充分得到了活用。

面临的敌人成了亦思马因教团。该教团原本是伊斯兰什叶派的一个旁支，于10世纪在北非建立了法蒂玛王朝，其中的尼札里派的导师哈散撒巴于11世纪末以伊朗北部的阿剌模忒山城为大本营，在东起阿富汗西至叙利亚的地区广泛传教。该教团因利用刺客推翻政敌而被称为暗杀教团，令"十字军"战士都感到害怕。有一种说法认为 Hashī shīn（阿萨辛，暗杀者）语出因行刺时使用 hashīsh（大麻）的传言。尽管该教团常常给人以很强的不祥印象，但可以想见连同在各地建造的山城群一起，它得到了伊朗民众的广泛支持。它实际上已经形成了一个宗教王国。

第五章　蒙古与中东

亦思马因教团的山城 11世纪末，亦思马因教团在靠近里海的伊朗的厄尔布尔士山脉中，建造了天然要塞阿剌模忒城堡等很多山城作为大本营。上图是其中的曼苏尔山城。下图是沙里城的内景。都经历了20世纪60年代在伊朗各地展开的正式调查。照片为已故本田实信先生所摄

公元1256年1月1日，特意选定这一具有象征意义的吉日，旭烈兀西征军渡过阿姆河，进入伊朗。因为按照古代波斯以来的观念，以阿姆河为界，其北部和东部被视为异族"图兰"之地，其南部和西部至埃及为止被视为文明之地 Īrān zamīn（伊朗之地）。

一切均有赖计划。完善的准备和部署、步步紧逼的进军和有形无形的压力，引出了意外反应。1255年12月，敌方亦思马因教团内发生了政变，第七代首领马合谋三世被心腹所杀。此事正发生在旭烈兀发布歼灭该教团的总命令之时，说是马合谋三世被他那试图通过与蒙古讲和来保全性命的儿子鲁克纳丁·忽儿沙暗杀的。

在忽儿沙时期，亦思马因教团反蒙古的态势缓和了下来。对于试图通过谈判陆续提出一些条件以躲过蒙古锐利兵锋的忽儿沙，旭烈兀一边装作谈判一边收紧了包围圈穷追不舍。不管怎么说，奋力逐一攻陷亦思马因教团布如锁状、固若金汤的山城，在任何人看来都是异常困难的。

最终，大本营阿剌模忒被完全封锁，据守各个山城的教团

之间联系中断。忽儿沙所期盼的雪终究没有降下，1256年11月19日，久居的城堡麦门底司陷落。在忽儿沙的呼吁下，各城堡相继打开城门，遂遭到彻底破坏。这支以伊朗为核心经营一百六十六年、威震中东和"十字军"的最强势力，在不到一年的时间内就被消灭了。几乎毫发未损的蒙古军，被描述为可怕的军团，消息伴随着恐怖广泛传播开来。

尽管忽儿沙远赴哈剌和林宫廷朝觐，但蒙哥因怒于教团曾企图刺杀自己而拒绝接见。忽儿沙在归途中被杀。顺带说一下，亦思马因派目前在印度次大陆等地仍拥有信徒，尤其是其精神导师、多方面展开国际活动的阿迦汗，据说是被蒙古所灭教团首领的血亲后裔。

报达城破

旭烈兀在安排好战后事宜和诸军的休养生息后，重新布阵向西挺进，从哈马丹的街区一鼓作气攻向报达，于1258年部署军队从北部大规模包围了该城。无人前来救援陷入重围的报达阿拔斯王朝政权。蒙古的事前侦察和疏通工作很彻底。尽管如此，旭烈兀还是很谨慎，谈判、灵活进退以及对哈里发阵营的怀柔和分化瓦解齐头并进。他这样做还是为了尽量避免己方军队流血。

阿拔斯王朝第三十七代哈里发谟斯塔辛政权，从内部发生了分裂。宰相是什叶派人物，尽管看出武力抵抗已不可能，但难以使自认为天下所有"信徒之长"而盲目自信的哈里发认同这一点，

蒙古军进攻报达　伊朗细密画

遂反而削减了卫兵人数。这是旭烈兀怀柔策略的结果，宰相在开城后被重新按旧职任用。

哈里发所依靠的，是阿拉伯语叫作 lūtī（地痞）或 'ayār（无赖）、波斯语叫作 javān-mard（由男青年之意转指大丈夫、大侠）的群集于中东各城市的无赖、流氓和不务正业的人，这些人虚张声势可以，但不具备实战能力。在蒙古不开战却不断施加压力的情况下，无计可施的哈里发最终于1258年2月主动开城。有人说哈里发投降后被和财宝一起幽禁在塔内饿死，还有人说蒙古用处死贵族的方式将他裹进毛毯任马蹄踏碎。

至此，传续了三十七代、存在了五百年的阿拔斯王朝落下了大幕。哈里发的族人逃往埃及，不久马穆鲁克王朝的算端拜巴尔被拥立为正统的哈里发。可是这位哈里发只是有益于马穆鲁克政权的合理化，所以仅得到了德里算端政权等很少一部分政权的承认。哈里发的灭亡，并非谁都会感到悲伤。除了喜悦的什叶派穆斯林和基督教徒们，逊尼派社会也坦然接受了"无哈里发"的现状。

据说报达开城后抢劫和屠杀横行。伊朗的某位史家说死者达到了八十万人。然而即便是在阿拔斯王朝鼎盛时期，报达的人口最多也只有五十万左右。况且经常被引用的数字是旭烈兀本人1262年写给法国国王路易九世书信中提到的二十多万。而这也不能视为当时死亡的实际人数，很可能是蒙古惯用的恐怖宣传战术之一。

倒不如说，与十八年后即1276年南宋都城临安（今杭州）和平开城时一样，蒙古军基本上没有进入城内。旭烈兀把报达街区和城堡的管理责任交办给了基督教徒。抢劫和杀戮，基本上都是前述地痞们和聂思脱里派基督教徒们干的。报达，实际上也是聂思脱里派法主的法座所在地。

事前调查的蒙古和事前不调查的美国

在旭烈兀攻打巴格达的约七百五十年后，爆发了美国主导的伊拉克战争，今天仍在持续。尤其是巴格达被攻取之后抢夺事件一时不断，这些事件也正是地痞所为。说实话，某些情况和蒙古时代没什么两样。

本来，美国想全力压制巴格达乃至整个伊拉克。然而伊拉克既有巴格达等近代化的城市社会，现实中也一直存在"中世"以来以部族为单位的生活状态。在巴格达等地，最重要的是为居民创造就"业"机会。而对于地域社会，则有必要详知其部族规则。

在中东的多数地区，最大的问题是贫富差距。伊斯兰教本身是在犹太教和基督教的脉络下产生的融合物，在宗教之外更接近生活系统。换言之，它是很普通的东西。对立并非因教义之差异产生，冲突的根源在于组织和团体之间利害关系和权利的对立和斗争。

对于伊斯兰、中东和伊拉克，美国本应进行更好的事前调查和了解。自古以来位于中东中心地区核心地带的巴格达，既是波斯语所称 bagh（神）dād（赐）之地，也是阿拉伯语所称的 Madīnatal-Salām（平安之都），如果彻底稳定其地，使之成为能够品尝到现代生活的美好的实例，情况应当会发生根本变化。然而美国只为自己创造就"业"机会，对伊拉克人却非如此。还有，寻求对当地实施尊重部族社会传统的间接统治，应当是既合理又顺应现实的。

所谓巴格达在蒙古统治时期衰落了的说法，完全是虚构的。到后来旭烈兀兀鲁思建立之时，该城也一直是全旭烈兀兀鲁思境内税收期望值最高的重要城市。蒙古对报达乃至伊拉克的统治，基本上坚持了间接统治。事前调查的蒙古和事前不调查的美国之间的差别，使人不由得联想到历史上的智慧。

在以用兵亦思马因教团和围攻报达为两大焦点的旭烈兀西征

中，不仅蒙古军的损失很少，甚至伊朗和伊拉克地区的流血也非常少。总之，蒙古实际上并没有那么强大，他们自己也很清楚这一点。而美国或许因为自己拥有人类史上最尖端的军事力量就充满自信。以战之美国、不战之蒙古来概括，就是这么回事。

大汗蒙哥的突然去世

旭烈兀一度将麾下的蒙古军向北调往西北伊朗即阿塞拜疆高原，提供时间让将士们得以休整、军马得以牧养。拥有大小湖泊和清澈河水流过的势高而干燥的阿塞拜疆，是覆盖着非常类似于蒙古高原和天山一带植被的绝好天地，也是控制欧亚大陆东西南北的要冲。花剌子模王国的继承人扎兰丁，曾经抵抗成吉思汗的西征，以此地作为大本营梦想着重建国家。与他一样，蒙古也很早就开始设想通过掌控这里来征服中东。旭烈兀的行动也清楚地表明了这一点。

自身实力几乎没有消耗多少的蒙古西征军，在经过一段时间的休养生息后，重整阵容准备南下。旭烈兀向 Īrān zamīn（伊朗之地）发布了总通告。对于中东来说，旭烈兀军团看上去已经是一股无敌的力量。于是奇里乞亚和亚美尼亚的基督教军团、中东各地的穆斯林势力，以及不同民族、信仰、出身的"多民族部队"，都加入到了旭烈兀的麾下。旭烈兀指挥的大军，陆续向今天的叙利亚即当时的苫国挺进。或许，广阔的未来已经出现在了旭烈兀的视线中。

第五章　蒙古与中东

在任何时代，现实往往是不可思议的。不能认为旭烈兀对大汗蒙哥去世之事已有预知。蒙古帝国的东方和西方，相距太遥远。正如所看过来的那样，以"同时"这一时间尺度来讲述此事本身，总会让人感到一丝寒意。借历史学家之名得意洋洋地大谈事后诸葛亮似的"合理之事"，如今仍然让人深切感到是多么空洞，甚至有时是一种超出人之身份的可耻。

时值1260年，它成了扭转世界史的一年。面对占有绝对优势的旭烈兀军，留在叙利亚的名为阿尤布王朝的曲儿忒政权的同伙中，几乎没有什么抵抗能力。大马士革的君主阿里·纳昔儿·优素福壮胆出击，但一仗即被俘虏。以铜墙铁壁的坚固城池著称的阿勒颇、位于叙利亚中心地带的大马士革，于2月和4月相继陷落。

看到这种形势，占据安提俄克和的黎波里（塔拉布鲁斯）的小"十字军"政权，急忙加入到了蒙古军中。因遭到教会开除，对于他们来说已无须考虑宗教的限制了。而在蒙古一方，不存在宗教之别的考虑，只要提供兵源作为忠诚的证据，就足够了。

欧美蒙古帝国史研究的代表人物大卫·摩根，在谈到旭烈兀所率蒙古军及其盟军进入大马士革城的著名场面时，特别注意到有三个基督教徒担任向导的事。这三人即安提俄克的博厄蒙德、奇里乞亚的小亚美尼亚王海屯，以及旭烈兀的先锋队队长、信奉聂思脱里派基督教的乃蛮人怯的·不花（阿拉伯文记为 Kit Bughā）。在基督教诞生的地方，基督教的新时代似乎即将到来。

在"十字军"阵营以及欧洲,当时和后世都存在视此事为圣地复兴和消灭伊斯兰之天赐良机的看法。这是蒙古期待论或是蒙古同盟论。

从伊斯兰方面来看,来自"十字军"之名的拂朗族的进攻从11世纪末开始持续不断。双方最终都缺乏决定性的力量,一种使人莫名其妙的共存状态覆盖着东地中海沿岸一带。不过吞并一切、摧毁一切的巨大力量出现了,新时代似乎一瞬间被打开了。它不仅具有占绝对优势的军事力量和组织能力,而且是无宗教限制的政权,这些都是前所未见的。然而,就在旭烈兀军声势浩大地向刚刚篡夺故主阿尤布王朝权力的马穆鲁克军团占据的埃及发动进攻之时,大汗蒙哥骤然离世的报告传到了阿勒颇的旭烈兀大本营。这是1260年4月的事情。

皇帝蒙哥对采取过分细致谨慎的准备工作的二弟忽必烈心怀不满,启程亲征南宋,进入四川后为酷暑所阻,1259年8月于围攻今重庆市以北钓鱼山时去世。据《史集》所说,蒙哥是因为染上了传染病(波斯语和阿拉伯语称作 vabā),而汉文史书记载说是因为中了敌箭受伤。总之,想要成为世界帝王的人在南中国的最前线驾崩了。

结果,南下南宋鄂州(今武汉)途中的忽必烈与留守蒙古高原的阿里不哥之间展开了争夺帝位继承权的战争。忽必烈最终于四年后全面获胜,当上了第五代皇帝。此后,蒙古帝国这一庞大的聚合体,缓慢发展为以忽必烈及其后裔为大汗的宗主国——

大元大蒙古国（简称大元兀鲁思）为核心，与其他三个可分别称为"帝国"的兀鲁思共同组成的多元复合的世界联邦。蒙古帝国和欧亚大陆世界，推开了通向更高阶梯的门扉。

旭烈兀的撤军与帝国的动乱

蒙哥去世，至其去世的消息传至叙利亚的旭烈兀处，中间至少用了七八个月的时间。这该如何看呢？

在这种情况下，"客观地来看"之类的说法真的合适吗？首先，阿勒颇与当时蒙古帝国首都哈剌和林的直线距离，大约在一万公里以上。即便如此，这消息到来的也还是太晚了。起码，作为留守蒙古高原、掌握首都哈剌和林及其所聚信息的阿里不哥，没有及时通知旭烈兀。

众所周知，蒙古曾建有完备的连通欧亚大陆东西的驿传系统。突厥语称作 yam、蒙古语称作 jam 的交通运输体系，实际上包括众人可利用的普通线路和特定人群获准使用的其他一些方式、路线和设备。尤其是蒙古语作 Narin Jam、汉语文献中音译为"纳邻站"的特快线路，是真正称得上支撑蒙古帝国统治广阔疆域的王牌。

就是说，标志着"秘密驿传"的这一系统，是穿越沙漠和荒原径直通向远方的高速路，传送的是大汗和中央政府下达的须保密的重要指令和紧急的军事、政治信息，由称作 elči 的使者携二三十骑的护卫队一路不断换乘马匹加急送达。况且这一系统一直延伸到远征的最前线。换言之，只要有心，蒙哥去世的消息只用两个月的时间就应当能够送到。

皇帝蒙哥的去世，一开始便被严格保密。当时对于阿里不哥本人和准备推举他为下一代大汗的旧蒙哥政府的要人们来说，中华方面的忽必烈自不必提，即使是远在西方却同为汗位有力继承人选的旭烈兀，也是必须加以戒备的。说到引人注目的1260年4月，在帝国的东方有忽必烈阵营在其大本营开平府（后来的上都）召开了忽里台；针对这一举动，阿里不哥阵营于5月在哈剌和林的西郊按坦河畔也召开了忽里台。帝国中的实力派们对此或是参加或是间接地给予支持，事态很快即向两派武力对决的方向发展了。

那么，蒙哥去世后秘不发丧的阿里不哥临时政府，估计在忽必烈的动向变得清晰的1260年1月或2月时已无办法，只好勉强向叙利亚的旭烈兀处派去了使者。但即便如此，还不能判定送抵旭烈兀处的消息实际上得自何人。至少，中亚方面的窝阔台诸派和察合台一系应该是不会传达给旭烈兀的。而留居蒙古高原西部旭烈兀家族游牧领地上的旭烈兀次子术木忽儿及其生母忽推哈敦、旭烈兀长子阿八哈之母亦孙真哈敦等人，也没能立即派急使前往中东的旭烈兀处。说明他们受到了阿里不哥阵营的监视和控制，行动被封锁。

得到消息的旭烈兀不得不做出决断。蒙哥之死以及围绕帝位继承的动乱，很快就会传遍中东。可以说，旭烈兀军的绝对优势已经失去。旭烈兀决定撤军。

旭烈兀留下怯的·不花所率领的先锋队镇守叙利亚,命其他"多民族部队"协力,而自己则向阿塞拜疆撤退了。他是要首先确保已占据的地方,同时观察帝国动乱的发展,也可能根据形势变化前往蒙古高原。因此,对于旭烈兀来说,牢牢掌控麾下的西征军和伊朗同样是最重要的。然而不管怎么说,西征就在将大有作为之时突然打上了休止符。

旭烈兀兀鲁思是伊斯兰王朝吗

作为事实政权的旭烈兀兀鲁思

旭烈兀兀鲁思这一权力体,不知从何时起变成了既存的政权。作为结果或事实,它变成了真实存在。总之,它是一个事实上的政权。

那么,它是何时开始存在的呢?很难给出明确的时间点。有人认为是始于1258年消灭报达的阿拔斯王朝之时。但是这一看法很奇怪,因为在其后的1259年和1260年,旭烈兀所领也终究不过是蒙古的西征军而已。

夸大阿拔斯王朝的存在,以取代它来作为新政权的建立,多少与中华式的王朝更替史观相似,像是某种大义名分论。实际的阿拔斯王朝,已经名存实亡。作为政权来看,倒是亦思马因教团王国颇具作为实体的权力和广泛的统治力。或许是因为注意到了这一点，有人将旭烈兀西征军渡过阿姆河、进入"伊朗之地"的 1256 年视为旭烈兀兀鲁思建立的时间。这种心情虽然可以理解，但那只能说是一种极端的说法。如果真是那样，古今东西方外来政权的存在就会变得从其"侵略"之时开始算起。因此，任何一种说法都欠妥当。

毫无疑问，那不就是从 1260 年 4 月旭烈兀撤军，正式在阿塞拜疆高原驻扎下来之时开始的吗？其后，旭烈兀兀鲁思的历代君主都一直坚持以这片高原作为国家的核心地带，也就是按照蒙古方式由左、中、右组成的三级结构中的 qol-un ulus（中央兀鲁思）。顺便说一句，旭烈兀兀鲁思的左翼是东部伊朗的呼罗珊，右翼是北方的阿兰和打耳班。

就是说，自 1260 年旭烈兀进入阿塞拜疆时起，旭烈兀兀鲁思的基本框架已经形成。换言之，面对难以回归故地这一现实的西征军，无奈只得奉主帅旭烈兀为主人，在中东的东半部地区创出了自己的一片天地。

旭烈兀兀鲁思顺势诞生。而叙利亚以西的中东，大概还包括欧洲就是幸运的了，且不说窝阔台去世引发的拔都撤军是否拯救了西欧，但蒙哥之死突然中止了旭烈兀军狂涛般的猛攻却是千真万确的。

进军埃及的失败

接受了经营叙利亚之责的怯的·不花,向埃及的马穆鲁克政权派去了劝降的使团。然而,这一使团被对方处死,马穆鲁克军摆出了北上的架势,怯的·不花也随即准备南下。怯的·不花所率蒙古骑兵,总数为一万二千人。这支队伍在1252年先于旭烈兀的主力部队出发,后来在消灭亦思马因教团、进攻报达和征服叙利亚的战役中都一直打头阵。

与基本上没怎么经历实战的旭烈兀主力部队相比,应当说怯的·不花先头部队经历了相当严重的伤亡、病痛和疲惫。那么怯的·不花为何孤军南下呢?本来,不冒险出击、安抚周围的"多民族部队"、确保叙利亚是上策。可是,留存至今的记载中未见有关他独自进攻埃及的原因。

算端忽都思所率马穆鲁克军团也向埃及发起了进攻。据说在首都卡海勒(al-Qāhira)即开罗的街道上,因难民等原因引发了混乱。1260年9月3日,两军在巴勒斯坦相遇。战场是在阿拉伯语称为'Ayn Jālūt(阿音·札鲁特)即Goliate(巨人)泉的地方。这一名称源自《旧约圣经》中犹太人和腓力斯人作战时,少年大卫用投石器将敌方的勇将巨人哥利亚(Goliate)击倒,取得了胜利的故事。所谓巴勒斯坦,意为腓力斯人之地。

据马穆鲁克史书所载,当时蒙古军有十万人,马穆鲁克军有十二万人。那时,按大约十倍的比例虚报军队人数是常事。不单单是蒙古的人数虚增过高。实际上,按照这个十分之一的比例,可知马穆鲁克军一方的人数还是更多一些。战斗以马穆鲁克军的全胜告终。怯的·不花军带着潜在的疲劳硬撑着南下,进入敌方的战阵且展开了面对面的搏斗。而充满保卫国土之气概、士气高涨、不曾劳顿的马穆鲁克军,自然也就斗志旺盛了。

马穆鲁克军的战士,大多是从钦察草原被卖过来的。他们是天生的游牧武人,实际上马穆鲁克军团和蒙古军是非常相似的。假如游牧系的骑兵军团之间开战,哪一方能胜,最终要看兵员人数和疲劳度,还有一定的运气。就小的灵活战术等而言,如果双方都是游牧民出身则不分上下。关于主将怯的·不花,一说是战死了,一说是被俘后口气强硬终被处死。位于东地中海沿岸的蒙古一方的驻地接连被夺,蒙古军最终被逐出了叙利亚。蒙古不可战胜的威信,一败涂地。

并未被看好的马穆鲁克政权,反倒在埃及和叙利亚筑起了稳固的地盘,变为了长期存在的政权。在大胜蒙古之后,忽都思还没来得及高兴多久,就被手下将领们暗杀了,阿音·札鲁特之役的英雄拜巴尔当上了算端。出身于库蛮族即钦察族的他,最终成为马穆鲁克政权事实上的奠基者。不仅如此,正像阿拉伯人用阿拉伯语所称作 Dawlat al-Turkiyya 即"突厥人之王朝"那样,其本质可以说是出现于中东的"异族人的军事政权",和蒙古几乎就是一回事。

蒙古的西进就这样中止了。中东地区在从旭烈兀军渡过阿姆河以来短短的五年间,因东部的蒙古和西部的马穆鲁克这两个外来势力而被分成了两大块。蒙古帝国也在持续大约五年的帝位争夺战中，意外地产生出了东方的忽必烈中央政权和西方的旭烈兀兀鲁思这大小两个核心。世界和帝国，在13世纪中叶的十年间，都完成了彻底的大变身。时代来了一个大转弯。

与术赤兀鲁思的抗衡　　对于迅速组织起随季节游牧于阿塞拜疆的夏营地和冬营地之间、分别以蔑剌哈城和桃里寺城为首都的运作方式的旭烈兀来说，随着东方帝位之争的发展，又产生了与北方术赤兀鲁思之间的关系问题。一直以来，术赤家族就希望得到高加索以南的绿地尤其是阿塞拜疆的草原。正因为如此，他们才和旭烈兀西征军合作，并对其接收曾由术赤家族控制的伊朗总督府也表示认同，甚至还提供了一万人的大部队作为后援。

然而，事态竟然发展到旭烈兀以那里为大本营建立了新政权。由于1255年兄长拔都去世后他的儿子和孙子也相继去世，本为监护人的庶子别儿哥成了家长。当旭烈兀显露出占据伊朗的苗头时，别儿哥于1261年至1262年间令军队南下，越过打耳班展开进攻。旭烈兀军予以还击，双方互有胜负，但未决出最终结果。

隔打耳班和高加索相望的术赤兀鲁思和旭烈兀兀鲁思之间的对立关系，对于二者来说都成了桎梏。即便旭烈兀有心介入东方的局势，也会受到来自北方的压力的牵制。别儿哥的情况也是如此。二人分别位于阿塞拜疆和伏尔加河下游的大本营，之间的距离大约为一千一百公里。如果从两兀鲁思拥有广阔领土的角度看,并不特别遥远。另外,像古代的斯基泰与哈卡马尼什帝国、近代和现代的俄罗斯与伊朗,那种在欧亚大陆西半部呈明显南北对立状态的构图,正是地缘政治学合适的研究课题。现在和将来,它都像是贯穿历史的一种宿命。

这种状况,对于埃及的拜巴尔来说是难得的良机。因为别儿哥作为当时的蒙古人,很罕见地皈依了伊斯兰教,而钦察草原成了提供新马穆鲁克人的源头。以旭烈兀为共同敌人的同盟,已经有可能接通水路和海路了。

退守尼西亚的拜占庭帝国,于1261年夺回了君士坦丁堡,结果导致北部的术赤兀鲁思和南部的马穆鲁克之间结成了"伏尔加—尼罗河同盟"。这个同盟,对于二者都具有实质性意义。而旭烈兀兀鲁思一方,在与之进行的抗衡中自然而然地开始探索与欧洲的合作。至今仍保存在欧洲各地的旭烈兀兀鲁思的国书和文书,诉说着终究未能实现的"东西方同盟"之梦。

旭烈兀过早去世

旭烈兀撤军后没过多久就迅速地大体建立起了统治体系,应当说是令人吃惊的。当然,以呼罗珊的伊朗总督府等为核心,在搠里蛮、拜住所率探马军的经略下,已经积累了近三十年军政、统治、财务方面的经验。其中,第二契丹帝国属下的契丹人成·帖木儿、畏吾儿人阔儿吉思、花剌子模出身的行政和财务长官们的活动引人注目。在

第五章　蒙古与中东

财务部门，以志费尼家族为代表的伊朗人也得到了录用。由多民族人员组成的业务部门，估计在旭烈兀进攻西方和定居伊朗形成兀鲁思时，也都提供了资金和物质的基本保障。

随着消灭亦思马因教团、征服报达的步步推进，税务和财务机构也无疑向西扩展了。另一种大的可能性是，旭烈兀的大本营里曾有从蒙古高原出发时带上的各种各样的智者、知识分子、技术人员、学者等人群。换言之，西征中的旭烈兀大本营，不正是移动的"知识的集团"吗？只要远征继续，超越文化和文明的"知识的统一"就会推进下去。

其中的一条线索，即著名的纳速剌丁·徒昔及其周围的人们。曾身处亦思马因教团统治下的徒昔，一般以天文学家著称，但他是一个在财政和外交方面都具有综合实力的伟大人物。皇帝蒙哥曾命令西征途中的旭烈兀在攻灭亦思马因教团后，将著名的徒昔送往自己身边。有人认为这是为了让其建造天文台。的确，关于如何统治世界会自然考虑到东西方"时间的统一"，但是并不仅限于此。"知识的统一"，对于大汗蒙哥以及忽必烈、旭烈兀来说，可以说是一个共同的课题。最终，在蒙哥去世后，当上大汗的忽必烈在新帝都大都和中华中心地区的洛阳以南，旭烈兀在当时的首都蔑剌哈，分别建立了天文台和与之配套的聚集东西方知识和人才的图书馆。

旭烈兀在攻打报达等战役中，均令携徒昔同行。徒昔打消了因哈里发所说天地变异之预告而惊恐的逊尼派的不安，在同哈里发一方谈判时的讨价还价和辩论中也成为旭烈兀的依仗之人，得到了绝对的信任。建造于蔑剌哈的天文台，集聚了一批著名的穆斯林学者和各种各样的观测仪器，还有来自报达的书籍等。

引人注目的是，旭烈兀从中华地区带来了不少学者包括天文学家，尤其是徒昔和那些道士似的著名历学和天文学家展开了真正的东西方的学术交流。由于当时华中和华南还在南宋的统治下，所以这些道士等学者都出自华北。历学和数学已经独占鳌头，说明自13世纪20年代开始西学东渐，在华北已经建立起了相应的学派。近乎于蒙古对华北统治之转包机构的全真教，以及一些由多民族人员组成的实学小组特别值得注意。

总之，旭烈兀应当从华北带去了各种人才和知识。那么，位于太行山脉东麓的大片拖雷家族的华北领地，乃至其中旭烈兀的个人领地彰德一带（在其西征中的1257年正式确定分封），就是首选之地。从行政人选的角度看，拥有第一和第二契丹帝国、大金国和蒙古帝国时期总共三百五十多年丰富行政经验的契丹系人才、通晓多种语言和多种文化并通行于不同地域的畏吾儿系人才等，估计在伊朗方面也发挥了大的作用。另外，在河中地的撒麻耳干等地，契丹将领耶律阿海的后代以 tušabasqāq 的名义继续镇守，在伊朗西南部的起儿漫曾存在契丹人的地方政权，这也是一个关键点。估计正是因为旭烈兀将这些方方面面以及旧花剌子模系和当地的伊朗人组合起来，一边完善权力机构的组织一边推进西征,他才能够最终在紧急撤军后迅速地建立起自己独立的兀鲁思。

在军事、政治和行政方面都颇具手腕的旭烈兀,假如再活得长一些的话,旭烈兀兀鲁思和蒙古帝国也许都会走上另外的道路。掌控帝国东半部的忽必烈,呼吁旭烈兀和别儿哥召开统一的忽里台,结果正当二人都表示同意时,旭烈兀却突然于1265年2月8日在冬营地札哈图河畔去世,享年四十八岁。四个多月后,旭烈兀的正宫皇后脱古思哈敦也去世了。《史集》没有提及二人的死因。据雅各布派的著名僧侣巴儿·赫卜烈思所说,二人都是被负责财政事务的苫思丁·马合谋·志费尼毒杀而死的。而另一位负责财政事务的官员,即他的兄长,正是将成吉思汗至蒙哥时期的蒙古历史作为"开创世界者的历史"来撰写的阿塔·马利赫·志费尼。

巴儿·赫卜烈思将基督教信仰的拥护者旭烈兀和脱古思哈敦奉为至上的存在,憎恶穆斯林官员。旭烈兀之死的真相尚不清楚。而听到旭烈兀的死讯,想趁乱南下的别儿哥,第二年也突然病死于军中。在帝国的动乱当中,控制中亚的察合台家族的阿鲁忽也在此前后去世了。旭烈兀、别儿哥、阿鲁忽这三巨头相继去世,太不正常了。

唯一留下来的忽必烈,此后又享受了约三十年的人生,调整着以大元兀鲁思为核心的蒙古世界联邦的形式。其间,旭烈兀兀鲁思有五位君主去世,传到了第七代的合赞。相差两岁的亲兄弟忽必烈和旭烈兀之间的时间差，也太大了。旭烈兀的过早去世，使刚刚诞生的旭烈兀兀鲁思成了一个不成熟、不完满的半成品。旭烈兀胸怀的宏图，大多和西征一样未果而终。

**大汗的达鲁花和
接连不断的政变**

旭烈兀兀鲁思像是个拼凑起来的东西，而将其拢为一体的正是旭烈兀。没有了旭烈兀的当下，它有可能一下子崩溃。不管怎么说，必须立即树立起取代旭烈兀的盟主。

旭烈兀的正后脱古思哈敦，出身于克烈王族，以贤明著称，可是没有子嗣。第三哈敦忽推，出身于著名的"后族"弘吉剌，生有次子术木忽儿、铁失、帖古迭儿三人。受命留守旭烈兀在蒙古本土之幕营的术木忽儿等人，来到伊朗是两年后的事情了。旭烈兀西征时，孙都思部出身的第五哈敦亦孙真所生长子阿八哈和三子要束木等人随行。旭烈兀生前，分别派阿八哈驻守相当于左翼的东伊朗呼罗珊和祸拶答儿、要束木驻守相当于右翼的打耳班。

阿八哈近似庶长子，在讲究生母血统的蒙古王族中，很难说是绝对的贵种，但是已经没有犹豫的余地了。以旭烈兀的遗嘱意在阿八哈，众意终于一致。掌握旭烈兀的移动宫廷和政府的札剌亦儿部出身的亦里该和失秃儿父子，以及与阿八哈的母后同出于孙都思部的孙札黑，在当中多方谋划，一手操控。札剌亦儿和孙都思这两个部族，曾是支撑旭烈兀兀鲁思的两大支柱。当

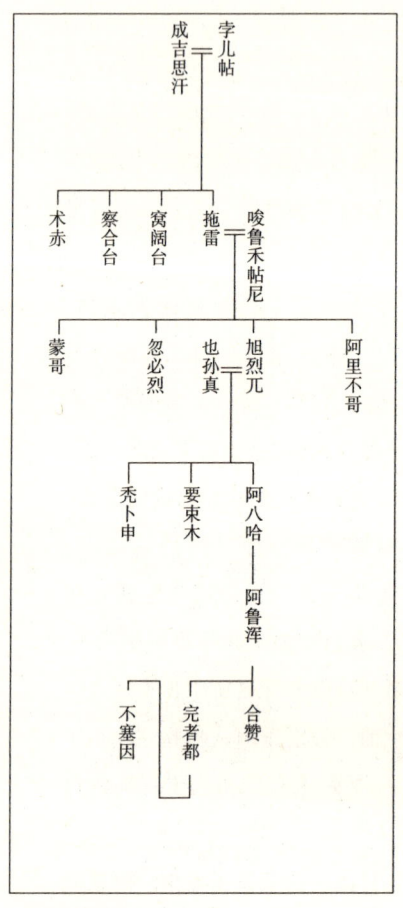

```
                成 孛
                吉 儿
                思 帖
                汗
                 ‖
    ┌────┬────┬────┬─┴──────┐
    术   察   窝   拖      唆
    赤   合   阔   雷      鲁
         台   台           禾
                          帖
                          尼
              ┌────┬───┬──┴─┐
              蒙   忽  旭   阿
              哥   必  烈   里
                   烈  兀   不
                              哥
              ┌────┬──┴─┐
              秃   要   阿
              卜   束   八
              申   木   哈
                       ‖
                       阿
                       鲁
                       浑
                    ┌──┴─┬───┐
                    不   完   合
                    塞   者   赞
                    因   都
```

旭烈兀世系图

时,阿八哈三十一岁。阿八哈也如法炮制,将要束木派驻右翼,将另一个弟弟秃不申派驻东方即左翼。

1266 年,术赤兀鲁思军越过打耳班南下而来。面对兀鲁思成立后最大的危机,镇守右翼的要束木奋起迎击,阿八哈也出征,隔库拉河与别儿哥的大军对峙。两周后,别儿哥突然去世。危机解除,阿八哈的权威得以确立。阿八哈在库拉河北岸地区构筑了由称作 söbe 的界壕组成的长城线,既作为一种国境线,又是用作遮断来自北方威胁的工事。后来,每当旭烈兀兀鲁思更换君主时,术赤兀鲁思军就南下,逐渐形成了惯例。北南两个蒙古兀鲁思之间的力量对比,逐渐向北方占优的趋势发展。

四年后,又有危机从东方向旭烈兀兀鲁思压来。从阿鲁忽的

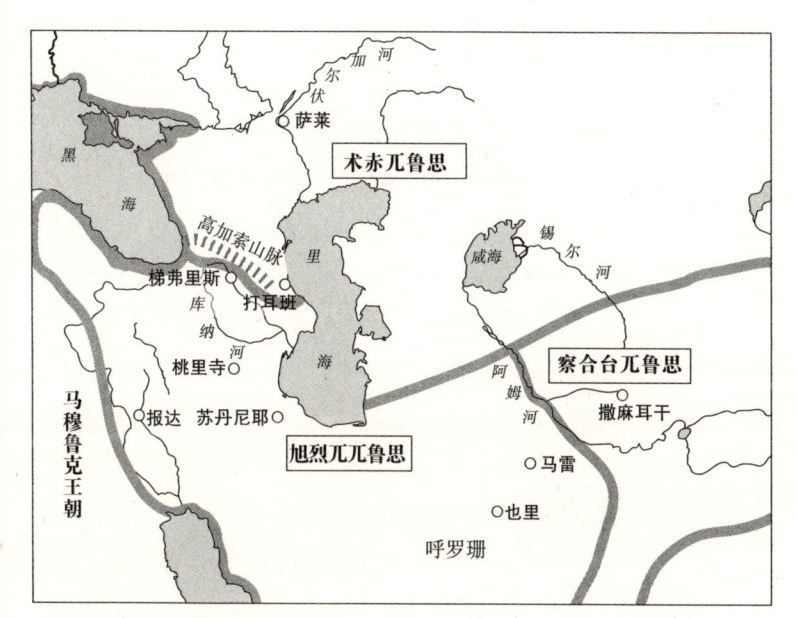

[地图:
伏尔加河、萨莱、术赤兀鲁思、黑海、高加索山脉、梯弗里斯、库纳河、打耳班、里海、桃里寺、报达、苏丹尼耶、旭烈兀兀鲁思、马穆鲁克王朝、咸海、锡尔河、阿姆河、察合台兀鲁思、撒麻耳干、马雷、也里、呼罗珊]

术赤兀鲁思和旭烈兀兀鲁思的对立

子嗣们手中夺取了察合台家族实权的八剌,也因窝阔台家族实力人物海都的唆使,招募中亚的诸游牧势力,向西渡过了阿姆河。旭烈兀兀鲁思,在北边术赤兀鲁思和西边被称为马穆鲁克的"钦察伊斯兰联盟"的夹击已成常态的情况下,又遭遇游牧民大军从东来袭,悲伤情绪愈加严重。不管是蒙古军人还是伊朗当地权贵,只要投降都会受到八剌军的欢迎。

但是,阿八哈决定坚决迎击。呼罗珊的要冲也里近郊哈喇速(黑水)平原一战,成了蒙古人之间极少见的正面会战。明显处于劣势的阿八哈军,经过殊死战斗击垮了八剌军,恢复为乌合之众的八剌阵营落荒而逃。旭烈兀兀鲁思没有被撼动,反倒是察合台兀鲁思开始衰落，落入了窝阔台家族海都的控制。

对于旭烈兀兀鲁思，第一代的旭烈兀和第二代的阿八哈的存在具有特殊意义。旭烈兀兀鲁思历代君主均以"大汗的达鲁花"自任，至多就是大汗的代理官的架势。他们使用过皇帝蒙哥所赐印玺，也接受过忽必烈的册封，并依仗其权威举行即位仪式，在国书和公文上钤盖其玉玺。只是阿八哈以后，从以血缘正统且年长而成为第三代君主的帖古迭儿（后改名为阿合马）开始，围绕君主之位政变不断发生。

恢复推选经验丰富且年长的人为首领的蒙古原有传统，初看似乎合理，但不能确立起君主之位的权威，每次都使年长的人野心膨胀，演变为与前君主之嫡子之间的争夺。正因为是业已成立的政权，所以部众的发言权很强。尽管旭烈兀兀鲁思的框架没有动摇，但历代君主任期内都是内讧、背叛和暗斗不断，每逢前任下台和新君主即位，都耗费了巨大的财力物力。财务机构整顿的不彻底以及接连不断的结构性政变，成了旭烈兀兀鲁思致命的弱点。

第一代君主旭烈兀的过早去世，以及继任者阿八哈也如同父亲一样死于四十八岁之事，可以说最终造成了旭烈兀兀鲁思权力基础的不完备。而且，政权和民众都像钟摆一样大幅度摇摆于雅各布派、聂思脱里派基督教徒和伊斯兰教诸派之间。这一现象同样不容忽视。蒙古人大多以朴素的上天（tngri）信仰为基本信仰，虽然有一些佛教特别是藏传佛教的影响，但在政治上认可一切信教的自由。只是，占人口大多数的伊斯兰教徒已没有了从前的特权，非穆斯林的人们反而被免除了交纳人头税（jizya）的义务。

包括基本上原样留存下来的当地中小势力在内，旭烈兀兀鲁思整个混杂的状况笼罩在各种不安定因素的昏暗的烟雾中，呈现出行将自行瓦解的景象。这就是合赞即将即位前的形势。

合赞改信伊斯兰教 合赞在混乱中当上了第七代君主，于1295年11月3日即位。当时旭烈兀兀鲁思尚处在危机当中。以往动辄说合赞时代是旭烈兀兀鲁思的鼎盛时期或稳定期，是完全错误的。

误解的根源，始于合赞时期《史集》之源《合赞之福运蒙古史》的编纂，尤其在于针对合赞自身统治时期的政治改革，不厌其烦对前代进行胡乱批判和攻击，以此来阐述自己的合理性。当时旭烈兀兀鲁思的混乱和危机，是千真万确的事实。而合赞的改革取得成效，是在下一代君主即其弟完者都时期以及完者都之子第九代君主不赛因时期。

合赞别无选择，当务之急是从不断重演的政变和内讧中，将似乎完全失去统一的蒙古官兵重新集合在自己麾下，重振国家。《蒙古史》也是为此而编纂的。日本研究旭烈兀兀鲁思的代表人物志茂硕敏认为，合赞是将自己的决心重合投影进了披荆斩棘的创业英主成吉思汗的形象中。他的看法完全正确。那么，据说由合赞本人口述了相当部分的《蒙古史》的史料价值,包括使自己合理化的一面,都是非常珍贵的依据。

合赞即位之前,在其父即第四代君主阿鲁浑时期,作为相当于兀鲁思左翼的呼罗珊的长官驻在东方。旭烈兀时期的阿八哈、阿八哈时期的其子阿鲁浑也都同样,被认定为现任君主之"皇太子"的人一旦出镇呼罗珊,继承人即非他莫属。但是,此举反过来却因此使阿鲁浑、合赞都远离中央兀鲁思即大本营阿塞拜疆,在他们各自父亲去世的紧急时刻陷入了不利的境地。他们也为经过谋划和商议拉拢多数、顺利调停中央政局的帖古迭儿及乞合都所控制。

尤其是第五代君主乞合都,为了赢得人气,非正常地大肆乱赏乱赐,导致国库彻底亏空。乞合都的权威急速丧失,其间旁系的拜都趁乱掌控了君主之位。合赞在军事上也陷于不利。曾执掌呼罗珊的伊朗总督府的阿儿浑阿哈的儿子纳吾鲁兹是个野心很大的人,他建议合赞皈依伊斯兰教。因为当时蒙古人当中成为穆斯林的人在不断增加,他们也希望得到伊朗本土势力的支持。赌注漂亮地中了,形势一下子发生了逆转。

旭烈兀本人是佛教徒。从年幼的时候起,他就随突厥语和蒙古语都称作 baqši 的僧人老师和顾问们学习畏吾儿文字和知识。后来他逐渐成为一个精通多种语言和学识的人。旭烈兀在呼罗珊还建造了佛教寺院,这些说明他和大汗忽必烈及其家族一样,似乎基本上是信奉藏传佛教的。

建在帖木儿帝国首都上的撒马尔罕　野町和嘉 / SebunPhoto/Amanaimages

瓦西里大教堂　莫斯科作为"蒙古之代理人",奠定了俄罗斯帝国的基础。Jose Fuste Raga / Corbis

《混一疆理历代国都之图》 在实现了东西方大交流的蒙古时代,首次出现了"世界地图"。所有的人、物资以及文化,都往来于这一欧亚大陆世界。日本本光寺藏

欧洲制成的《卡塔兰地图》 法国国立图书馆藏

其后,旭烈兀兀鲁思采取了至少在表面上尊重伊斯兰教的姿态和政策。合赞所开辟的路线,相继为其挚友即"皇太弟"完者都及其子不赛因所继承。旭烈兀兀鲁思可以分为两个时期,前一个是自旭烈兀开始的三十五年急风暴雨的时期,后一个是合赞以后穿着伊斯兰政权的外衣的时期。

完者都与东西方的和合　完者都乳名叫作完者·不花,后来先后改名为波斯语的 Khar-banda 即"牵驴人"和 Khudā-banda(神的仆人),又因父亲阿鲁浑亲欧洲和基督教的政策而取了和教皇尼古拉四世一样的受洗名。正像其蒙古语名之义"幸福之人"一样,与奋斗十来年却英年早逝的兄长合赞相比,他度过了幸运的统治时期。最重要的是,旭烈兀兀鲁思的国力得到了恢复,整个蒙古帝国完成了久违的东西方和合,欧亚大陆也整体进入了前所未有的和平状态。

摆在横跨东西方之蒙古帝国面前的难题,是窝阔台系和察合台系搅在一起的不统一的中亚。13 世纪 80 年代末,以窝阔台系的海都统领察合台诸系的形式,暂且结成了很松散的"聚合体"。波斯语史书将其表述为 Mamlikat-i Qaydūyī 即"海都之国"。以往海都动不动就被夸大,然而实际上海都从未直接反对过大汗忽必烈。作为盟主的海都,立于分别占据西边的叶密立—霍博(今中国新疆维吾尔自治区和布克赛尔蒙古自治县)一带以及东边的甘肃和唐兀地区的窝阔台系、几个中心并存的察合台系之上,以天山北麓的海押立和赛里木之间的区域为根据地,由此形成了称不上国家的非常松散的牧民联合体。他最终选择了察合台家族的首领都哇作为搭档。

1294年,年迈的皇帝忽必烈以八十岁高龄去世,其孙铁穆耳成为第六代大汗,海都的活动随之变得活跃起来。1295年,合赞即位为旭烈兀兀鲁思的君主,伊朗方面出现稳定化的趋向。显然是受此影响,海都和都哇开始向大元兀鲁思的西边进军。在成宗铁穆耳即位三年后的1297年,此前曾亲近海都一方的阿里不哥的后裔们东归,回到铁穆耳一方。已进入老年的海都,担心自己对中亚的统治崩溃,平生唯一一次向蒙古本土孤注一掷,以赌胜负。1300年至1301年间,蒙古同胞间的交战在按台山(今阿尔泰山)一带打响,海都一方一败涂地,他本人也于1301年因伤去世。

局势突然发生了逆转。一直为海都所左右的都哇控制了中亚,同时携自身一方的全体王族和将领们重新向大汗铁穆耳宣示臣服。1304年,通告全蒙古彻底和平的大汗的使团逐个到访了各兀鲁思。旭烈兀兀鲁思君主完者都,向在位的法国国王美男子腓力四世送达了畏吾儿字蒙古语的国书。该国书至今仍保存在巴黎的国家档案馆内,内容中强调蒙古整体再次恢复了完全的统一与和谐。

在完者都继承骤然离世的兄长合赞之位后不久,蒙古的东西方就实现了和合。旭烈兀兀鲁思来自北方的威胁消失了,与马穆

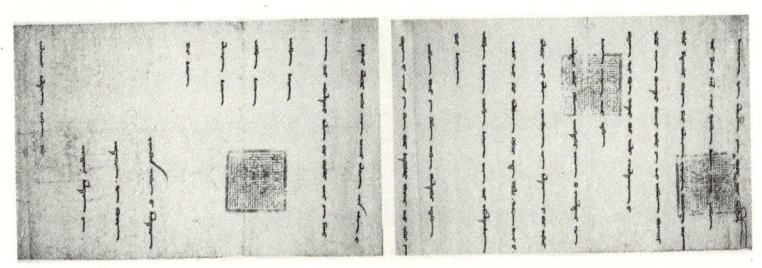

完者都写给腓力四世的书信 1305年，完者都致信法国国王。高36厘米、宽117厘米。法国国家档案馆藏

鲁克政权的斗争也自然而然减弱了。与以往内乱时的情形不同，陆上连接蒙古帝国的交通线保持了畅通，已经成为更加活跃的交流和贸易的通道。从海上连通至宗主国大元兀鲁思的印度洋航线，也越来越活跃。尤其是从第四代君主阿鲁浑以后，不断加强与欧洲之间关系的旭烈兀兀鲁思，以此为开端在陆路和海路两方面破堤般地持续加深着联系。

非欧—欧亚大陆各地，笼罩在前所未有的巨大地平线和和平状态中。世界真的转弯了。幸运的完者都在兄长合赞的《蒙古史》的基础上，启动了真正的世界综合史《史集》的国家编纂工作。该书同时讴歌了蒙古帝国诸兀鲁思的一体性和不折不扣的世界的出现。

蒙古带给中东之物

旭烈兀兀鲁思，至今一直被习惯称作"伊利汗国"，或是按伊斯兰王朝式的说法称作"伊利汗王朝"等。但在《史集》等旭烈兀兀鲁思自身及其周边地区完成的史书和记录中，是以波斯语称作 Ulūs-i

Hūlākū 即"旭烈兀的兀鲁思"。这是直译自蒙古语原词的形式。对于名称等，也许存在一种认为无所谓的倾向。然而，奇异的习惯称呼本身实际上潜藏着误解的根源。

突厥语和蒙古语所说的 il qan，大致意指"部众之君长"。"伊利汗"的称号，不仅旭烈兀兀鲁思的几个君主使用过，在术赤系当中也有使用，而 Uluš-Idi 即"兀鲁思之王"的说法，也基本上是同样的意思。将伊利汗国强行用作旭烈兀兀鲁思的通称和俗称，始于1824年这一学术史上很早的时期。当时法国著名的东方学家阿贝尔·雷缪萨研究第四代旭烈兀兀鲁思君主阿鲁浑1289年写给法国国王美男子腓力的畏吾儿字蒙古语文书，在文章中作为指代阿鲁浑的他称使用了"伊利汗"的称号，这一称号由此普及开来。文书的内容，旨在约定因旭烈兀兀鲁思和法国的协同作战而要求出兵埃及和叙利亚，还有将耶路撒冷转让给法国这一令欧洲心动的事。仅此一点，就给人以强烈印象。

说到19世纪20年代，是多桑的《蒙古史》刊行并获好评的时期，也正是包括法国在内的西欧列强终于要向东方展开真正的扩张、侵略和殖民的时期。那一时期的欧洲，学者也胆大气粗，例如德国的历史学家德罗伊森于1836年提出的 Hellenism 这一用语和立意，依哲学家内山胜利的话来说，原本只是意指正统的希腊语或对其表示尊重，后来被用作远超此义的历史概念而词义大大扩展。按道理这是类似依据特殊用例而产生的"误用"。

这类事情屡屡发生。某种想法和说法一旦普及、定型，即不问正确与否，以其为前提的说法和形象便被创造出来，并再三扩大化下去。在这种情况下，特别

伊朗的塔赫特·苏莱曼遗迹 该遗迹是旭烈兀兀鲁思的重要驻营地，也是鲁木帝国、萨珊王朝等的叠层遗址。选自 *DSCHINGIS KHAN UND SEINE ERBEN*, 2005

是伊利汗王朝等说法，包含着认为它是伊斯兰王朝史脉络中诸王朝之一的坚定信念。然而，旭烈兀兀鲁思是伊斯兰王朝吗？

如前所述，在旭烈兀兀鲁思统治时期，聂思脱里派和雅各布派基督教徒都广泛存在。而认为当时的伊朗地区和中东到处都是纯粹的伊斯兰世界的说法，是无稽之谈。应当说是近代主义将中东和伊斯兰直接重合在了一起，不过近些年来也出现了否定的意见。况且，从旭烈兀兀鲁思的君主到构成其政权核心和主力的人当中，真正的穆斯林究竟又有多少呢？

当完者都的宫廷内举行有关逊尼派伊斯兰教的辩论时，蒙古军的主帅忽秃鲁·沙呼吁放弃信奉阿拉伯人的古老宗教，恢复信奉成吉思汗的牙撒（军律）和约孙（道理、规定）。而完者都本人既是佛教徒又是基督教徒，同时还摇摆于伊斯兰教的逊尼派和什叶派之间。总之，在大元兀鲁思及其所属诸兀鲁思中，任何地方的蒙古人归根结底都基本上是以信仰朴素的上天（tngri）为

已成废墟的帝都苏丹尼耶　选自17世纪法国人夏尔丹的游记

本质的"多神教徒",不过是将宗教视为一种政治和统治的手段。

合赞皈依伊斯兰教是为了便于政变,因此在国家和政权的运作方面自然采取伊斯兰国家式的装扮和形式。合赞以波斯语自称为 Pādishāh-i Islām 即"伊斯兰之帝王",这在文理上很易于理解。"世界之帝王",无疑是蒙古大汗。其代理官合赞通过称"伊斯兰之帝王",来夸耀自己作为伊斯兰的支持者是伊朗和中东方面的"帝王"。

那么,作为蒙古兀鲁思之一的旭烈兀兀鲁思给中东带来了什么呢?用一句话来说,即突厥和蒙古式的军事政权及其制度。就是说,将"国家"带入了中东。

在蒙古之前,曾有若干人群组成的称为塞尔柱的外来人,但没有形成正规的组织和政权,也没有组建起明确的国家和社会制度。而蒙古在事先经历了五十多年作为国家乃至帝国的历史和经验的基础上,带着这些制度一起到来。在政权的中央常设以君主为核心的军事集中体制,实施以左、中、右三翼编制为基本的建制,并实行以蒙古语作 jarliq、突厥语和波斯语作 yarliq 的敕令为最高命令的文书制度。jarliq 原本仅指大汗的命令,但在旭烈兀兀鲁思等地，涉及整个蒙古帝国时使用表示"诸王之言"的 üge 一词，对直属领地使用 yarliq 以自尊。就是说，在表示是二重体制的政权的同时，对外、对内区别使用。

总之，合赞即位以后，蒙古帝国内几乎遍布全境的军事机构被无条件地摆在国家权力的中心位置，连同以犹太人和伊朗人等为首的管理财务和行政事务的多民族官僚群，以及以人数占多的伊斯兰人群为主体的各宗教、宗派中的圣职者组织，共三个方面成了国家和社会的支柱。这种方式，不仅在同时期的马穆鲁克王朝，而且在其后的中亚和印度以西的国家也都得到了继承。从这层意义上说，这也改变了时代。

旭烈兀兀鲁思在完者都时期新建了帝都苏丹尼耶，其壮丽为中东甚至世界所夸赞。苏丹尼耶原址本是 Qongqor Ölöng 即意为"黄金色草原"的驻营地之一。那里位于阿塞拜疆的东南部，是

完者都寺 旭烈兀兀鲁思第八代君主完者都，在流淌着几条美丽河流的草原上，营建起工程拖了多年的新帝都苏丹尼耶。有记载说这是因受到东方宗主国大元兀鲁思皇帝海山新建中都的刺激而建。在千姿百态的建筑物中，作为其个人墓寺的礼拜堂，以深蓝为基本色调的彩色瓷砖装饰墙面，显得格外壮丽，给人以强烈的冲击感，是对伊斯兰建筑的大改变。后来，从那里剥落的每一块彩色瓷砖都被作为珍贵的艺术品收藏于世界各地。拍摄于 1968 年。参见彩插

第五章　蒙古与中东

控制伊朗东西南北交通的要冲。建设这个帝都的构想，虽然是在阿鲁浑时期确定的，但估计早在旭烈兀时期就已经形成了，只因没有时间实施而拖延下来。蒙古建有作为大汗帝都的哈剌和林、大都、上都和中都（海山时期所建），还有术赤兀鲁思的两座萨莱、旭烈兀兀鲁思的苏丹尼耶，说明营造新政权的象征和政治载体已成常态。这种现象未见于塞尔柱、奥斯曼时期，而且继承蒙古的传统喜好建筑的帖木儿和莫卧儿时期，也未曾在茫茫荒原上从零做起建造新帝都。

第六章

地中海和欧洲以及连接起来的东西方

圣王路易之梦

庞大的舰队，收复圣地的意念

在旭烈兀西征开始前五年左右的1248年8月25日，欧洲方面法国国王路易九世从新建的艾格·穆尔特港上船，三天后出发，目的地是地中海以东和埃及，登陆地点是达米艾塔。因为他认识到欲收复圣地必先制服埃及。作为十字军东征，这是第七次。

路易九世携全家出征。关于其麾下的官兵，法国历史学家的代表人物雅克·勒高夫在名著《圣路易》一书中推测：由两千五百多人的骑士、人数大致相同的盾牌手及武装扈从、约一万人的步兵、五千人的弓箭手组成，总共近两万五千人，约八千匹马。据说，运载那些官兵和马匹以及粮食等物资的船只，包括

路易九世 卡佩王朝的法国国王。因扩大王权、发动两次十字军东征等业绩，在法国被视为理想的君主。死后被奉为圣人，呼作"圣王"

三十八艘大型船和几百艘小型船。大多数的大型船，是从当时活跃于地中海、爱琴海和黑海的两个意大利商业城市国家威尼斯和热那亚借来的。没有商业船和军用船的区别。总之，应该说是达到了欧洲最大规模的、阵容令人吃惊的大舰队。

回溯前史，年仅十二岁的路易九世于1226年因父亲路易八世（狮子王）去世而登上王位，至此已经经历了二十二年的统治，这一年他三十四岁。二十二年后的1270年，路易九世又策划了他自己的第二次、总的第八次十字军东征，此次的目的地竟然是突尼斯。采取的是欲收复圣地耶路撒冷必先控制埃及，而欲制服埃及必先控制其"腹地"突尼斯的迂回策略。那种认为路易九世及其幕僚根本不了解非洲地理的看法，有一些值得认同之处。

但是，路易九世的第二次十字军东征进展也不顺利。不仅如此，到达目的地的七天后即8月25日，路易在弟弟夏尔·安茹到来之时去世了。这也是十字军运动终结之时。前后正好是各二十二年统治的对折，而且都发生于8月25日的暗中巧合，似乎有些缘由。

路易九世在位长达四十四年，这一阶段被视为法国辉煌的时期之一。生而为虔诚的基督教信徒，收复圣地的热情持续高涨的他，死后被奉为圣人成为"圣路易"，以理想的君主形象受到高度赞扬。而他的人生恰好与蒙古席卷世界的时代的前半期相当。蒙古也一直将法国国王视为欧洲最强大的国王。蒙古人所称呼的 Irad Parans，即指法兰西王（Roi de France）。圣路易活在了急风暴雨的年代。

说到地中海，或许容易使人联想到平安的航海。然而，地中海绝对是个危险的海域。地中海水深达四千米，而其中部的西西里岛上的埃特纳火山海拔三千三百二十三米，二者之间的高低差或是地壳上的段差超过七千米。拿破仑的故乡科西嘉岛大小适中，具有洋溢着独特风情的本土风俗习惯，巍峨的山峦和陡峭的溪谷令人惊异。由于历史上的类比，人们往往容易将地中海和濑户内海相提并论，然而两者实际上完全不同。水深很少超过二百米的平底浅海濑户内海，与常处于波涛汹涌状态中的地中海截然不同。冒着狂风巨浪航行于地中海，充满了危险。

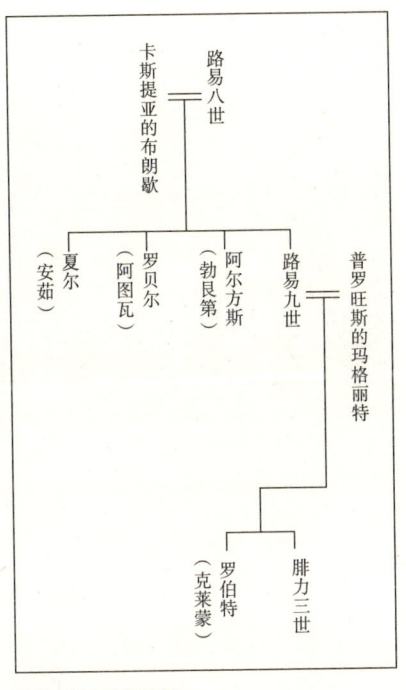

路易九世之系谱略图

第六章 地中海和欧洲以及连接起来的东西方

艾格·穆尔特的城墙 面向地中海的港口城市。选自勒高夫的《圣路易》(《新评论》, 2001 年)

路易九世的舰船，在明知这一切的情况下出发了。当然那毕竟是在大多凭风向航行的年代，因此让舰队保持齐头并进根本就是空谈。在地中海上，自古以来使用帆和桨并用的桨帆船，特别是中世纪以后三角帆被引入，瘦长船体带来的灵活性也受到欢迎。可是，路易舰队那时还没有达到这样的程度，与大型桨帆船出现的 14 世纪情况不一样。不仅是海图，就是在实际的航行当中，13 世纪和 14 世纪之间也存在很大的差距。出港进港以及波浪不大的时候桨是有用的，但地中海的航行很少能按照预测来实施。

总之，我们应该将可自动航行的汽船出现的 19 世纪中叶之前和之后，明确地作为"不同的世界"来考虑。在这个意义上，我想再次提请读者留意，1853 年时佩里舰队四艘船中的两艘即为可自动航行的蒸汽机船。在日本史中受到特别重视的时期，实际上在世界史中也已处在大变化的时代的顶端。

地中海舰队的实际状况

路易出发前往东方。作为很多人恐惧的航海，本身就已经是壮举。然而，进展并未如他所愿。路易的舰船首先驶向了塞浦路斯。当时，统治该岛的是鲁西格南家族的拉丁王朝，自1191年理查德狮心王占领以来一直持续至今，其存在对于地中海东岸的拉丁系诸国来说至关重要。路易一行于9月17日登上该岛，长期滞留直到第二年的5月。

年轻的武将让·德·儒安维尔率领香槟伯爵的官兵参加了路易九世的十字军远征。他于路易去世三十多年后写下的证言，是对路易九世及第七次十字军东征的真实情况充满身临其境感的生动口述，非常著名。根据这一口述，可知尽管路易本人打算立即前往埃及，但是随征的诸侯们建议他等候所有尚未到达的舰船和部队。

总之，路易的舰队没能"整体"行动，而是三三两两分批到达的。这一点与所谓元寇蜂拥至北九州时的情形，尤其是第二次来袭时江南军的情形相似。这种情况是很自然的事，没有办法。当时的实际情况也只能如此。

为了将塞浦路斯作为十字军的作战基地，路易九世从两年前开始就已经在岛上屯集了葡萄酒、小麦、大麦等大量物资。尽管如此，还需要重新准备增援物资和修造舰船，官兵日常宿营所需的开支也增加了。为此，除了以前在法国本土强行从神职人员那里征集带息军费外，路易此次还不得不向意大利的银行家们提出借款的要求。

第七次和第八次十字军远征路线图

　　塞浦路斯当地的王、诸侯以及居民表示愿意加入行动，留居地中海以东地区的骑士团和拉丁系诸势力也参加了进来。正当路易及其指挥层计划以最大规模的大兵团和万全的准备实施集中突击时，谁知却发生了法国势力与热那亚人之间的动乱和其他纷争，更出乎预料的是来自蒙古的使节到访了路易驻地。如下文所述，此事使路易对于某种大事有了期待。

　　而冬季航海过于危险，必须坚决避免，于是就出现了八个多月异常的长期滞留。好在度过了冬季和春季，总算轮到向埃及出航了。

登陆作战的幸运

　　然而，从一出发就发生了意外的情况。据儒安维尔所说，1249年5月22日，在塞浦路斯南岸的首邑利马索尔一带的海上，集结了包括路易所乘舰只在内的大小一千八百艘舰船,场景极为壮观。第二天即23日,当所有舰船在利马索尔海岬的尖端部分停止航行,路易等人下船做弥撒之后,突然从埃及方面刮来一阵阵强风,顿时狂风大作。

路易麾下总共两千八百人的骑士,大风过后仅留下七百人,其他人全部被刮向地中海东岸各地,久久无法返回。作为战斗力核心之核心的骑士,只剩下了四分之一。其他各兵种的人员,不清楚是否也照此比例减少了,但不管怎么说损失很大。这都雄辩地证明了地中海的可怕以及帆船时代的实际情况。

路易不得已率领仅剩的兵员,在风平浪静的次日再次扬帆,南下埃及。途中,与大公纪尧姆五世和勃艮第公爵所率战船会合,他们来自臭名昭著的第四次十字军东征时曾出现的"拉丁帝国"治下的摩里亚(希腊的伯罗奔尼撒)。于是顺风前进,于6月4日到达位于尼罗河口的交通贸易要冲达米艾塔附近。阿尤布王朝算端统治下的埃及一方,预料到达米艾塔将遭到袭击,早已在海岸上布置了大兵团,严阵以待。

6月5日,路易的军队强行开始最危险困难的敌前登陆。他们由大船改乘登陆用的桨帆船和小船,还卸下马匹,力争登上陆地。可是全副重武装的骑士一旦落入海中,即意味着死亡。激战开始后,法军官兵的伤亡自然接连不断。

然而,这时又发生了意外。通过信鸽传递战况的埃及军队,因算端的命令迟迟不到而忧心忡忡,误以为重病在身的算端萨利赫已经去世。算端的去世不仅意味着政权结构的变化,而且

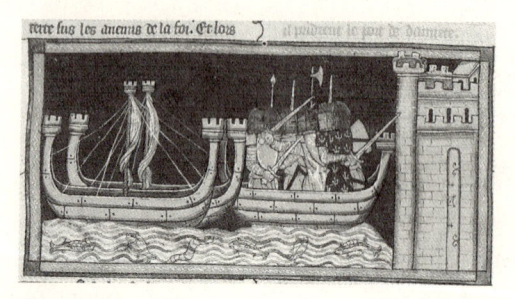

达米艾塔登陆 路易九世的军队轻而易举地占领了埃及人撤退后的城市

意味着很有可能发生政变。仅此一点，足见阿尤布政权的不稳定性。埃及军队的将帅们，不得不赌上自己的命运前途立即撤退。以骑兵为主的埃及军队，就这样迅速从达米艾塔的战场撤退了。

免除了埃及军队进攻的路易军，有惊无险地结束了危险的登陆作战。岂止如此，本应相当难攻的坚固城市达米艾塔，也几乎是在无抵抗的情况下轻而易举占领的，是埃及军队送上的礼物。这是6月6日的事。

法军进入达米艾塔城，将那里作为大本营。路易军的官兵因战利品的分配等尽情欢腾雀跃，也是很自然的。但是，由于对登陆作战的恐惧以杞人忧天的结局告终，又轻松攻陷了达米艾塔，他们反而开始小看埃及一方，忘记了自己的实力和处境。法军明显地骄傲、大意起来。

在这一时间点上，尽管出现了各种情况，但路易军基本上是幸运的。总之，不过是碰巧因埃及军队的失策而受益。他们并没有意识到这一点。问题由此而出。

奢望与灾厄，凄惨的毁灭

正如儒安维尔直截了当指出的那样，得到达米艾塔是神的大恩赐。拿下控制埃及之咽喉的战略要地，本身就已经是漂亮的战果。以达米艾塔作为交换，谋求割让巴勒斯坦及其安全的谈判，也已经大有可能了。

对于被欧洲称作巴比伦的敌方首都卡海勒（今开罗）以及至其途中的要冲曼苏拉，即便不直接进攻，王权本身正衰微下去的埃及一方也很有可能让步。进行"有条件斗争"，余地很大。只是，能将意想不到的幸运直接作为幸运是一种能力。幸运有时候会引发更大的反动。看清彼此的形势，在任何时代都是非常困难的。

路易应当采取的战术，或是一气呵成地速战速决，或是固守达米艾塔及其周边，一边尽量避免实战一边施加压力。而埃及军队错过了在路易军登陆时予以攻击的绝好机会，白白地让出了达米艾塔，显露出政权的弱点。另外，伊斯兰方面当时还根本不具备海军力量。就舰船而言，基督教一方占有绝对的优势。假如路易一方能够动员其他欧洲势力的船舶，在封锁埃及沿海的基础上，以达米艾塔一带为重武装区域，不断从海上提供补给的话，埃及军队就会一筹莫展。不过这也许还是属于一种后见之明。

占领达米艾塔后，路易军几个月间按兵不动，每日忙于构筑各处的阵地和派驻军队，暂且采取了伺机作战的策略。据说这引起了很多战士的不满。但这毕竟是路易采取的持久战方针，完全可以理解。他大概已经预测到阿尤布政权的不稳和灭亡，而结局果真应验了。

然而，在10月末的协商中，因大多数人主张以海军力量为前提包围亚历山大港，即采取海上封锁策略，路易遂大胆采用弟弟阿托瓦伯爵罗伯特进攻开罗的战术，决定展开面对面的武力对决。路易之所以放弃被视为明智的持久战、敢于转向敌方占优势的以骑兵为主的危险的平原战，其背景中存在将罗伯特扶为埃及王的协议内容。开罗方面也将此视为企图占有全埃及之举，必须认真应对。路易舍弃安稳的成功，为实现将埃及据为法兰西王国属地的野心孤注一掷。失败之源首先在此。

灾厄也向路易军袭来，即坏血病和痢疾。南进的路易军在抵达曼苏拉之前一路奋战，但进展艰难。加上官兵们一个个染上传染病，路易军从内部垮了下来。与达米艾塔的联络又被切断，补给也得不到很好补充，只好惨淡撤退。法军顿时溃不成军。从外部和内部遭遇如此严重的毁灭，世所罕见。

埃及军队的主力，是来自遥远的钦察草原和东方等地的人们，总之是后来马穆鲁克军团的原型。唯有游牧民才具备的机动性和展开力，法军无法相比。现在，是拜巴尔所率埃及军为所欲为的时候了。

法军所擅长的肉搏战，终究没能抵过以游击战为真谛的战术方针。就是说，法军的战术已经落后于时代了。欧洲的骑士们，也过分依赖自己的体力了。实际上，应该说这是注定的失败。儒安维尔就悲剧式的凄惨结局所讲的经验之谈，至今仍具意义，他认为欧洲中世纪骑士道义的世界，似乎是过分自我赞美、脱离现实的讽刺画。

被俘之王，不归的路易

进退两难的路易及其手下官兵向埃及军投降，做了俘虏。其人数，据说是一万两千多，实际上应当说幸存的人基本上全都成了囚徒。这是发生在1250年4月10日或其前后的事。围绕此事的记载，大概都故意写得暧昧和模糊。顺便说一下，儒安维尔也做了俘虏。

路易九世等人度过了一个月的囚徒生活，后以归还达米艾塔和交纳二十万里亚尔的巨额赎金为代价获得释放。撤至阿克里（或阿卡）时，又再次签订了支付二十万里亚尔的协定。在被囚禁期间，路易等人直接目睹了阿尤布政权覆灭的场景。

回溯上文，在达米艾塔登陆作战时病情正处于恶化的算端萨利赫，最终于1249年11月在曼苏拉城去世。他的一个儿子图兰·沙被从美索不达米亚地区的领地贾兹拉的哈桑凯伊夫城密召过来，即了算端之位。阿尤布王朝，用阿拉伯语说是 Dawlat al-Kurdiyya，即"曲儿忒人之王朝"。此过程也很好地说明了这一点。自然，新算端多起用来自曲儿忒的自己的部下，排斥曾支撑政权驻守埃及的马穆鲁克军官。

为此，被激怒的马穆鲁克一方的拜巴尔等人暗杀了新算端。事情发生在1250年5月2日。于是，埃及成了外来势力马穆鲁

曼苏拉之战 1250年，路易军为埃及军所败，路易九世及其手下官兵被俘

克军团的地盘。身为尚不知明日命运如何的囚徒，路易等人目睹了政变的全过程。如果在达米艾塔再坚持一阵持久战，就会自由地从远处眺望埃及方面的倾覆。路易的心中，究竟是一种什么滋味呢？事情的始末，与其说是路易不走运，倒不如说他明显缺乏将才和战略眼光。

政变发生后，商谈释放俘虏问题的对手，从艾伊贝克和古突兹变成了拜巴尔等人。就是说，路易九世等人和马穆鲁克政权此时直接接触了。据儒安维尔所说，路易作为王者的优雅气质以及不惜自身性命的坚毅气概，似乎打动了马穆鲁克军官们的心，甚至赢得了他们的尊崇。这非常容易理解。路易的魅力，在于他作为王者的高雅、对信仰的无限忠诚。出乎意料，路易就何为王者给马穆鲁克人上了一课。

5月8日，路易九世等人离开了埃及，沿海路进入耶路撒冷附近的基督教势力大本营阿克里港。此后的大约四年间，路易没有离开过这块圣地及其周围区域。当然，留守法国本土的路易之母即王太后希望他迅速回国。除了因贸然出击而战死的那位阿托瓦伯爵罗伯特外，安茹伯爵夏尔（倒是其法语名 Charles d'Anjou 更为出名）和普瓦图伯爵阿方索等诸弟已经回来，路易在确认最后一位俘虏生还后才启程回国。这反映出路易的为人，以及他身在耶稣之地愿做耶稣般牺牲的决心。

眼下，路易九世成了最了解埃及和中东局势的人。在埃及、塞浦路斯和巴勒斯坦总共六年与十字军战士们生死与共的生活中，超越身份和地位的一体感使路易的声誉大增。路易现在要利用以大马士革为中心的叙利亚的阿尤布政权与埃及的马穆鲁克政权之间的对立和斗争，建立自己新的立足点。埃及方面谋求与路易的联合，愿将"耶路撒冷王国"的西部让给他。路易又和叙利亚的阿尤布政权于 1254 年 2 月缔结了停战协议，以确保地中海东岸十字军国家的安全。巴勒斯坦地区基督教一方的城塞，也由路易军团重修了城墙，在主要城市派驻了增援部队。

路易尽管没有成为中东欧洲势力的救世主，但在留下了这些成果后于 1254 年 4 月 25 日离开了巴勒斯坦。时光流逝，在路易九世来到达米艾塔的五百五十年后，拿破仑在埃及登陆，迎击他的竟然是马穆鲁克军团。马穆鲁克军团形式上被奥斯曼帝国所吞并，但一直在埃及保存下来。

然而，在拿破仑军队的机枪面前，马穆鲁克骑兵已无用武之地。近代所带来的"某种东西"，作为欧洲和中东的差距在这里显露了出来。路易九世和拿破仑，同样梦想称霸地中海的两个人。这期间的岁月，象征着由中世纪向近代发展之世界史的大转折。

蒙古是敌人还是己方

时间再稍微倒回去看，在路易九世滞留塞浦路斯期间，有自称是来自蒙古的使节的人到访。1248年12月，两个自称是受蒙古统帅野里只吉带派遣的突厥系聂思脱里派基督教徒，来到从沿海一带迁往内陆尼科西亚的路易的大本营。如前所述，野里只吉带是第三代蒙古皇帝贵由任命的远征中东（未获成功）的先遣大将，曾镇守在东部伊朗的巴式吉思。

两位使节，口头传达了皇帝贵由和野里只吉带皈依基督教以及与路易建立友好关系的意愿，并且递交了野里只吉带的波斯语书信。路易让多明我会的安德·龙如美译为拉丁语，得知内容充满了对基督教的善意。另外，据说二人提到关于路易的远征，说蒙古是从已知其事的埃及算端泄露的信息中获知的。

关于这两位使节及其所说内容和所带书信，一直存在不同看法。例如，有观点认为蒙古为了在接下来的计划中利用路易的十字军，所以故意这样做以引起对方误会；又有观点认为蒙古本想统治整个欧洲，为此将路易视为将来的合作者而有所期待；等等。确实，这些方面也可以考虑在内。不过，虽说是所谓的"多神教徒"，但蒙古人当中像贵由等人那样对聂思脱里派基督教信仰抱有好感的人实际上相当多。另外，对于贵由时期的蒙古来说是否有认真考虑征服中东的余地呢？

贵由首先必须考虑的是清除拔都。而实际上当使节似的二人到访路易的时候，贵由早在八个月前去世了。野里只吉带的书信，难以认为是写于贵由去世之后。因为贵由一旦消失，野里只吉带就会失去意义。而且实际情况也的确如此。虽然两位使节说话确实有些夸张，但是就贵由健在时野里只吉带的举动来看，也没有什么特别不自然的感觉。不管怎么说，时间的前后关系真的很微妙。此处成为关键的，还是信息的保密和传送的速度。

可以确认的是，路易心动了。还是在尼科西亚，路易从塞浦路斯王那里听到了经由当时归属蒙古的奇里乞亚和亚美尼亚王国获得的有关蒙古的相当详细的信息。这件事不容忽略。所谓路易九世听信离谱的怂恿沉浸在美梦之中的解说，是否有些过于想当然了呢？而认为1245年路易响应教皇英诺森四世的号召出兵地中海的事，不仅传到了巴勒斯坦和埃及，还传到了东方的伊朗的看法，或许更为合理。仅此一点来看，欧亚大陆东西方都动了起来。只是由于关键的贵由在位仅三年即去世，路易的期待最终落空了。

了解其后进展的后世的我们，还是停止过分以智者自居随意评论历史吧。在当时那种情况下，路易对于蒙古已经做出了积极的回应。据儒安维尔所说，路易九世盛情接待了使节，还特别任命

蒙古致欧洲的"国书" 1246年，贵由致信英诺森四世。阿拉伯文波斯语

具有同蒙古接触经验的安德·龙如美为回访的使节,准备了祝贺蒙古皇帝皈依的礼物。尤其是极尽奢华的毡包式的礼拜堂,据说装饰着描绘圣母受胎告知和基督生平的上品刺绣,是无价之宝。

路易与蒙古擦肩而过

然而,形势突变。1249年,当安德等人到达位于巴忒吉思的野里只吉带的军营时,蒙古帝国内部已形势告急。下一代的大汗究竟将由谁出任,局势尚处在前途不明的混沌之中。路易的使节们,只得在贵由的关系网中活动,这本身就使自己跌入了倒霉的境地。野里只吉带已无其他选择,只好将安德等人送往旧主的皇后斡兀立·海迷失处。已成为帝国监国的斡兀立·海迷失,不住在帝都哈剌和林,而是住在贵由的私人领地叶密立。对于路易的使节们来说,那是一段迫不得已的、悲惨的旅途。

斡兀立·海迷失这个女人,一开始即以反面形象出现于历史舞台。她显然没有意识到路易所派使节具有的政治意义。也可以进一步说,在终究难以达到这种可能的处境下,她也只能在难忍的不安当中观察着自己及其属下的前途。斡兀立·海迷失对安德等人表现出强硬的态度,也是无奈之举。在她看来,对于只是前来乞求臣服的人,不过像往常一样让其带上谕旨返回那样简单。

这只能说是太不走运的擦肩而过了。1252年,斡兀立·海迷失被新皇帝蒙哥处死。而路易也做了俘虏,刚刚获释不久。据说同一年当安德等人回来时,路易九世曾对和蒙古通使一事表示非常后悔，后世的我们对此也无话可说。

尽管如此，估计路易还是对蒙古一方有些不甘心。1253年，他以非正式的形式派卢布鲁克前往蒙古。继1245年教皇英诺森四世派遣普兰诺·卡尔平尼之后，使节又一次到访了哈剌和林。卡尔平尼的记载，充满了推销自己的意愿、过分夸张的语言和文字，以及虚构和编造，很难令人信服。相比之下，卢布鲁克的记载很正规，在记载的可信度方面，卡尔平尼无法与之相比。总之，依据卡尔平尼的记载进行讨论是危险的。反之，应当更多地利用卢布鲁克的记载。

卢布鲁克作为纯粹的一介修道士，从巴勒斯坦出发了。经过拉丁帝国治下的君士坦丁堡，由海路走黑海至克里米亚的苏达克登陆，拔都建议其直接前往皇帝蒙哥处。他没有受到卡尔平尼一行那样的特殊待遇，一路艰辛跋涉，终于在1253年12月27日到达了严冬中的哈剌和林南郊的蒙哥大营。其后的七个月间，他观察着蒙哥及其都城一带，目睹了打破宗教界线的面对面辩论。1254年7月，卢布鲁克携带蒙哥写给路易九世的回信，在皇帝的护佑下利用蒙古的驿道抵达拔都的宫帐，再经高加索和小亚细亚，于1255年8月15日到达了黎波里。可是路易已经离开了巴勒斯坦。卢布鲁克遂在阿克里给路易写了报告书，即流传至今的《卢布鲁克游记》。

蒙哥的回信，不承认斡兀立·海迷失，同时明确承认路易为"法兰克"之王。但自然洋溢着作为 pādishāh-i jahān 即世界帝王的自信。假设路易一直留在中东，结果会怎样呢？1254年从巴勒斯坦回国的路易，是否知道开始于前一年的旭烈兀的西征呢？去者和来者，由于1254年至1256年间的相错，始终没能谋面。另外，路易在中东时对亲眼所见的亦思马因教团的坚固山城印象深刻，回到法国后即对卡尔卡松城进行大规模改建，修建出了西欧真正的城郭要塞都市。

扫马使团的欧洲外交

列班·扫马的西方之旅

这是一个蒙古时代自东向西游历欧亚大陆的人的故事。这里所说的东，指现在中华人民共和国首都北京的前身蒙古的世界帝都Daidu（汉字写作"大都"）。这座城市是帝王忽必烈耗费二十五年的时间，在完全的"空地"上作为世界的中心而建造起来的都城。这里所说的西，指经罗马、巴黎抵波尔多的欧亚大陆的西边。这个人称作列班·扫马，是聂思脱里派基督教徒，以罕见的人生及游历轨迹而闻名。

聂思脱里派在5世纪的基督论争以后，以传至东方的基督教会进行活动，尽管在萨珊帝国时期受到迫害但最终兴盛，并进一步扩展至中亚、印度以及中华地区，亦被称作景教，尤为突厥、蒙古系的游牧民包括其统治阶层所接受，克烈、乃蛮、汪古等部的王族和贵族中有不少信奉者。关于其传教路径的扩展，尚未得到充分厘清。例如，有关聂思脱里派教堂后来被转用作藏传佛教和伊斯兰教设施的现象，可以推测多有存在。

马可·波罗这一著名人物的故事，被视为实际上讲的不是某个确定的个人的行迹，而是汇集了诸多异邦人的体验和见闻的作品。同样被认为是游历了非欧—欧亚大陆的伊本·白图泰的行记，也多被视为合成的东西。这两个非常著名的人物的记述当中，缠绕着某种"可疑"之影。相比之下，列班·扫马是的确可以作为一个个人的实际情况来把握的。

他最终成了一个非常政治性的人物。他的形象、履历、活动和见闻等，给人以清楚的轮廓。他以自己人生描绘的大元兀鲁思、旭烈兀兀鲁思以及欧洲的光和影，是独一无二的遗产。

列班·扫马的传记，收在叙利亚语所写的《马儿·雅八·阿罗诃三世传》中。实际上，当上聂思脱里派法主的雅八·阿罗诃三世原本是列班·扫马的弟子马忽思，本为师徒关系的二人的记述在这里被合二为一。该《传记》记载了雅八·阿罗诃三世作为法主直至1317年的活动，由此可知至少写于这一年以后。

该书很长时间不为人知，直到1887年3月才在中东的库尔德地区被发现。其后，经过几个人的努力得到校订、翻译和注释，1928年英国人布治的英译本问世，遂成定本。1932年，日译本也得以出版。最初的原文，被认为是波斯语。另外，该书卷首写有包括蒙古命令文所特有语句的祷告语或祈祷文，显示出时代性，因而为人瞩目。

出身汪古族的二人　　还在庞大的帝都大都建造之前，尚为大金国首都的中都（今北京市城区的西南部和前门一带）于 1215 年向成吉思汗的军队打开了城门，成为蒙古经营华北的据点。城里有一位名叫昔班的聂思脱里派基督教徒。他出身于蒙古国家组成部分之一的强势部落汪古族中的富裕名门，但却一直没有生育子嗣。为了能够生子，他不断祈求神明，最终得到了一个儿子。父母亲为儿子起名"扫马"，意为"斋戒、断食"，大概是认为与严守斋戒而得子有关。此子一般被敬称为"巴儿·扫马"。

扫马自幼学习聂思脱里派教义，不久即考虑为信仰度过余生，二十岁时不顾周围人的反对，在独居七年后隐居到距离中都城约一日行程的山里。顺带说一句，今天北京市西南略呈山地的房山地区，以藏有中华历代的石经而著名，那里的三盆山中有十字寺的遗址，遗存两块十字架。以研究马可·波罗知名的穆尔，于 1928 年在《皇家亚洲协会杂志》上报道了此事。穆尔认为这个十字寺是巴儿·扫马曾经修行过的聂思脱里派寺院。总之，扫马的名声开始逐渐传播开来，就在这时从汪古王国来了一位名叫马忽思的青年，成了他的弟子。这个青年生于 1245 年，是当地聂思脱里派副主教裴尼尔（或为汪古贵族）的儿子。

汪古族是蒙古兴起之前以信奉聂思脱里派基督教而为世人所知的突厥系人群，其统治家族是在成吉思汗统一诸部的最后阶段作为同盟者为其效力、成为成吉思汗家族之 küregen 即蒙古语"女婿"的名门。在整个蒙古时代,汪古族以现今内蒙古自治区呼和浩特市及其周边一带、阴山南北至黄河的整个区域为根据地,保持着由四个不同王系构成的联盟的军事力量,后来形成近乎独立的政治、社会和文化的单位。汪古族对于贯穿欧亚大陆内陆地区的东西通道的控制,也不容忽视。总之,马忽思可以说是广阔蒙古地区中拥有最高水平的文化传统和积淀的"汪古联合王国"的宗教精英。

二人很快即决定远赴西方朝拜圣地耶路撒冷。在这一背景中,当时蒙古帝国正逐步向中东的大规模扩展也自然成了前提。但是,《传记》和史实在这里出现了微妙的差距。据《传记》所载,他们二人前往汪古的大本营,拜见了联合王国的主人即称君主或王的君·不花(意为"太阳牡牛")和爱·不花(意为"月亮牡牛")兄弟二人。两位王迎接了他们,盛情挽留他们留在当地传教。但是扫马和马忽思矢志不渝,两位王只好送上两匹乘骑以及黄金、白银和衣物等,为他们践行,隆重地送走了二人。

事情的原委,大概确实如此。然而这一珍稀《传记》的英译者、优秀的考证学者布治却做出了非常冷静的历史层面的判断。他指出《传记》中没有明确记载的事情,即大汗忽必烈不可能不牵涉这件事。具体地说,就是在二人前往西方时,应该有皇帝忽必烈所赐敕书(jarliq)和牌子(paiza)以保证他们的安全通行和特殊之旅。对此,完全同时代的巴儿·赫卜烈思的记述可以作为佐证。

巴儿·赫卜烈思是雅各布派神职人员，在旭烈兀兀鲁思与扫马和马忽思关系很近，他记载说这二人被从东方派来，是因为奉了大汗忽必烈之命要前往耶路撒冷。当时居住在蔑剌哈，熟知旭烈兀兀鲁思的动向和意图，又全面了解聂思脱里派教会内部情况的巴儿·赫卜烈思，还知道这二人如果没有帝王忽必烈所赐可保证一切特权的牌子，是不可能来到蔑剌哈的。

赫卜烈思用叙利亚语称这个牌子为 pukdane，说它是蒙古语 jarliq 的叙利亚语译语。就是说，二者都指敕书，亦即把文书化了的敕书和配套赐予的牌子理解为一对东西。应当说这一说法非常了解蒙古制度。赫卜烈思的记述以及布治基于此的判断，都非常具有说服力，笔者也表示赞同。

牌子 既是帝国内通行证，又是身份证。有金制、银制、铜制几种，此为银制牌子。长 29.5 厘米、宽 8.8 厘米

忽必烈时代的欧亚大陆

扫马和马忽思踏上旅程，是在 1276 年或 1277 年。当时，忽必烈继任第五代蒙古大汗已经过去十几年，正在扎实推进新型帝国的建设，又刚刚或即将几乎完好无损地收

198　　　　　　　　　　　　　　　　　　　蒙古帝国与其漫长的后世

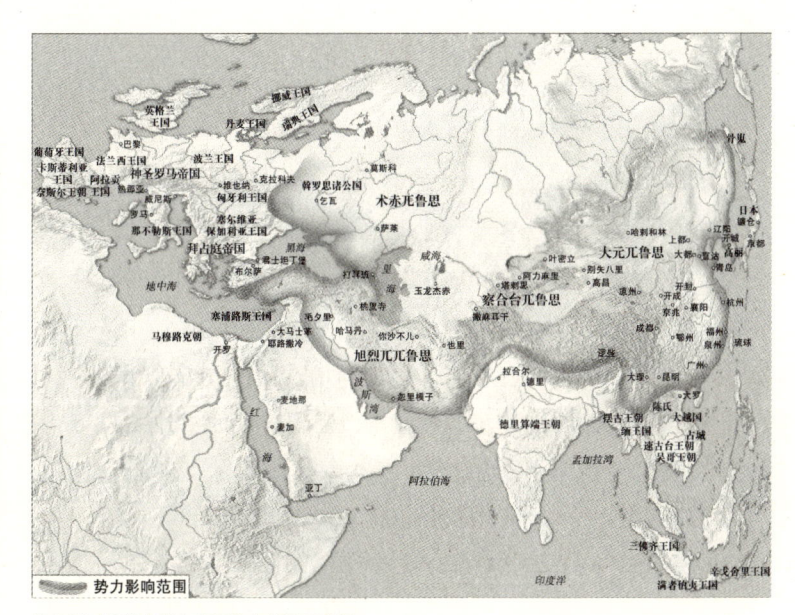

忽必烈时代整个蒙古帝国势力范围示意图

服久而未决的南宋国。向东方的领土扩张，显然已渡过了难关。海洋的世界展现在忽必烈的眼前。通过印度洋航线与旭烈兀兀鲁思进行联系也已成为可能。

问题仅在于陆路上的中亚方面的不安定。与以"大汗之达鲁花"自居的堂侄阿八哈进行陆路上的合作，成了最大的政治课题。与亡兄蒙哥所采取的形式不同，忽必烈当下正明确地开始展望和构想着更为切实长久的世界。

《雅八·阿罗诃三世传》没有确切记载忽必烈，是可以理解的。因为撰写此书的人是旭烈兀兀鲁思治下的聂思脱里派教徒。而且到了1317年以后，第八代君主完者都也去世了，此时正是其子不赛因当政时期。忽必烈的意图等，只能是遥远的记忆了。而更有可能的是，对于在旭烈兀兀鲁思每次动乱和政变时都被卷入政治漩涡，尝尽激烈斗争和变革之苦的"神圣法主"雅八·阿罗诃三世来说，记述其生平时，自然仅凭美好的宗教性来记录其旅程就可以了。

如果扫马和马忽思这两个出身汪古名门的人没有来到中东，不用说旭烈兀兀鲁思的宗教政策，就连其治下的聂思脱里派信徒们的生存状态，恐怕也会是相当不一样的。然而这究竟是不是一种幸运，也正是历史的难处所在。

宿命中的法主和雅八·阿罗诃三世

扫马和马忽思二人从唐兀地方（大致相当于现在的甘肃省）到达斡端，由于当地刚刚经历了被称作 Oko 的蒙古王与忽必烈的政府军的交战，Oko 带领残兵四处骚扰，所以二人被软禁了六个月左右。Oko 可能是指已故贵由的长子禾忽。二人经过可失哈耳，前往当时在塔剌思河畔宿营的中亚实力派人物海都处问安，获赐了保证路途安全的符牌。海都遵照忽必烈的圣旨，护送西行的二人上路。表面上的对立之外，蒙古的驿传体系依旧发挥着作用。

二人经过旭烈兀兀鲁思所领呼罗珊抵达阿塞拜疆，并准备进一步前往报达谒见聂思脱里派法主马儿·腆合。

恰好马儿·腆合当时正来到首都蔑剌哈，二人就此拜见，禀告说自己从大汗忽必烈的都城而来,目的是要去往耶路撒冷。接着,二人从报达前往旭烈兀兀鲁思君主阿八哈的大营,接受其敕书后向耶路撒冷出发。本想从亚美尼亚和谷儿只走海路,经黑海和地中海航线前往,但因谷儿只一线危险而不得已放弃。陆路方面,由于叙利亚一线也为马穆鲁克政权所控制而无法利用。法主遂任命返回来的马忽思为大都的大主教,任命扫马为巡视总监,准备将他们派往东方。他们暂时借住于埃尔比勒附近的圣米哈伊尔修道院,其间法

《元世祖出猎图轴》据传是出自刘贯道之手的这幅名画,描绘了六十五岁至七十岁之间的忽必烈皇帝及其近侍们狩猎时的情形。胖乎乎的忽必烈的形象和其他画像中的一致。其身后手持折叠华盖、脸部轮廓鲜明、留有白髯的人即速古儿赤(持华盖者),还有失宝赤(鹰匠),最前面的人背后蹲着一头猎豹似的野兽,还能看到狗的身影。还有显然是黑人似的两个人。可知忽必烈那些拥有各种职守的近侍是由多民族的人组成的,他们的服装似乎是带有金丝刺绣的五色只孙(色)服。而忽必烈的坐骑是一匹漂亮的黑马,类似的信息量非常多。至元十七年(1280),绢本着色,182.9厘米×104.1厘米,台北故宫博物院藏。并请参照卷首扉页

主马儿·腆合于1281年去世。当时马忽思碰巧在报达附近,于是赶去参加了他的葬礼,引出了继任的问题。

结果令人吃惊。当地的有关方面竟一致推举马忽思为新的法主。这当中政治方面的因素很大。选出身汪古贵族的马忽思,是考虑到他懂蒙古语,能够很好理解蒙古当权者的政策,而且熟

悉蒙古人的风俗习惯。当然，他们考虑到的是旭烈兀兀鲁思的统治者，不过二人为大汗忽必烈所派这一点也许是考虑因素之一。因为报达的法主不仅是旭烈兀兀鲁思庇护下教会组织的最高代表，而且是很久以来即广泛存在于亚洲东方的各种聂思脱里派信徒的长老。因此，很难否定旭烈兀兀鲁思和蒙古帝国同时受到关注之事。

马忽思断然谢绝，理由是自己教养不够、神学知识薄弱、缺乏辩论之才、不懂作为法主应掌握的叙利亚语，因此完全不能胜任。但无奈众望所归，他最终被实力派们说服。回到圣米哈伊尔修道院后，扫马也说应该以此乃神之旨意无法推托为由，现在立即一同去拜见旭烈兀兀鲁思的君主阿八哈以听从其决定，如果阿八哈赞同此事，则万事大吉。这一系列的过程，的确直接道出了聂思脱里派教会是如何重视与旭烈兀兀鲁思宫廷间的亲密关系并寻求其庇护的，以及他们认为只要有旭烈兀兀鲁思君主做后盾一切全不成问题的想法。

来到位于阿塞拜疆的阿八哈的幕营，阿八哈握住马忽思的手说："勇敢地去统治吧！神与你同在，将给予你支持。这是我的祝福。"然后把自己肩上披着的斗篷、自己坐着的玉座赐给了他，还赐给了他蒙古语叫作 šikür，即只有王和王族才允许使用的华盖。同时，还为即将成为新法主的马忽思颁发了金符和相当于委任状的敕书，并把前任法主马儿·腆合的印玺交给了他。这三件套的授予，是蒙古帝国统治时期通用于全境的形式，是通过委

列班·扫马和马忽思之旅

任所有组织和团体的高层来实施管理的做法，而这些组织和团体不问军事、政治、社会、文化和宗教等性质，都被视为一种政治势力。这证实旭烈兀兀鲁思也的确是处在蒙古体系当中的。

阿八哈所给予的这种殊遇，不仅反映出旭烈兀以来亲聂思脱里派的性质，而且反映出阿八哈充分意识到了可以说是蒙古统治层之一员的马忽思成为法主的政治意义。这与聂思脱里派实权者的目的以及扫马的看法是完全一致的。而且，这其中大概也包含对大汗忽必烈方面的考虑和示意。这样，马忽思当上了第五十八代法主，时年三十七岁，事在1281年11月。

然而，马忽思即雅八·阿罗诃三世的前途一路艰辛。当年冬天，阿八哈携宫廷至报达越冬。作为分配的各项经费，教会获得每年可征收三万第纳尔的限额。当时，以聂思脱里派为首的基督教的命运，似乎在蒙古的庇护下像鲜花般盛开着。但形势急转直

第六章　地中海和欧洲以及连接起来的东西方　　　　　　　　203

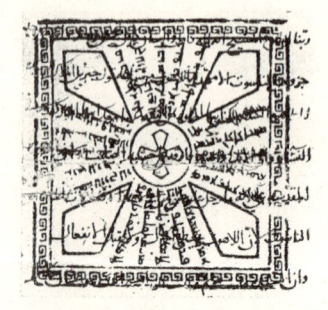

马儿·腆合的印玺 在皇帝蒙哥授予聂思脱里派法主的金印上覆刻了阿拉伯文。此印玺传给了雅八·阿罗诃三世

下。离开冬营地的阿八哈,于 1282 年 3 月 18 日抵达哈马丹后,因饮酒过量而精神错乱,于 4 月 1 日去世。二十五天之后,阿八哈的弟弟、政权支柱似的人物忙哥·帖木儿也在毛夕里去世了。二人都有被毒杀的可能。

如前所述,阿八哈的皇太子阿鲁浑当时按规定驻在呼罗珊。最终,阿八哈的弟弟帖古迭儿即位,改称阿合马,摆出了亲伊斯兰的架势。旭烈兀兀鲁思的亲基督教政策因此受到遏制,推戴雅八·阿罗诃三世的聂思脱里教会遭到迫害,法主本人也被诬告。两年后,阿鲁浑靠实力推翻阿合马,于 1284 年 8 月 11 日即位为旭烈兀兀鲁思第四代君主,随即再次向亲基督教方面转舵,雅八·阿罗诃三世得以复权,扫马也重新为阿鲁浑政权起用。

然而,雅八·阿罗诃三世后来在旭烈兀兀鲁思政权每次向伊斯兰教靠近时,都几经苦难和危险。至 1317 年 11 月 13 日去世,在担任法主的前后三十六年间,他目睹了阿八哈至不赛因共八代君主的交替。他的一生,真可谓世界史上罕见的尝尽变迁和沉浮的七十三年人生。

扫马的欧洲见闻录

即位为旭烈兀兀鲁思君主的阿鲁浑,在内政和外交上都实施了积极的政策。在财政改革方面,起用萨都倒剌,不管怎么说得到了一时喘息。在作为犹太人以及从阿鲁浑御医之位受到提拔这两点上,萨都倒剌都是合赞和完者都时期的拉施特的前辈。阿鲁浑本人信奉藏传佛教,却如前所述特别优待基督教徒。在这种背景下,为了制服叙利亚和巴勒斯坦,进而驱逐马穆鲁克政权,他开始寻求与欧洲和基督教诸国建立强有力的合作乃至军事同盟。

1287年,阿鲁浑向雅八·阿罗诃三世咨询可以托付这一重大使命的人选。雅八·阿罗诃从语言能力和人品角度,推荐了自己的老师列班·扫马。于是,阿鲁浑交给列班·扫马致希腊王和罗马王即所谓的拜占庭皇帝和罗马教皇的国书和敕书(蒙古语作jarliq,突厥语和波斯语作yarliq),以及送给欧洲各国国王的礼物,并赐给扫马本人两千米斯卡勒黄金(约合8.6公斤)、三十匹驿马和黄金牌子。扫马一行,除他本人,还选出了萨巴丁·阿里克温(蒙古语指聂思脱里派僧人的erke'ün,即也里可温),以及通译托马斯·阿方斯和乌凯托等数人,都是法主属下的优秀人士。

据《传记》记载,扫马等人首先走陆路,到达黑海南岸后改乘船只,几天之后在君士坦丁堡登陆。拜占庭皇帝安德努尼卡斯二世热情迎接,请他们一行人参观了圣索菲亚大教堂等各种建筑和圣墓。然后一行人乘船西去,驶向那不勒斯。途中,他们看到海上一座大火山喷发,白天吐出黑烟,夜里放出火光。还听说由于这座火山喷出的熔岩,任何人都不敢靠近,而这片海洋被称为意大利海,是非常可怕的海域,迄今已有几千人死在了这里的

圣索菲亚大教堂 建于伊斯坦布尔的拜占庭式建筑之杰作。在奥斯曼时期被改建为清真寺，称为阿亚·索菲亚

航程上。

这次火山的大喷发，指1287年6月18日发生的西西里岛埃特纳火山喷发，或是第勒尼安海上的斯特罗姆波利火山的喷发。作为显示扫马等人之旅及其相关记载十分准确可信的实例，这条记事历来多为人所知。接下来，扫马等人又会偶遇千载难逢的可见证历史的场景。这涉及史上著名的"西西里晚祷"的一系列政治变动。特别值得一提的是，他们亲眼目睹了此事最终的结局。

"西西里晚祷"的结局

扫马一行所乘坐的船只，在目击火山喷发之前或在其后穿过了墨西拿海峡，抵达那不勒斯港并登陆。以那里为首府的国王，《传记》记为 Irid Shardalo，就是那个圣路易的弟弟夏尔·安茹。回到法国的安茹，在神圣罗马皇帝腓特烈二世去世后，应反对派教皇方面之邀南下意大利，推翻腓特烈二世之子西西里王国的统治者曼弗雷德，于1266年当上了西西里王。他梦想将以那不勒斯为中心的南意大利和巴勒莫等西西里诸地作为根据地，建立起控制地中海中央区域、目标直指君士坦丁堡的地中海帝国，却因压制过重引起了西西里的反叛，那时正疲于应付。

《传记》记载说，对于前来那不勒斯王宫参拜的扫马，夏尔·安茹的款待非常丰厚。夏尔·安茹与 Irid Arkon 即抵达西西里的阿拉贡联合王国军队之间发生了海战，夏尔·安茹的军队分乘战船出击，被阿拉贡军大败，夏尔·安茹及其士兵一万两千人被歼灭，战船葬身海底。

这也是非常直白的记载。之前，困扰夏尔·安茹一方、进退自如的名将鲁杰罗·拉乌尔于6月23日秘密潜入对手的大本营那不勒斯湾，诱使夏尔·安茹的次子弗兰德伯爵罗伯特所指挥的战船出海作战。鲁杰罗再次发挥出令人吃惊的将才。他俘获了五千人所分乘的四十八艘桨帆船，包括主帅弗兰德伯爵、总司令官让·德·蒙福尔、儒安维尔伯爵等人，同时被俘的还有普罗旺斯和法国的多名贵族。夏尔·安茹的抱负，就此彻底破灭。这是发生在6月24日的事。围绕这一事件，涉及西洋史的说法大多依据斯蒂文·朗西曼的名著《西西里晚祷》。

据《传记》记载，在这一过程中，扫马一行大为震惊，纷纷爬上他们下榻房屋的屋顶，远观这场海战。他们感叹"法国人"的战斗精神，特别对于其不攻击非参战人员的举动心生感动。而行进至西西里的那不勒斯王国的派遣军，在听到战败的消息后停止战斗并投降。回望历史，1282年3月31日在西西里巴勒莫以晚祷的钟声为信号发起的叛乱，击碎了企图以罗马教廷为后盾掌控地中海的夏尔·安茹和法国人的统治。以此为契机，夺得西西里王位的阿拉贡联合王国大踏步兴起。扫马等人真真切切目睹了欧洲和地中海的转折。

在罗马和热那亚受到欢迎　　扫马等人一行，在偶然目睹了夏尔·安茹戏剧性的覆没后，骑马走陆路前往罗马。途中，他们听到了教皇洪诺留四世去世的消息。这位强势的教皇在不知那不勒斯海战和罗马教廷完败的情况下，已于4月3日在罗马去世了。扫马等人一到达罗马，就前往圣彼得大教堂，拜访了梵蒂冈。教皇去世后，由十二位红衣主教即枢机主教掌管着事务。当时，这些枢机主教围绕下任教皇的人选不断与其进行协商，但扫马坚持说："我们是作为阿鲁浑王和东方聂思脱里派法主的使臣来到这里的。"

之后，扫马和枢机主教们之间展开了种种问答。辩论也包含宗教方面的教义论争，被《雅八·阿罗诃三世传》以少有的饱含热情的笔触记录了下来。实际上，扫马和枢机主教们之间大概发生了相当激烈的讨论，对于《传记》的作者来说，罗马教廷与自己东方聂思脱里教会之间直接的面对面辩论，肯定是值得记载的事情。而对于阿鲁浑提出的建立军事同盟的建议，枢机主教们没有做出回复。扫马等人靠参观罗马城内外的教堂、修道院、名胜来打发时间，当听说新教皇产生之前不会给出回复之后，他们离开了罗马。

一行人向北而行，经过托斯卡纳地区大概即锡耶纳、佛罗伦

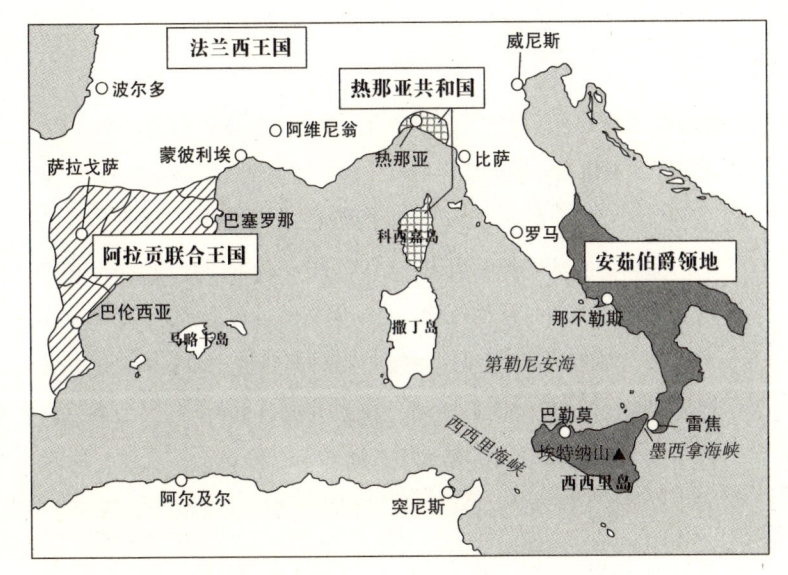

阿拉贡联合王国与"西西里晚祷"事件

萨、比萨等地，到达了热那亚。对于热那亚不设国王，选出伟人做首领的制度，扫马等人既感惊讶也予以了关注。选举制令他们很感兴趣。

热那亚和旭烈兀兀鲁思，已经保持着某种程度的联系。尤其是名为比斯卡莱的人很出名。他本是出身于热那亚的大商人，又是阿鲁浑身边的外交和通商顾问，还拥有担任蒙古传统的怯薛即昼夜守卫君主的亲卫队和宿卫组织中火儿赤（箭筒士）的资格。总之，他是身处阿鲁浑政权中枢的人。

因此，热那亚的人们自然会热烈欢迎扫马等人。对于试图进一步扩展东方贸易的热那亚来说，控制着中东东半部、善待基督教的旭烈兀兀鲁思，较之一直以来在黑海方面保持联系的北边的术赤兀鲁思更具魅力。他们认为扫马一行不是偶然到访热那亚的，是出于今后相互间交往的考虑而表示的敬意，因此做出了欢迎。

扫马等人从热那亚北上，访问了Onbar即伦巴第地区，然后前往法兰西王国的首都巴黎。这一期间的过程和路途，没有被记载下来。顺带说一下，据说列班·扫马的传记中没有利用其波斯语写成的"原文"。而且即便是在叙利亚语版的传记中，据说一些不重要之处被根据需要做了省略和简写处理。果真如此的话，对于现在我们看到的这部传记，就应该实事求是地来看待。

由巴黎至波尔多

《传记》明确说法兰西王国是个面积广阔的国家。国王腓力四世是那个圣路易的孙子，对于旭烈兀兀鲁思来说是最寄予希望的合作伙伴。法兰西国王也派出仪仗队整顿威仪，隆重迎接扫马使团进入巴黎城。在旅店休息了三天后，腓力四世邀请一行人进宫，盛情款待之余询问了他们的来意。

扫马回答说："我们是受阿鲁浑王和东方聂思脱里派法主派遣而来的，目的是了解耶路撒冷问题。"接着他尽己所知禀报了这一方面的所有情况，并呈上了不远万里带来的国书和礼物。腓力王回答说："听说蒙古人虽然还不都是基督徒，但是为了夺回耶路撒冷不惜与阿拉伯人作战。那么，我们基督徒自然应当更加努力。"作为基本意向，他并未拒绝合作和联动。

之后，扫马如愿获准参观大量珍贵的宝物、教堂和圣物，还游览了巴黎市内。《传记》特别记载说，在长达一个多月的留居期间，他们发现当时的巴黎光是接受宗教教育的学生就有三万多人。这些人在研究圣书和古典的同时，还研究哲学、雄辩术、医术、几何学、代数、算数、天文学等。而且，学费等一切费用均由国王负担。这样的记载仅见于此，说明扫马等人感到相当吃惊，觉得一定要记载下来不可。

终于到了要和巴黎告别的时候。据《传记》记载，腓力四世答复说："为了回应你们的主君阿鲁浑殿下，我从这里补派一员大官。"另据两年后比斯卡莱来到法国给腓力四世所呈阿鲁浑的蒙古命令文式的书信，实际上在分别时，法国国王和以列班·扫马为首的使节们相互约定了出兵埃及和叙利亚的事。这封书信，正是雷缪萨研究过的著名的那一件。反过来说，根据阿鲁浑这份重要的敕书，扫马等人的旅行和使命的细节也是可以得到证实的。腓力四世给即将离去的扫马送了礼物和昂贵的衣服，为他送行。

扫马等人的使节团，从巴黎前往法国领地的西南方向，为了拜见当时驻营于加斯科涅地区（Kasonia）的英国国王爱德华一世，终于在二十天的行程之后抵达了波尔多市。正如众所周知的那样，当时英国国王在法国境内保有大片领地。当时波尔多的人们问道："你们是什么人？"扫马等人回答说："我们从东方遥远的国度跨越山川、河流、大海、荒原、沙漠而来，是受蒙古君主派遣的人。"听了这些话,人们向英国国王做了禀报,爱德华一世非常高兴,邀请一行人来见。

扫马依例呈上阿鲁浑的国书、礼物以及法主的书信,讲起有关耶路撒冷问题的话题。爱德华一世说:"得知阿鲁浑王也有和我一样的想法,我意志更坚定了。"他令人为扫马举办了圣餐式的大典,国王等人都站立陪同,然后安排了特别盛大的宴会。扫马等人在结束教堂等处的参观、接受爱德华一世的礼物和大量旅费后,向东远行,回到了热那亚。《传记》没有记述这一期间的旅程,不能不说有些不自然。尽管如此,看来热那亚对于扫马等人来说是十分称心的地方,他们在那里度过了1287年的冬季。

旅行的结束,最终连接起来的东西方

就在冬天即将过去的时候,有一位大学者偶然从 Almadan 即德国的阿勒曼尼王国来到了热那亚。这个人在罗马教廷担任要职,正在前往罗马的途中。关于这位大学者,有人比对为耶路撒冷的约翰。当哈布斯堡家族第一代的德国国王鲁道夫就任神圣罗马帝国皇帝时,为了加冕典礼的准备工作,他于1286年到了德国。神圣罗马帝国和蒙古之间,从拔都西征时曾代表欧洲迫不得已应战的腓特烈二世,到终结其后长期虚位局面的鲁道夫一世等人,都有着直接和间接的关系。在哈布斯堡家族的历史上,奠定该家族领地之基础的鲁道夫也具有重要意义。

那位大学者听说扫马住在热那亚便来拜访,说:"听说您学识渊博、道德高尚，还要准备前往罗马，所以前来拜访。"扫马谢过之后陈述自己的使命说："由于过去了一年也没有选出新的教皇，我即便回去又如何向蒙古的君王和臣民禀报？本应实施夺回耶路撒冷之举的基督徒们似乎搁置了此事，不知如何是好？"于是那位大学者保证说，自己会前往罗马向教廷的枢机主教们做传达，尽力按扫马的意思去做。不过当他抵达罗马时，新教皇尼古拉四世已于1288年2月20日当选。扫马等人随即受到邀请。

扫马一行人经过十五天的路程，来到了罗马教廷。他们到达后才知新教皇就是扫马初来教廷时与之交谈过的枢机主教。此后，事情进展顺利。对于呈上国书和礼物后在罗马教廷内受到的盛情款待、特殊的礼遇，以及东西方两教会间的交流、各种各样的仪式等，《传记》不惜笔墨地做了记载。不久后，扫马提出要回国，尼古拉四世挽留他继续住在罗马，但扫马以有责任向蒙古的君王和臣民汇报现在的情况为由谢绝了。于是，教皇将圣物中的一部分赐予了他。教皇为法主雅八·阿罗诃三世和扫马分别颁发了教皇敕书，转交了送给阿鲁浑的礼物，还给了扫马一千五百米斯卡勒的黄金作旅费，送他上路。

沿着来路，扫马一行回到了旭烈兀兀鲁思。扫马等人为阿鲁浑献上了教皇和各国国王委托带回的国书、文书和礼物，然后详细汇报了欧洲的局势和各种见闻。阿鲁浑大喜，犒劳了一行的全体人员，当即将扫马留在了自己身边。扫马请来雅八·阿罗诃三世，转交了罗马教皇的礼物，法主也承诺在宫廷门前建造教堂。

总之，阿鲁浑欲将扫马不仅作为宗教方面而且是政治和外交方面的顾问，而扫马试图借助雅八·阿罗诃三世所带领的聂思脱里派教团，明确地与阿鲁浑政权保持特殊的一体关系。

此次旅行的来龙去脉，大致如此。如果用波斯语记录撰写的扫马《传记》的"原文"能够存留下来，不禁让人想象那究竟会是什么样的呢？目前可以利用到的"叙利亚语版"，毕竟是一种简编，也基本上没有记述什么危险的事和机密的事。旭烈兀兀鲁思欧洲外交的"真实内容"，被严严实实地回避了。

就是说，在任何情况下都绝不会明确记录会谈方面的结论。关于国家制定的决策，即便是已经明了的事也不会被记录下来，这是聂思脱里教会的一贯做法。这或许可以视为该教会欲自保的一种"巧妙智慧"。但不管怎样，以《扫马传》为名的叙利亚语版，毕竟为1317年以后即第九代君主不赛因统治时期或其后的时期准确地提供了"时间性"。

扫马的游记和《史集》第二部即世界史中的《拂朗史》一道，作为东方人眼中的欧洲形象，成为世界史上珍贵的一笔。二者都是真正用蒙古的眼光来捕捉和描写的，与伊斯兰文献所记载的内容大相径庭。当然，《拂朗史》是以13世纪下半叶多明我会修道士马丁·特罗保或马丁内斯·波罗乃兹的编年史为范本，在其基础上汇集了更多各种各样的信息和见识。前文已经谈及，不能绝对说《史集》就出自穆斯林史家之手。起码，合赞和完者都等人无疑在其中起了主导作用。严格地说，《拂朗史》是以欧洲

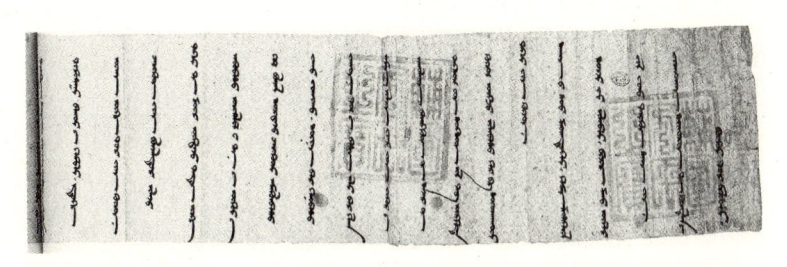

阿鲁浑致腓力四世的书信 旭烈兀兀鲁思的君主在书信中建议法国国王共同进攻巴勒斯坦和叙利亚。图为书信局部,畏吾体蒙古文所写蒙古语。法国国家档案馆藏

和伊斯兰双方的资料为基础,用蒙古的视角整合修订而成的合成品。而扫马的游记正纯粹反映了东方、亚洲和蒙古所传达的欧洲的形象。

作为扫马使团相关实物的佐证,留有多件罗马教皇尼古拉四世托付扫马转交的书信。包括致交涉对象旭烈兀兀鲁思的君主阿鲁浑的书信、致鞑靼王后即已故阿八哈的正后秃乞台(Toukdan)的书信、致法主雅八·阿罗诃三世的书信等,时间落款均为1288年4月。

以扫马使团为开端,其后阿鲁浑陆续向欧洲派出了使臣。欧洲一方也向东方送出了传教士团,结果之一就是使阿鲁浑的国书和尼古拉斯四世写给大汗忽必烈的书信等物分别流传了下来。其中,前述比斯卡莱于1289年逐一造访了罗马教皇、法国国王、英国国王,于1290年1月5日抵达伦敦。留存至今的许多双方的国书和文书等,对于蒙古帝国史的研究来说历来都是合适的对象。

这种超越国家层面之上的东西方持续且双边的往来和协调

第六章 地中海和欧洲以及连接起来的东西方

关系，可以说首次开启了世界史之门，在这一点上扫马使团所具意义与之前的卡尔平尼、野里只吉带的使者、卢布鲁克等人是大不相同的。蒙古帝国和欧洲，此后相互之间不断加深了解、逐渐靠近。列班·扫马没能看到合赞即位后旭烈兀兀鲁思的变化，便于1294年去世，走完了穿越欧亚大陆的人生。而继续活在人世的雅八·阿罗诃三世，因合赞亲近伊斯兰教而备尝苦难，又度过了二十三年的岁月。

地图再次发声

正如在第二章已经谈到的那样，大约自13世纪末开始，地中海和欧洲发生了急速的变化。具体来说，就是经历了夏尔·安茹的覆没、阿拉贡联合王国的兴起、旭烈兀兀鲁思与欧洲的合作，以及随之出现的通商和通好的活跃之后，不断发生着大的变化。由于地中海常常是难以预测的危险海域，因此面对何处存在什么、如何能够抵达目的地等问题，现实的各种实践经验和知识就受到欢迎，以图显示被提上议事日程。

Portolano 即涉及港口的海图，出现于以1300年及其前后为界这一象征性的时期。反映神学世界观的"T-O图"式的世界图逐渐消失，合理性的地图从北部意大利流传开来。这是世界观方面戏剧性的变化。1304年蒙古帝国的东西方和合，以及其后人员、物资和信息的东西方大交流所带来的非欧—欧亚大陆的一体化，给以意大利为中心的欧洲带来了经济、文化的大繁荣和自由的精神，产生出了"文艺复兴"。一时间，这也促进了地图的"进化"。

人们眼中所见地图描绘方式的鲜明变化，反映着时代和现实社会的转折。显示欧洲变化的划时代的《卡塔兰地图》，能于1371年至1375年间在建立地中海帝国的阿拉贡联合王国领地内的马略卡岛制成，是很自然的事。这里特别值得注意的是，应当倾听来自东方的"混一图"的声音。如前所述，西方的《卡塔兰地图》是代表欧洲最高水平的地图，与之相比，东方的《混一疆理历代国都之图》，不过是朝鲜王朝按照自己的实情，将两种完全不同的"民间"水准的非常粗糙的地图拼接而成的。进一步照实说，如果认为流传至今的一批"混一图"源自明确为蒙古帝国所制的"世界图"，那么适合称其为落魄的结局或最后的"残影"。

然而，即便如此，其中仍有某种令人吃惊的东西隐约可见。"混一图"所反映的欧洲的信息当中，较少涉及意大利和法国，所列举的那些地名，例如巴勒莫、那不勒斯、塔兰托、罗马、阿维尼昂、巴黎等，令人联想到扫马等人的旅行路线。而且，还有可判断为今天德国的阿勒曼尼，以及可视为阿基坦的不完整记

T-O图的例子　所示为亚洲、欧洲、利比亚（非洲）。制于11世纪

写。特别是当为德国的阿勒曼尼和相当于加斯科涅的阿基坦的相关信息，夯实了扫马使团的身影。

　　当然，这些还仅限于推测。可是，尽管我们能理解"混一图"在与阿拉贡联合王国有直接关系的伊比利亚地区记录详细，但感觉离奇的是，在仅记载了极少几个地名的意大利、法兰西地区却存在与扫马传记所载相重合之处，这究竟为何呢，其谜底恐怕要留到后世了。

第七章

"女婿大人"们的欧亚大陆

超越时空的成吉思汗家族血统的神圣性及其记忆

作为权力、权威、合法性之证明的帝王形象

正如已经诸般论述到的那样,在 13 世纪和 14 世纪统治大半个欧亚大陆的超大地域的蒙古世界帝国,在人类历史上的确是划时代的。东起日本海,西至多瑙河河口、小亚细亚高原和东地中海沿岸,以成吉思汗为始祖的血统和王统,作为帝室和王族在各地不断形成各种存在方式和水平上的政权和领地,因地而异,虽时间长短不一,但整体上至少在大约两个世纪内作为欧亚大陆一体的统治层实施了统治。这样的状况,空前绝后。

所呈现出的是:统治蒙古这一前所未有广阔地域的事实,由此创建起来的东西方一体的统治体系,蒙古语称作 Altan Uruq

（黄金家族）的帝王、君王、王侯们的权力和权威，以及随之逐渐形成的对于成吉思汗之血统的超越时空的崇敬之心。

蒙古统治的岁月，除了实际上很容易看到的统治体系和国家权力的形式、文明或文化方面明显的一体化等确凿的历史遗产外，还将强烈的帝王形象及其记忆刻印在了欧亚大陆各地。这不仅在亚洲东方各地，而且在伊朗和中东地区，甚至在被认为是讨厌蒙古的俄罗斯地区，也持续得到了继承。这件事本身，可以说是贯穿时代的世界史水平上的历史现象。

其中，在广义上的内陆亚洲或中央欧亚大陆的各个地区，蒙古时代以后的帝王或者王者们，会以某种形式将其权力、权威、统治的合法性及其根源归结到从前蒙古帝国及其创建者成吉思汗的身上。这可以说是所谓"后蒙古时代"中明显的动向和潮流。

其根源是，如果不这样做，自己的王位和权力就得不到政治传统、政治风气和结构，以及应称之为下意识的舆论和观念的支持，它们贯穿大大小小的地区社会，遍布欧亚大陆的中央区域。当时真切的现实就是如此。这样的时代的确存在于蒙古时代的延长线上，视"蒙古的遗产"为当然，继续着新的发展。

不称汗的帝国

从蒙古帝国衍生的国家和政权，各式各样。例如，14世纪下半叶以河中地为大本营出现的帖木儿及其后继者的政权，是完全可以称为"帝国"的。帖木儿帝国处在后蒙古时代的开端，放射出异样的光辉。

其后，西方和北方的领土已无法维持而逐渐萎缩，而且多呈现为缺乏统一的状况。

稍作回溯，在整个蒙古世界帝国当中最晚确立于中亚的察合台兀鲁思，其中央机构原本并不健全。当奠基者都哇及其众多子嗣接连继承王位又相继去世，向心力只得一步步失去。

在这种分立和细分化的高潮中，察合台系后裔秃忽鲁·帖木儿首先从以察合台兀鲁思东半部地区谢米列

帖木儿肖像 据说为苏联科学院人类学研究所根据出土于撒马尔罕的帖木儿陵庙的帖木儿头盖骨复原

契、天山地区和塔里木盆地为领地的所谓蒙兀儿斯坦（意为蒙古之地）兴起，一时间显示出再度统一察合台兀鲁思这一"聚合体"的态势。但是没过多久，秃忽鲁·帖木儿的霸权就随着他的去世而迅速衰微下去。在此期间，从察合台兀鲁思西半部地区兴起的是帖木儿，通称Tīmūr，该词源于阿拉伯文的写法，本来的发音是Temür。

帖木儿追随成吉思汗后裔秃忽鲁·帖木儿，在一段时期内协助其成就霸业，并在此过程中不知不觉获得出头契机，除初期之外基本上没有踏入锡尔河以东，具体说即讹答剌以东地区，而是以锡尔河以南地区作为自己主要的活动区域。他打着蒙古的旗帜，凭实力绥服了陷于混沌状态的河中地至呼罗珊一带，又向旭

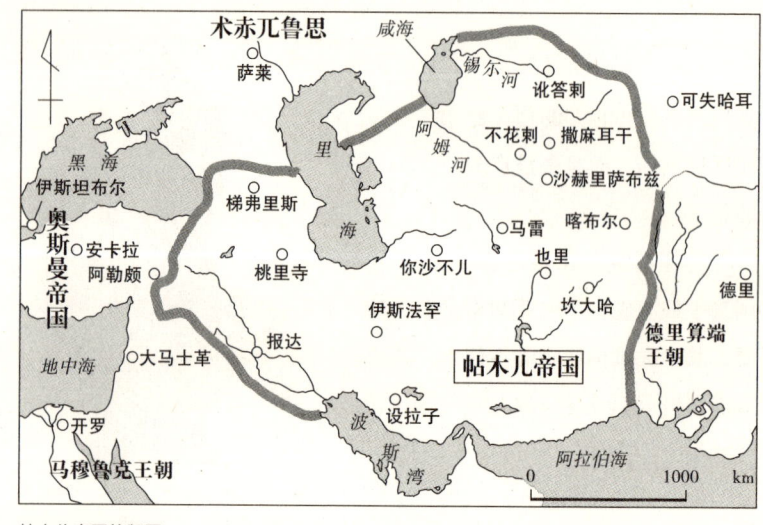

帖木儿帝国的版图

烈兀兀鲁思解体后的伊朗中心地区至阿塞拜疆一带进发,并进一步远征小亚细亚和叙利亚。

另一方面,帖木儿扶持术赤兀鲁思左翼(突厥语作 Aq Ordu,译作"白帐汗国"等)之主脱脱迷失,后者是成吉思汗后裔,又是斡儿答兀鲁思的首领,试图重新统一正陷于分裂状态的术赤兀鲁思。但随后与之相争,向北进军至钦察草原。同时,帖木儿继承察合台兀鲁思时期开始的南进印度之策,把手向南伸向德里算端政权及其统治下的忻都斯坦平原。1402 年,在现今土耳其共和国安卡拉近郊击败了正在兴起的奥斯曼政权,俘获了其君主巴耶塞特,一度将其推入灭亡的深渊。帖木儿以亚洲西半部为舞台大范围展开的惊人举动,使他称得上是中央欧亚大陆所产生的最后的"霸王"。

然而,他本人不用说做"合罕"了,一生中连"汗"都没有称过一次。蒙古时代正式的形式是,"合罕"之称只用于全蒙古的帝王(忽必烈以后仅限于大元兀鲁思的皇帝),而"汗"仅分别用于西北欧亚大陆的术赤兀鲁思、中亚的察合台兀鲁思、伊朗中东地区的旭烈兀兀鲁思等三兀鲁思的历代君主。如果说此前一直遵从了这一传统、观念和框架,那么现在的帖木儿无论如何也只能遵从。

与脱脱迷失之战 与试图重新统一术赤兀鲁思的脱脱迷失交战中的帖木儿(左图)。近侍举着张开的华盖(右图)

"女婿大人"帖木儿

1336年出生于渴石(今乌兹别克斯坦沙赫里萨布兹)郊外的帖木儿,尽管在语言和生活等方面已经突厥化,但他却出身蒙古统治层中的八鲁剌思这一强势部族集团。在后述蒙古祖源传说中,成吉思汗五世祖屯必乃这一假想似的人物,被说成是帖木儿所出身的八鲁剌思部与成吉思汗家族的共同祖先。作为可以实际确认的史实,成吉思汗的称霸过程中曾有一位名叫哈喇察儿的该部人出现,分管着蒙古新国家中的一翼。

此外，作为哈喇察儿嫡支的八鲁剌思部首领一系，在成吉思汗分封家族兀鲁思之时，被指名为分给次子察合台的四个千户（波斯语作 hizāra，蒙古语作 mingqan）之首，使其在后来经历了发展、分裂、再度统一等复杂过程的察合台兀鲁思这一集团中，一直处于世袭家臣之首或者是门阀贵族的最高层。14世纪初，在整合为半独立形式的不折不扣的察合台兀鲁思中，除开成吉思汗后裔的王族们，这一支本是屈指可数的门第。

就是说，帖木儿显然是蒙古贵族的后裔，尽管其先祖部落被认为没落了，但从血统上讲他绝非凡夫俗子。不容忽视的是，在其作为时代风云人物活跃的背景中，有着重视血统、出身和门第的蒙古的价值观。帖木儿尊重并沿用了蒙古的制度，例如，奉行被认为是成吉思汗制定的军律（yasa），重大国事通过召开忽里台（大集会）来协商决定。不仅如此，帖木儿政权在各个方面都遵行了蒙古以来的做法。不妨说，帖木儿帝国这一政权在组织、运作和实施等硬的方面，很大程度上都和蒙古帝国处于同一系列的框架中。

他不称"汗"，其后继者也一贯如此。原因首先在于帖木儿不具有成吉思汗家族的血统，反过来说就是，帖木儿及其后人如果称"汗"，那么帖木儿政权就有可能动摇甚至毁灭，至少会加剧这种威胁和恐惧。成吉思汗家族的血统，意义就是如此重要。可以说，这种情形和观念尤其左右着中亚的人心。帖木儿及其后继者，在这一点上不能不敏感和慎重。

那么,帖木儿是怎么做的呢?他首先将成吉思汗后裔蒙古王子昔兀儿海迷失扶立为名义上的汗。然后,他自己迎娶了成吉思汗王族中拥有直系血脉的察合台后裔萨莱·穆勒克·哈努姆(Sarāy Mulk Khānum)公主为正后。帖木儿由此成为了成吉思汗家族的 köräkän(突厥语,蒙古语作 küregen)即"女婿",称"埃米尔·帖木儿·古列坚"。

阿拉伯语、波斯语的 amīr 一词,当指相当于"长"的人,当时实际上是指"武将"和"司令官"等相当于军事指挥官的"将帅",这一词还广义地用作相当于"大人"的敬称。总之,帖木儿是称"女婿将帅帖木儿"或"女婿大人帖木儿"的。

二重王权的新方式　现有帖木儿政权自己编纂的波斯语世系谱《贵显世系》(*Mu'izz al-Ansāb*)存世。不好意思可能要稍微费些口舌,在传世的几种写本中,巴黎的法国国家图书馆东方写本部藏本可以说是在帖木儿之子沙哈鲁统治时期编纂完成的几近"原本"的本子。这里根据这一本子进行讲述。

在这个"巴黎本"中,以图表自豪地显示着成吉思汗家族和帖木儿家族之间的关系。根据这一图式,昔兀儿海迷失是成吉思汗第三子即第二代大汗窝阔台的后裔,最终却沦为其旁支的旁支。他的父亲答失蛮察,早在帖木儿之前就被西突厥斯坦的实权人物埃米尔·加兹罕扶立为察合台兀鲁思的君主。总之,是个适合

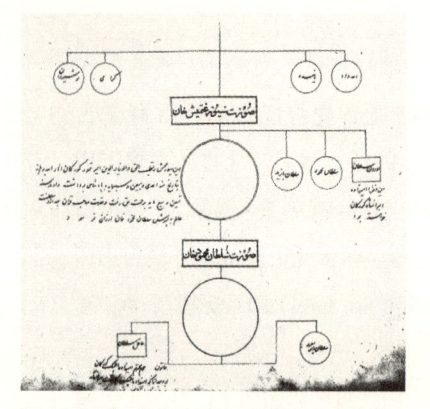

《贵显世系》 帖木儿政权所编纂的世系谱的一部分。上半部以大圆形表示的是昔兀儿海迷失。其左侧的注文中记载说他是埃米尔·帖木儿·古列坚即"女婿殿下帖木儿"的傀儡

推举的人选。当时,两代君主皆为傀儡,且出自非察合台兀鲁思"正统"的窝阔台系,这些对于做傀儡倒是合适的。

就是说,帖木儿借鉴了加兹罕的故用伎俩。这种做法不是帖木儿的独创。直言不讳地说,帖木儿这个英雄并不给人一种多么精明或换句话说"狡猾"的感觉。总体来说,他那极度刚直、武断以至于为族人所背叛的形象是无法否定的。当然,这毕竟只是就形象而言。

帖木儿家族,在傀儡"汗"的名义下,于政治上始终保持第二的地位,同时通过迎娶成吉思汗家族的女性而成为"女婿"的方式,与成吉思汗家族"血统"的神圣性挂上钩。他们在现实中握有实权,但名义上是成吉思汗家族的辅佐官,以这样的"集团幻想"来获取"实利"。

对照日本史来说,这种情况容易让人联想到天皇和将军、将军和管领,以及几乎同时期的足利将军、幕府和管领这些实权者之间的关系。与此相关,"管领"这一用语和概念本身,是直接从蒙古时代的大陆引入的,对此日本史研究宜给予更进一步

的认识。顺带说一句，包括镰仓、室町这样的时代划分在内，所谓日本史、东洋史等学科的划分，有时会随意制造出虚无的幻影。按照固定想法为历史设置障碍，没有比这更有弊无利、更无聊的事了。

当时的整个蒙古帝国已经进入了解体期，从前那样占绝对优势的政治力量和军事影响力正在迅速衰微。不过共识一旦形成，它的根深蒂固是可怕的。从后世向前回溯，今人不解为何会是如此的问题，对于生活在当时的人们来说似乎颇具意义。这样的事情和事例，在人类史上恐怕是不胜枚举的。即使在这一点上，蒙古帝国和成吉思汗家族的权威也是与现实分离的。在那个世界里，身为"王"的人必须是成吉思汗家族的后裔。

这样做，自然有很多实际上的好处。不管怎么说，如果将成吉思汗家族出身的人推上前台，就可以在其权威和神圣形象下，使原来资格远在帖木儿之上的诸王侯和资格相同的部族首领、地方豪强不得不服从他。只要履行了这样的"手续"，无论什么样的说法都可以轻易排解，在进攻周边地区时也可以打出复兴成吉思汗家族的旗号。其结果是，散居于中央欧亚大陆的蒙古帝国以来各种各样的家族和武士，以及众多的游牧民部落都投顺到帖木儿麾下，拥护其军事行动、统治和管理。

继承两种血统的王权

第一代君主帖木儿所采用的这种做法，原封不动地为后世的帖木儿王朝诸君主

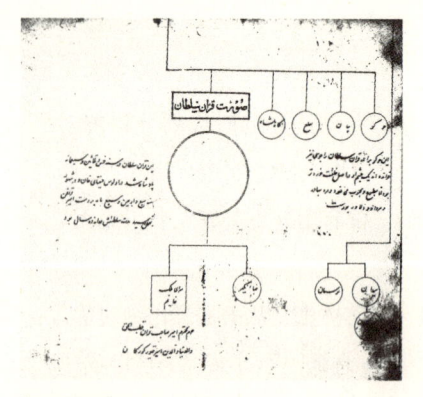

《贵显世系》 大圆形表示察合台王家的合赞算端，其左下方的方框表示他的女儿萨莱·穆勒克·哈努姆（Sarāy Mulk Khānum），注明为埃米尔·帖木儿·古列坚的夫人

所继承。傀儡汗昔兀儿海迷失去世后，其子算端麻哈没的即位，帖木儿的继承人们始终扶立成吉思汗后裔为汗，从母系一方保持着成吉思汗家族（察合台系、窝阔台系之外还见有术赤系）的"血统"，从夫人一方保持着中华式用语所说的"驸马家族"（皇帝的女婿家门）的名分。

这样的情形，使人联想到蒙古帝国时代的弘吉剌、亦乞列思、汪古、斡亦剌等"驸马家族"或"驸马王国"，这些家族以拥有理所当然固有的领地、属民、军事实力和经济实力，与蒙古帝室完全合为一体，共同分享繁荣富贵而著名。这些家族在旭烈兀兀鲁思、术赤兀鲁思乃至察合台兀鲁思形成了很多支系和领地，与大元兀鲁思统治时期几乎一样，在那里各自成了君主家族的"驸马"。顺带说一句，忽必烈即位以后的高丽国及其王室，其情况可以说也与此相当。

凭着这种独特的身份，紧傍各兀鲁思政权的大小封王们，都被以前述蒙古语的"古列坚"相称。埃米尔·帖木儿·古列坚这一称呼及其构想，不过是活用了蒙古时代普遍存在的方式。总之，帖木儿是蒙古时代以后相当广泛存在的众多"女婿大人"中的一人，或说是其中的一个新人。

帖木儿政权在成吉思汗及其血统中寻求的自身"王权"的根据、将自己和蒙古"王权"以双重形象看待的确凿证据，正是前述的《贵显世系》。这部世系谱采用两段式书写结构，即前半部分为成吉思汗家族，后半部分为帖木儿家族，其意义的确不难理解。帖木儿朝这一"王权"，不仅在现实的国家体系中，而且在"王"的权威和神圣性方面，以及统治的合法性

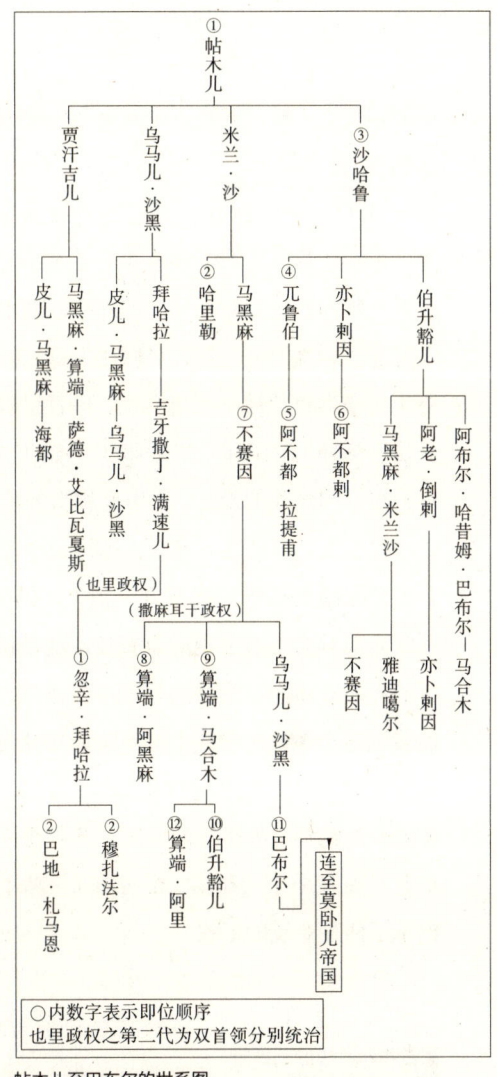

①帖木儿
├─ 贾汗吉儿
│ ├─ 皮儿·马黑麻
│ └─ 马黑麻·算端—萨德·艾比瓦夏斯—海都
├─ 乌马儿·沙黑
│ ├─ 皮儿·马黑麻—乌马儿·沙黑
│ └─ 拜哈拉—吉牙撒丁·满速儿
│   （也里政权）
│   ├─ ①忽辛·拜哈拉
│   │   └─ ②巴地·札马恩
│   └─ ②穆扎法尔
├─ 米兰·沙
│ ├─ ②哈里勒
│ └─ 马黑麻
│   （撒麻耳干政权）
│   ⑦不赛因
│   ├─ ⑧算端·阿黑麻
│   ├─ ⑨算端·马合木
│   └─ 乌马儿·沙黑—⑩伯升豁儿
│   └─ ⑪巴布尔──连至莫卧儿帝国
└─ ③沙哈鲁
   ├─ ④兀鲁伯
   │   └─ ⑤阿不都·拉提甫
   ├─ 亦卜剌因
   │   └─ ⑥阿不都剌
   └─ 伯升豁儿
       ├─ 阿老·倒剌
       │   └─ 亦卜剌因
       ├─ 马黑麻·米兰沙
       │   └─ 雅迪噶尔
       │   └─ 不赛因
       └─ 阿布尔·哈昔姆·巴布尔—马合木

○内数字表示即位顺序
也里政权之第二代为双首领分别统治

帖木儿至巴布尔的世系图

根据和理由方面,都可以说基本上与蒙古帝国及成吉思汗家族构成了"二重王权"。

另外值得注意的是,这一独特的世系谱除现藏巴黎法国国家图书馆的优质写本外,还有莫卧儿帝国时期抄写于印度的三个本子为人所知。正如众所周知的那样,帖木儿帝国最后的君主巴布尔所建立的莫卧儿帝国,可以视为第二帖木儿帝国。首先,在那一时期该书也曾被抄写过几次,一直得到了保护。其次,被认为反映了莫卧儿帝国建立以后印度方面的政治因素和势力关系的补写、改订和删除的地方,书中也相当多见。

这表明,即使是在莫卧儿帝国统治时期,对于蒙古帝国和成吉思汗血统的尊重和在意并未消失,仍然保持着生命力。那么,其意义即具有不容忽视的重要性。就是说,成为王、君主、统治者的人,必须拥有贯穿时空的尊贵血统,而且将自己以某种形式连接到该世系的延伸线上,才能证实其为贵种。

总之,帖木儿帝国的君主和王族们,同时继承了成吉思汗和帖木儿这两位"英雄"的血统。莫卧儿帝国的君主和王族自然也如此。在整个第一和第二帝国期间,帖木儿和莫卧儿的王统都是继承了两种血统的王权。

蒙古和斡罗思的三百年

不经意联想到与此颇为相似的事例,即下文将要讲述的蒙古和斡罗思之间"王权"的联动。

术赤兀鲁思对包括斡罗思即俄罗斯在内的西北欧亚大陆的全面统治，是非常宽松的，大约持续了一个半世纪。至1380年，术赤兀鲁思的实力人物马买率领的蒙古军，在顿河附近被莫斯科的德米特里统率的斡罗思联军击败。此次库里科沃战役的胜利，颠覆了蒙古不可战胜的神话。被赞誉为"顿河的德米特里"（Дмитрий Донской）的他，成为统一斡罗思和对抗蒙古的中心人物。

不过两年之后，推翻马买的前述白帐汗国的脱脱迷失大举西进，扫荡了斡罗思，莫斯科被付之一炬，术赤兀鲁思的间接统治即刻恢复。俄罗斯史当中过分强调库里科沃战役的心情是可以理解的，但作为史实还是稍微有些出入。在蒙古的认可之下作为莫斯科大公的形式依然和往常一样，但斡罗思对蒙古的姿态从此开始逐渐发生变化。

大的动荡，倒不如说是从蒙古一方开始的。前述脱脱迷失，凭借帖木儿的支援重新统一了术赤兀鲁思，但是从1389年左右开始双方的对立加深，至1395年在捷列克河畔惨败于再度来征的帖木儿，逃往当时强大的立陶宛。帖木儿破坏了整个术赤兀鲁思的中心区域伏尔加河下游一带以及首都萨莱城。这最终成为一个大的分水岭。

其后，术赤家族的凝聚力减弱，在术赤兀鲁思"右翼"的核心政治权力即从前的拔都兀鲁思境内，除了凭借正统家族出身继任的大帐汗国，克里米亚于1430年、喀山于1445年、阿斯特拉罕于1464年分别独立。此外，在乌拉尔山以南有诺盖汗国，以东有拔都之弟昔班所创建的蓝帐汗国（Kük Ordu）等兀鲁思，还有失必儿汗国等，所谓"汗国"的割据已成定局。术赤兀鲁思这一大的联合体，已经不具备作为一个国家的实体了。广义上作为"蒙古"的帖木儿，客观上给斡罗思带来了好运。

顺带说一下，昔班兀鲁思的属民不知不觉间被称作了乌兹别克，从阿布海尔至其孙穆罕默德·昔班尼时期，在16世纪初推翻帖木儿帝国，在河中地和呼罗珊建立了名为"昔班尼"（Shaybān，为突厥语和蒙古语 Šiban 的波斯语和阿拉伯语式的发音）的政权。另外，本书开头部分所述1920年消亡的两个中亚蒙古帝国的残影当中，布哈拉名义上继承了后述阿斯特拉罕末代君主逃亡乌兹别克后的政权，另一个即希瓦也属于乌兹别克国家系统。

与蒙古方面的动向成反比，莫斯科对斡罗思诸国的霸权得以稳步确立。如果仅依据以往俄罗斯方面的记载，容易使人以为是伊凡三世把俄罗斯从蒙古的统治下解放了出来。

的确，伊凡三世于1462年当上莫斯科大公，曾吞并诺夫哥罗德、特维尔、也烈赞、罗斯托夫、普斯科夫等公国和城市。他于1472年与二十年前被奥斯曼帝国所灭之拜占庭的末代皇帝康斯坦丁十一世的女儿索菲亚（Zoe Palaiologina）再婚，作为拜占庭帝国（东罗马帝国）的继承人，摆出拥护希腊正教的姿态，是一位实力相当强的君主。但是即便如此，他也不得不承认蒙古的

"宗主权"。此前，往往多见所谓斡罗思与蒙古的对抗图式，然而事实上是两者在各自独立和相互平衡之中，形成了一种可以说是整体上宽松的体系，缓慢推移着时光。莫斯科的兴起，实际上也是一个非常缓慢的过程。

蒙古一方名义上的"宗家"大帐汗国，在阿黑麻时期气势一度复苏。但它却在乌格拉河畔与莫斯科军队长期对峙之后，于1480年一无所获地撤退了。有观点认为这是前述"鞑靼之轭"的终结。然而，大帐汗国一直存在至1502年首都萨莱被克里米亚攻陷之时。本应彻底衰微了的术赤兀鲁思势力，还曾于1521年击溃过莫斯科军队，再次使其归顺。只是，那已是最后的余晖了。总之，蒙古一方的分裂和衰退已不可否认地逐步加深，在这种状态中走到了16世纪中叶。

重合的蒙古和斡罗思的"王权"

被视为一举扭转这一危急局势、奠定后来俄罗斯帝国之基础的人，是以"雷帝"之名著称的伊凡四世。在1533年父亲瓦西里三世去世之后，他年仅三岁即成为莫斯科大公，经历了母亲叶莲娜摄政的五年和其后因贵族统治造成的混乱期，于1547年十六岁时作为历史上最初的"沙皇"举行了加冕典礼，开始亲政。在五年后的1552年，他亲率大军攻陷喀山，杀死所有男性，将女性掳为俘虏。

1556年，因惧怕喀山的悲剧重演，阿斯特拉罕不战而降。

喀山要塞 杜兰德绘于 1845 年。选自植田树《哥萨克之俄罗斯》(中央公论新社，2000 年)

伊凡四世 雷帝。俄罗斯帝国的奠基者

由于吞并了两个强大的汗国、平服了伏尔加河流域，斡罗思东进之路由此打开。不久，斡罗思即一鼓作气向包括乌拉尔山东麓的失必儿汗国在内的西伯利亚大地挺进，一路如入无人之境。斡罗思的欧亚大陆化乃至走向庞大帝国之路开始了。

然而，使俄罗斯历史发生大转折的伊凡四世，实际上居然和蒙古有着很深的渊源。他的母亲是术赤兀鲁思曾经的实力人物马买的直系后裔，而且他迎娶的第二任妻子玛利亚·捷姆鲁戈夫娜正是术赤一系王族的后裔。与他在加冕典礼后不久成婚的安纳斯塔西娅已于 1560 年去世。就是说，伊凡四世的母亲和妻子都出身响当当的蒙古名门，他本人也拥有一半的蒙古血统。

从蒙古方面来看，伊凡四世及其父亲正是"女婿"，可谓女婿的莫斯科。这说明了一个问题。总之，在蒙古和斡罗思王室之间，存在令人联想起帖木儿帝国的那种"血统"合作。此外，还应特别注意下述有名的事件。

1575 年，伊凡四世突然退位，让位于谢苗·别克布拉托维奇。

具体情形是，伊凡四世以谢苗为"全斡罗思之大公"，他自己仅称"莫斯科大公"。尽管在第二年立即复了位，但是关于伊凡四世这个奇怪的、不可思议的举动，迄今已出现过各种各样的说法。

这里提到的谢苗·别克布拉托维奇，是喀山的皇子，即术赤家族的直系后裔赛因·布拉特。他称得上西北欧亚大陆地位最高的王子，于1573年皈依了基督教（俄罗斯正教），改名为谢苗（Симеон）。所谓Бекбулатович，是在其原名Булат上冠以敬称"殿下"（Бек）而俄语化了的形式。不得不承认，在当时的斡罗思，仍旺盛地保持着对成吉思汗家族的权威及其"血统"的尊崇。

伊凡四世是想通过推戴蒙古嫡裔谢苗为名义上的君主，借助其权威施展他实权者的铁腕。伊凡考虑到，仅凭自己的血统和实力是无法彻底维持统治的。这也正是帖木儿及其家族的做法。谢苗本人在第二年被安排退位后，也一直保持着很大的影响力和权威。1584年，当统治了五十多年的伊凡四世去世后，担心谢苗复辟帝位的人们竟迫使他引退，但他们仍然感到不安，直至最终弄瞎了他的双眼。蒙古和汗之血统的权威，既大大发挥着现实意义，也呼唤着对其的戒备。

莫斯科的瓦西里大教堂 为纪念雷帝征服喀山而建

第七章 "女婿大人"们的欧亚大陆

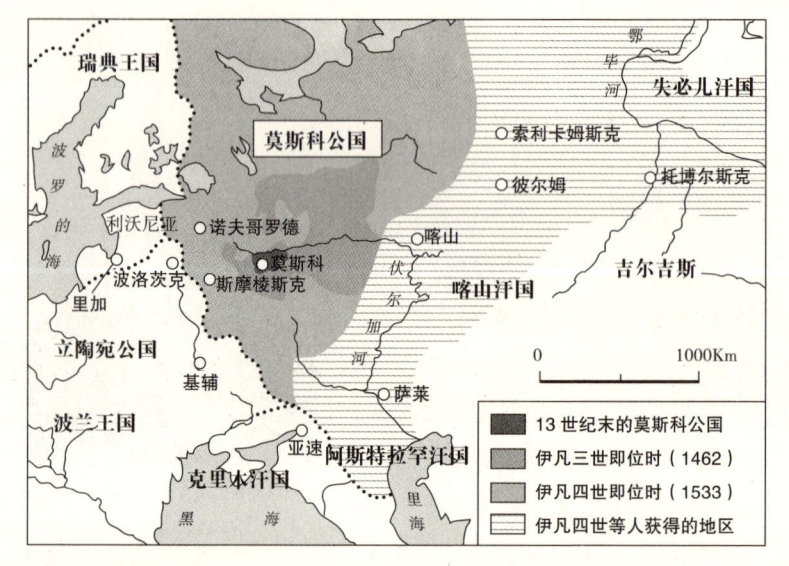

伊凡四世时期的斡罗思

　　斡罗思方面所存在的成吉思汗家族的权威，后来仍然得到了长期继承。在莫斯科侍奉的很多大贵族，出人意料地实际上都以某种形式继承了蒙古王室的"血统"。有人认为其身影从俄罗斯帝国时代至苏联统治时期长期且广泛扩散，尤其在艺术和文化关系等特殊领域中多见这一系统的人。其真伪程度，不好判定。

　　从政治史方面来说，诸汗国中以克里米亚为根据地的克里木汗国，长期保持着与俄罗斯帝国抗衡的力量。俄罗斯最终能够从正面直接面向黑海，还要等到法国革命爆发前女皇叶卡捷琳娜于1783年吞并克里米亚之时。

16、17 世纪对于世界史的意义

大元兀鲁思与答言汗以及女婿大人们

关于蒙古世界帝国宗主国的大元兀鲁思，笔者此前已经有所论述，但本书没有专门从正面进行讲述。这里若以最简略的语言来概述，则大元兀鲁思对于陆地相连的蒙古统治地域和非欧—欧亚大陆这个二重的大地块来说，既是支撑又是基干力量。

举一个非常简单的例子，"站"或一般总称为"站赤"的陆上交通、运输、信息传送体系，如果没有大元兀鲁思终究是难以运作的。还有，自古以来以印度次大陆为大的"中途站"，由印度洋航线达成的东西亚洲和非洲的直通以及进一步连通欧洲的海上通道，在进入蒙古时代后更加活跃，而且是以大元兀鲁思所实施的航海组织化，以及当时处于世界领先水平的旧南宋时期江南为主的制造力、生产力、经济力、文化力作为基础的，最终实现了世界水准上的、以白银作为通用核算标准的人类史上最早的畅通无阻的经济状态。若以此来讲"资本主义"，那么应当考虑到其真正的基点正是存在于蒙古时代。

如果将大元兀鲁思放在"中华"这一框架中来说，那么是它带来了小中华向大中华的大转变。当然，对于大元兀鲁思来说，"中华"地区尽管不到其直接统治区域的三分之一，但人口数量方面却成反比。按中国史式的说法，在唐朝这一复合国家灭亡

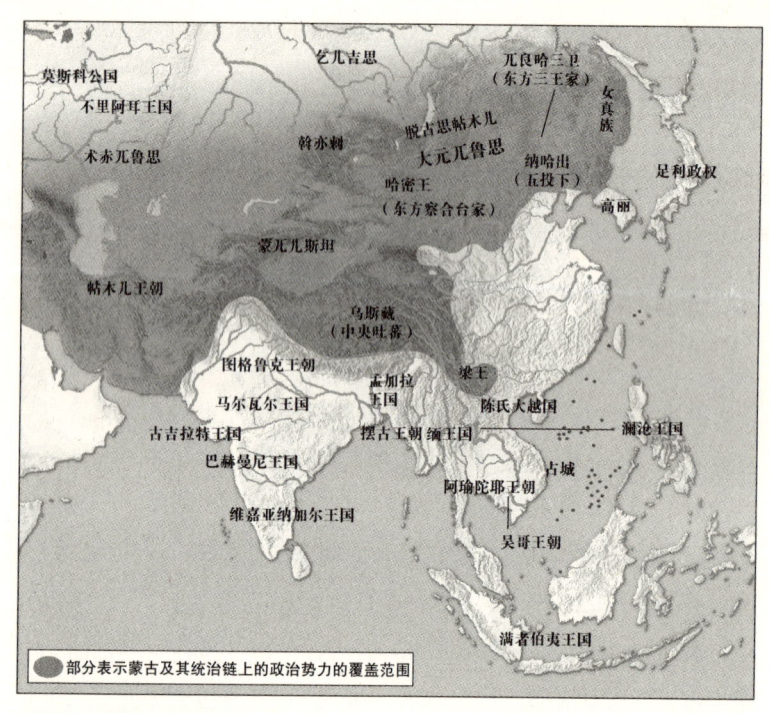

元朝灭亡初期形势示意图（1368—1388）

三百七十年后、唐朝丧失统一政权的性质五百年后，大元兀鲁思再度统一"中华"地区，进而将其远远庞大化了。同时，这也促成了多民族、多文化、多语言共存的局面。包括首都大都即北京的定都在内，通向今天中华人民共和国的道路最初是由大元兀鲁思开启的，这一事实无可否认。

众所周知，大元兀鲁思于1368年失掉中华本土，在与明朝对峙二十年后，忽必烈家族的帝系以1388年脱古思帖木儿帝的去世而暂告终结。其后，称汗的人接连出现。总的来看，是以游牧民为主体的大元兀鲁思以来的各种势力,在以蒙古高原为中心、东起中国东北地区西至哈萨克草原的内陆世界的东半部地区不断聚散离合。应当指出的是,尽管所有这些势力仍然坚持奉成吉思汗家族后裔为"王",规模大小不一的诸势力之间也相互割据和抗衡,但总体上大多还认为自己仍然处于"大蒙古国"这一非常宽松的框架之中,这种意识依然富有生命力。

尤其应当特别提到的是,以蒙古高原为中心的政权始终认为自己是"大元兀鲁思",而其首领人物被称为 Dayan qa'an(或 Dayun qa'an)即"大元汗"。例如,15世纪中叶统率西蒙古之瓦剌的也先兴起,于1449年在"土木之变"中击败明军,俘获了明英宗。接着,他于1453年杀死了成吉思汗家族嫡支的所谓"鞑靼"部首领脱脱不花,短暂建立起了囊括内陆亚洲世界的广域政权。根据汉文史料的记载,当时他自称"大元天圣大可汗",也正是"大元汗"即"答言汗"。

也先不久被部下所杀,政权亦随之瓦解,这说明为"王"者必须是成吉思汗家族后裔的观念依旧强烈存在。在蒙古帝国时期,属 Hoi-yin Irgen 即"林木中百姓"的斡亦剌部族,尽管是屈指可数的强大复合集团,但其若干部族首领家族也只不过是通过与蒙古帝室联姻获得了"驸马家族"的门第。

也先并未满足于"女婿"的地位。他大概是想颠覆整个欧亚大陆的共识和固有观念,成为新时代的领袖。然而,即便是也先这样握有实权的人,也无法取代成吉思汗家族的"王权"。

1600年左右的欧亚大陆示意图　后蒙古时代的大帝国一览无余
根据中国自然资源部所供标准地图绘制而成

后蒙古时代的内陆世界

关于这一点，也还是和前述帖木儿家族的情况有相通之处。说起来，也先政权和帖木儿帝国的后半期属于同一时期。至于二者的关系如何，遗憾的是尚不很清楚，因为东边蒙古语、汉文的世界，和西边波斯语、突厥语的世界所产生的东西方史料，相互之间还缺乏沟通。不过，真实情况恐怕并不那么遥远。

也先应该看到了早于他的帖木儿及其后继者们的做法，但他大概是想在了解帖木儿家族的例子的基础上另辟他途，结果却败亡了。反之，帖木儿政权一方又是如何看待蒙古本土所发生的这种变迁的呢？不管怎么说，当初他们都各自接受了成吉思汗家族的"血统"，但后来也先将其放弃，这或许成了重要的因素，使也先本人败死,"瓦剌帝国"像虚幻的梦一样消失。这一系列的来龙去脉,也许可以再次证实帖木儿方式的明智。

当然,即使是帖木儿帝国也出现了混乱的状态,顺势维持统一的第三代君主沙哈鲁在长达三十八年的统治之后于1447年去世,而在至1451年其侄不赛因即位的四年之间,共有三位君主去世。不管是皇帝被俘虏的明朝,还是蒙古本土和帖木儿帝国,都出现了混乱。是否可以这样认为,最有机会向东西南北大幅发展的人是也先,但他却因急于功和名而全盘皆输。

对于这种情况还有一处希望注意,即处于蒙古本土和帖木儿政权之间的蒙兀儿斯坦王国。该王国本来是帖木儿家族的上司,推戴察合台系成吉思汗后裔,与帖木儿政权历代君主有较深的关系。王国从天山南麓至北麓,以广袤的草原地带为大本营,而塔里木盆地一带由任埃米尔的朵豁剌惕家族实际控制。或许可以说,蒙兀儿斯坦是分派给朵豁剌惕家族的。这可以说和帖木儿政权的情形几乎一模一样,是一种政权的二重结构。

另外,不只是对于也先,就是对于占据蒙古高原的政权、与其相对的天山方面的蒙兀儿斯坦、河中地方面的帖木儿政权等,由于前述史料的状况,除了断片的事实很难描述出相关的具体情况或总体状况。那么,蒙古高原的成吉思汗后裔与天山方面和西突厥斯坦的成吉思汗诸"后裔"之间,究竟具有怎样程度的上下等级关系及意识呢?抑或根本不存在?对此很难做出确切的判断。还有,他们和哈萨克草原以西的术赤兀鲁思系成吉思汗后裔之间，又是一种什么地位关系呢？很遗憾，除了个别例外情况，只能说现在还不清楚。可以称"汗"的人，只知仅限于控制蒙古本土的成吉思汗后裔。

综观以上现象，可以说在蒙古时代过去之后，15世纪至17世纪初，在东起中国东北地区西至斡罗思的广阔地域上，成吉思汗家族的权威大体上共通地保持着生命力。它被用作自身权力和合法性的证明，或被作为傀儡发挥作用。而在蒙古高原及其周边区域，因也先败亡后出现的所谓答言汗的"中兴"，使成吉思汗家族的"王权"得以恢复，作为散布于内外蒙古的大多数游牧集团的"王统"，走上了各自实体化的道路。

大元兀鲁思的继承者大清国

在这种形势下，情况自16世纪末至17世纪前半叶发生了大变化。在中国东北地区，以努尔哈赤为盟主的女真族的联合体兴起，至第二代首领皇太极时，与占据兴安岭南部一带的蒙古帝国以来的旧势力科尔沁部实现政治合作，抓住了由女真族政权向满蒙联合政权飞跃的契机。

科尔沁部首领家族著名的先祖是成吉思汗的长弟搠只哈撒儿，该部实际上是从前曾辅佐建立忽必烈政权的东方三王家的后裔。明帝国对三个集团分别以"卫"的名义相待，设最具实力的斡赤斤王家（王号为辽王）为泰宁卫，设哈赤温王家（吴王）为朵颜卫，设哈撒儿王家（齐王）为福余卫。有时特以哈赤温家族所属千户兀良哈部族之名指代全部，总称为"兀良哈三卫"。斡赤斤家族成为自东方三王家时期以来的中心，蒙古语称作 Ongni'ud（翁牛特，原本是 Ongli'ud，意为和王有关系之人），在蒙古全境的争权斗争中衰落，而称为"我者"（Üjiyed）的哈撒儿系登上了主导地位，其总称为科尔沁（源于"火儿赤"即箭筒士）。

自东方三王家以来，中国东北地区就处于其控制或是势力范围和影响圈之内。可以推想，从努尔哈赤出现之前很久开始，女真诸族即在蒙古左翼王家宽松的统治下生活，并逐步走向了统一。总之，对于努尔哈赤和皇太极等人来说，科尔沁部是可以作为名副其实伙伴的对象。于是皇太极与科尔沁联合，迅速收服了内蒙古高原的蒙古诸势力。

当时，答言汗嫡传王家察哈尔部著名的林丹汗之子额尔克·洪果尔（额哲）将大元兀鲁思传下来的"传国玺"让与了皇太极，以作为臣服的证明。此事发生在 1636 年。这一历史上著名的事件，一般看来意味着新兴的满洲国家继承了大元帝国曾保有的内陆亚洲和中华全境的统治者的名分。在对此事大书特书的清代记述中，说那块玉玺上刻有"制诰之宝"四字。

如果细审史料，可知蒙古时代的大元兀鲁思所保有的传国玺上应该刻的是"受命于天，既寿永昌"八个字。关于这一点，陶宗仪《南村辍耕录》卷二十六就"传国玺"有详细的记载。根据其记载，至元三十一年（1294）忽必烈去世，在继承人尚未确定

传国玺 当今中国的雕工根据《南村辍耕录》之记载复原的仿制品。右图为其印文之影印件。实物每边长 12 厘米

的微妙时刻，就像配合其孙成宗铁穆耳之即位似的，自秦朝传下来的籀文所刻传国玺出土，被呈送给了铁穆耳。在大元兀鲁思皇帝使用的若干玉玺中，有与献给皇太极之"制诰之宝"相应之物，而且钤盖有此印的书画经大清国皇室收藏后流传到了现在。因此如果想要据其伪造的话，大概能做出逼真的东西。

当然，这里传国玺本身的真伪不是问题。作为出演象征成吉思汗嫡裔之臣服的政治大事件的道具，传国玺再现这一自古屡屡被使用的老套路在这里又显灵了。大元兀鲁思的"王权"和政治传统，被转让给了皇太极。起码，当时的人们是那样认为的。皇太极因此大喜，在大本营盛京（今沈阳）召开了蒙古王侯大会即忽里台，接受了蒙古语作 Boγda Sečen Qa'an（意为神圣贤明汗，汉译即"神武英明皇帝"）的尊号，为自己的新帝国定名为 Daicing Gūrūn 即"大清国"。就是说，大清国这个帝国是作为从前大元帝国的"继任"而宣告建立的。

当今的中国和蒙古

此后，大清国因明朝的近乎自取灭亡而被拽进了关，最终又被动肩负起了充当中华本土统治者的命运。同时，作为政权不可缺少的基础，笼络内蒙古乃至外蒙古的王侯，并通过他们保持内陆世界之汗的地位。至乾隆帝统治时期，终于利用其内讧消灭了此前一百年间你死我活的命定竞争对手蒙古系的准

与准噶尔之战 以弓箭为主要兵器的大清国的军队（左侧），击败了准噶尔的火枪队，乾隆帝的巨大版图得以实现。在前近代的接触战中，火枪并不是现代人所想象的那么具有绝对优势。选自《准回平定得胜图》。东洋文库藏

噶尔王国，吞并其地并由此实现了将西藏囊括在内的巨大版图。

巨大扩张是1758年以后的事，那是基于身兼中华的皇帝和内陆世界的汗王的大清国君主的两面性实现的。而其政权本身，只能说是与借助科尔沁部逐一收服的蒙古诸王侯的联合政权。

就是说，从乾隆帝时期到现在的"大中华"的框架，与蒙古有着密不可分的关系。而且，有清一代与大清国王室和政权共存的大多数蒙古王侯，都拥有成吉思汗家族的血统。大清国王室、贵族与蒙古王侯、贵族间的通婚，也很自然地进行着。

1625年，皇太极娶盟友科尔沁部的女子为皇后，此人即顺治帝的母亲，后来从顺治朝至康熙朝前期执掌权力的孝庄太皇太后。也就是说，皇太极成了成吉思汗家族的"女婿"。如前所述，由于成吉思汗嫡裔部落察哈尔衰落后，科尔沁王家成了事实上的蒙古代表，所以皇太极就是不折不扣的"女婿大人"。此后这成了一种惯例。

大清国这一政治权力，与帖木儿帝国和斡罗思的情况有某些相似，也是依附成吉思汗家族之"血统"存在的"王权"。本来就走在神圣化之路上的成吉思汗，其权威与日俱增，时至今日已经完全变成了"神"。

"海进"和"陆进"的时代

1492年哥伦布航海的目的地，并非像人们常说的那样是日本，而是"大汗之国"。这是一次前往相当于马可·波罗或是很多人所描绘的忽必烈的庞大帝国的旅行，这一点在哥伦布《航海志》的开头部分有明确记载，他认为只要在地球上径直向西航行，就应该能够抵达蒙古帝国的宗主国。

当然，1492年距离忽必烈的帝国的消失已经过去了一百多年。13世纪后半叶至14世纪，虽然非欧—欧亚大陆东西方的人员、物资和信息在那种程度上通过陆路和海路进行着交流，但是进入15世纪后这种相互的交流和理解迅速衰退，原因无疑在于丧失了蒙古之名下的大统一。

在中华地区，明朝皇帝朱元璋（洪武帝）的统治时期到来，开始了人类史上罕见的专制独裁和文化压制的恐怖政治。前后多达五次针对政府官员的大屠杀，几乎将知识分子一扫而光，恐怖至极。其结果使得明代前半期一直处于学术、文化和出版方面的黑暗时期。

另外，还有一种夸大评价永乐帝朱棣时期郑和下西洋的观点。然而，那是一次沿袭了蒙古时代以来利用印度洋航线往来的航行。与之相比，重要的倒是亚洲似乎以此为最后的繁华，失去了向海洋发展的机会。顺带说一句，尽管所谓郑和的宝船载重八千吨以上这种虚构被说得跟真的似的，但是那种水平的木造帆船根本就无法启动，即便出海也会被印度洋的波涛击个粉碎。

15世纪的T-O型世界图　制作于加泰罗尼亚。含括的信息和完成度等方面，均大大退步于14世纪的《卡塔兰地图》

亚洲最终将海洋时代让给了欧洲。15世纪的欧洲，实际上正处在衰落期。作为比较显眼的一个例子，与已经提到过的1371年至1375年完成的《卡塔兰地图》相比，在同样于15世纪在加泰罗尼亚制成的世界图中，不仅方法倒退到T-O型地图，而且内容方面的退步也令人吃惊。以哥伦布航海为开端的南北美洲大陆的发现以及对其地的统治，给衰退中的欧洲带来了幸运。与明朝否认郑和的航海、消除相关记载的做法相反，依据1493年的教皇子午线和1494年的《托德西拉斯条约》的移线，葡萄牙凭借弱小的势力控制了亚洲的海洋。

西方人所说的"大发现时代"，基本就处在这样的图景中。假使亚洲一方没有自我封闭，葡萄牙的所谓"海上王国"原本是不会出现的。然而，16世纪不是只有欧洲的"海进"成了世界史上的话题。还有另一种不容忽视的现象，即欧亚大陆上"帝国"的结构发生了大变化。同时出现了本书开头部分提到的19世纪后半叶至20世纪初期的五个帝国，即东方的大清国、北方的斡罗思、南方的莫卧儿、中东的奥斯曼、西方的哈布斯堡等"聚合体"。

如前所述，斡罗思于16世纪后半叶一举东进西伯利亚，迅速抵达了太平洋西岸。当时出现于中国东北大地一隅的女真政权，进入17世纪后径直踏上了帝国之路，经过康熙、雍正朝的扩张，至乾隆帝时变得更加庞大，兵锋一度达到了中亚的讹答剌一带。这两个庞大帝国及其后继者，正是近世至今最大的"陆上强国"。这的确是不折不扣的"陆进"。

16世纪前半叶出现的强盛的奥斯曼帝国和哈布斯堡王朝之间相抗衡的图式，也成为后来的基本模式。哈布斯堡王朝最终因放弃西班牙而失去了成为陆海帝国的机会。由此，"陆上强国"和"海上霸权"的特征区分逐渐鲜明。而经过葡萄牙和西班牙传至荷兰、法国、英国以及美国的系统，又在"海上霸权"中有大致的区分。

另外，对于后来英吉利海上帝国的形成来说，16世纪前半叶被莫卧儿一度控制北半部的印度次大陆具有极其重要的意义。只是就当时来说应该注意的是，除了作为连接印度洋东西方海域的三角形"突出带"这种独特的地理特征，印度本身所拥有的多元、巨大的农业生产力及其财富，正如近代史学者所说的那样，不是进入近世和近代以后才拥有的，而是有史以来一直推动欧亚大陆史或非欧—欧亚大陆史，并使其成为世界史的重要因素。

日本和欧洲的大转折

反过来看15、16世纪时的日本，正处在经受平民起义和社会动荡的战国纷争之乱。火枪传入所象征的与欧洲的邂逅，可以说是与"海上强国"的接触和交流。经历了百年动乱后的日本，从16世纪后半叶开始逐步完成了文明史性质的转折。

在正式接受蒙古时代以来的汉文化的同时，日本与超越日、中、韩的"世界"相遇，其间作为近世王权的织田信长、丰臣秀吉、德川家康的政权得到发展，不久即形成古今东西少有的超安定社会的"江户体系"并得以巩固。而在日本式的近世国家中，掌权者一直是俗人，换言之，信长以后的统治者不再着"出家装束"了。总之，基本上是一种完成了政教分离的体系。

欧洲一方，在经历了16世纪宗教改革所引发的各种动乱、17世纪的三十年战争等多元性国际纷争后，也于1648年达成《威斯特伐利亚条约》，由此同时促进了成体系的国家关系和广义的政教分离。总之，17世纪的日本出人意料地和欧洲处于相似的状态。倒不如说，迅速转向产业化和军事化的统一日本，客观上正在兴起为不仅使亚洲东方就连葡萄牙和西班牙也不得不戒备的"强国"。

只是,日本正在成为海上强国之时,因所谓的"锁国"(志筑忠雄1801年命名)而主动将海运、造船的传统、经验、专业知识、可能性等与长期积蓄的很多东西一同放弃了。不容忽视,"锁国"在这一点上对于世界史具有意义。关于可自动航行的动力船的出现,或认为恰好是在幕府末年,或认为就在幕府末年且是明治维新时期,看法因说话人的角度不同而各异。但不管怎么说,日本都曾经是海上强国。

在后蒙古时代出现的"大发现时代"中,"海进"和"陆进"实际上是同时展开的。陆地方面,是欧亚大陆被分割成几个"聚合体"的新型地域帝国的时代。此时陆上强国和海上强国这两个走向变得明晰了,二者之间多次相互竞争,时常象征和体现着"文明"应有的状态和价值观。

终章

从阿富汗观望开来

大地上最后出现的游牧帝国

超越时空的视角　　2001年10月，阿富汗。美国主导的军事作战在塔利班控制的这个国家打响。具体地说就是，美军于8日天亮之前连夜发动空袭，战事由此开始。在上一个月即9月的11日，美国遭受的"同时多发恐怖袭击"的冲击震动了世界，此时采取行动的确可以说是迅速的反应。

对于报复和反击恐怖袭击，以及志在打败和推翻藏匿以主谋奥萨马·本·拉登为首的基地组织的阿富汗塔利班政权的"战争"，大多数美国人是赞成并热烈支持的。包括日本在内的不少国家和人们，尽管没有表现出美国人那样狂热的状态，但对此还是予以肯定的。六年后的今天，再次回想起这件事，人世和人

美国进攻阿富汗 上图是 2001 年 11 月遭到美军空袭的村庄，下图是塔利班的士兵们

心及其变化和无常，还是不由得令人重新深思。

美国终于首次踏入欧亚大陆中央地区；历史悠久的欧亚大陆上展开了完全不同于此前的新形式的权术游戏；针对全球性权力的美国掀起了对不折不扣"世界帝国"化的担忧，持续的伊拉克战争及陷入泥潭导致了美国的动荡和阴影。这一件件事情作为 21 世纪初历史转折的反映，恐怕会被视为更具重大意义的事而在今后持续讨论下去。目前，时间在这一脉络中推进着。

这里提到阿富汗，不只是为了讲述今天。在探寻欧亚大陆内侧的巨大空间及其历史发展的大致脉络时，阿富汗这个国家及其风土可以为我们提供一个独特的视角。如下文所述，亚历山大大帝、成吉思汗、英国、苏联、美国都先后在阿富汗尝尽了苦头和失败，战事难以推进，一筹莫展。通过观察阿富汗及与其相关的诸多事件，超越时空的"某种东西"会从那里浮现出来。

古老而新兴的
国家阿富汗

再次或特别是今天比以往任何时候都聚集世界目光的阿富汗，是个大致位于欧亚大陆中心地区稍偏西南的内陆国家。Afghānistān 这个波斯语，自然是表示"阿富汗之地"。所谓"阿富汗"，狭义上指普什图族，在由各种民族集团组成的当今阿富汗，该族是人口占多数的主力民族。

"阿富汗"之语，在历史文献中亦见于印度的记载，但主要出现于古代 10 世纪至 13、14 世纪蒙古时代以来的波斯语记载中。关于伊斯兰中东地区及其周边区域，也大致以蒙古时代为界，文献的质量差别很大。阿富汗族原本生活于横跨今天阿富汗和巴基斯坦国境的山区。基地组织成员们逃入的部落区（tribal zone），实际上正是阿富汗人的祖籍。

在阿富汗境内的中央部分，自东北向西南横亘着海拔高达六千米的兴都库什山脉，国土即分布在其北侧和南侧。作为国家，可以说是非常特殊的地理结构。波斯语 Hindūkush，由"印度人"（Hindū）和"杀死"（kush）构成，说是因从炎热的印度北上的人们翻越不了这座巨大雪峰的印象而得名。不过，这一说法也是从蒙古时代开始为人所知的。在四边的国境线上，东部和南部与巴基斯坦有大面积接壤，与中国仅以瓦罕河谷相接，北部与塔吉克斯坦、乌兹别克斯坦、土库曼斯坦三国接壤，西部与伊朗为邻。

至少，南亚、西亚、中亚三方面的因素在这里交叉。多民族、

今阿富汗周边
根据中国自然资源部所供标准地图绘制而成

多文化、多语言现象，理所当然地从古至今一直存在。在自然环境方面，除了巍峨的山峦和深邃的峡谷，基本上都是干旱区域，河流旁很少的绿地以及聚集水和植物的绿洲，点缀于沙漠、半沙漠和干旱地带。都市和村庄，营建在自然选择之地，其场所和

巴米扬遗址 约3世纪至7世纪的佛教遗址。位于喀布尔西北约二百四十公里处。右图为2001年遭塔利班破坏后的西大佛

生存方式自古以来没有多大变化。这样的自然条件和政治环境，从古至今为阿富汗这一地区和国家带来了深深的阴影和类似独特命运似的某种东西。

在阿富汗这块土地上，自古以来就有各种各样的人们往来、居住其间，东西南北的势力纷纷登场、谢幕。在更早的时期，雅利安人来到此地，进而南下印度。后来，该地成为哈卡马尼什世界帝国的东境，亚历山大大帝也紧随而来。兴都库什山脉南北，对于亚历山大大帝和马其顿东征军来说，是陷入苦战的真正苦难和杀戮之途。阿富汗王国和塔利班的发祥地，位于南部的坎大哈，曾是亚历山大诸城之一。

稍后不久，自贵霜王朝以后，这里成为始发自印度西北部即犍陀罗的"佛路"，以贵霜王朝的夏都贝格拉姆的大片城市建筑和以巴米扬为代表的都市文化和佛教文化繁荣一时。7世纪，玄奘曾于巴米扬亲眼所见东西金大佛等引发的假想空间，大概就是飘浮在兴都库什山中的现世净土世界。主要以游牧民为核心的北来势力如嚈哒和突厥相继现身,而随着伊斯兰的东渐,伽色尼王朝和古尔王朝等穆斯林军事力量占据了此地,并将其作为南进印度的基地。

如前所述,推翻花剌子模王国后,成吉思汗所统率的蒙古西征军也在这里陷入了苦战,只好在进至印度河后北返。后来,作为蒙古帝国的组成部分,分成由旭烈兀兀鲁思控制的呼罗珊和以昆都士为中心的察合台兀鲁思的南部领地。另外,察合台军曾多次对德里和忻都斯坦平原展开过进攻。

在经历了作为帖木儿帝国领土存在的一百三十多年,其末代君主巴布尔在如今的首都喀布尔建立了小王国之后,这种局势最终因谋求转入印度而定格,即莫卧儿帝国的建立。总之,"通往印度之路"是超越时代连接历史的大趋势。

常以"文明的十字路口"之语形容的阿富汗的悠久历史,是走向作为国家的阿富汗的大序章。阿富汗国家的建立,实际上如下文所述并不那么久远。岂止如此,还不如说太过新近这一点或许就是连贯至今的"命运的定数"的遥远渊源。

总之,阿富汗是一个古老的新国家。由于拥有悠久的历史,人民、社会、语言、文化,以及遗址文物都不愧是多彩多样的。但另一方面,在国家的整合和社会资本的积蓄、传统,以及对于跨部族和民族集团的合作的耐久力和协作力等方面,存在过于松散的地方。直言不讳地说,以普什图族为主的很多人至今仍然根据部族主义和个人的利害关系来行事，这种情况很普遍。阿富汗在地缘政治上处于易成为焦点的位置，所以不管是在近代还是现代，都不断被卷入大国所发起的权术博弈和战略中。

杜兰尼帝国

名为阿富汗斯坦的国家于1747年首次出现。就日本来说，当时正是第八代将军德川吉宗成为大御所之时。

杜兰尼系普什图游牧民出身的艾哈迈德沙，在自己的出生地阿富汗南部的坎大哈聚集起普什图诸部族，登上了王位，尚武风气十足的普什图游牧民及其部族联盟成了政权的核心。说到游牧民国家，社会上往往容易将被大清国灭亡的准噶尔（蒙古语意为"左手"即左翼，一般认为是从拥有蒙古时代渊源的卫拉特联盟内部的角度而言）说成是最后的游牧政权，但实际上称作杜兰尼帝国的阿富汗斯坦国才配有其名。

事实上，杜兰尼王朝的阿富汗，已经实现了可称为"帝国"所具备的广阔地域。即使在18世纪后半叶，这个组织精良的游牧民国家仍然是强大的。它东向印度、西向伊朗，积极发动了扩张战争。

阿富汗游牧骑兵首先向北对兴都库什山北麓的乌兹别克势力发动了攻势，拿下呼罗珊，将整个"阿富汗·突厥斯坦"纳入版图。继而向伊朗进军，攻陷其东部重镇马什哈德。转而征讨北印度，席卷了缺乏统一指挥的地方势力。这样，几乎夺取了今天巴基斯坦的全境。顺便说一下，当时的格局暂且成为原型，最终在经历欧亚大陆权术博弈之后的国境划定时，横跨兴都库什山脉南北的特殊地域即"阿富汗王国"成为重要的历史依据。

不管怎么说，从 18 世纪中叶至后半叶，在曾经占据印度次大陆相当部分的莫卧儿帝国，昔日的景象已经荡然无存。经历过侵略、叛乱、分裂、衰败后，最终沦落为仅保留首都德里周边区域的小王国。不仅印度出现了衰落，伊朗也是如此。消灭萨法维帝国、建立阿夫沙尔朝的纳迪尔沙于 1747 年被暗杀，艾哈迈德沙得以兴起。伊朗遂进入杜兰尼政权的保护伞之下，一时陷入政治上的真空状态。

这种形势，最终使迅速完成帝国化的阿富汗成为中东至印度广阔区域内诸国中的强国，即便称为继奥斯曼帝国之后的"伊斯兰帝国"也绝不为过。具备年轻国家才拥有的独特可能性的阿富汗，可谓正处在时代风云儿的位置。然而，正在不断蚕食印度次大陆的英国构成了问题。

这种杜兰尼帝国的存在方式，很好地为我们传递了欧亚大陆内陆地区的实际情况。即使进入 18 世纪，与从前的时代相比，情况从根本上也没有发生多大的变化。时常强调海洋视线的欧洲中心主义的观点，使人们了解了以单线图式讲述历史的危险性。

对于试图将"海洋"图式化并解释"世界"的倾向，建议尝试一下在陆地世界上走走。纵然是现在，陆地上的现实情况也与各种各样的过去充分连接，对其多有承载。阿富汗也正是如此。

强权政治和国际竞争的舞台

在建国二十八年后的 1775 年,杜兰尼帝国迁都至喀布尔。以今天阿富汗的国土来说,喀布尔距离与巴基斯坦的界山著名的开伯尔山口不太远,虽然好像位置过于偏东,但以当时广阔的版图来说,倒是把首都迁到了中心地区。仅此一点,可以说阿富汗斯坦国家还处在梦的途中。另外,为了与 1826 年以后相区别也特称其为巴拉克宰王朝。

但归根结底,对于阿富汗游牧国家来说,英国取代莫卧儿帝国作为中央政权出现于印度次大陆一事,只能是一种不幸。进入 19 世纪,英国控制了印度次大陆,将其作为经营亚洲的策源地。英帝国对亚洲的陆地和海洋,以印度的战略意义及其财富为最坚实基础展开了行动。

阿富汗北部隔阿姆河,与布哈拉、希瓦、浩罕等伊斯兰王国相望,18 世纪以后,俄罗斯成为名副其实的帝国,加紧向中亚扩张。至 19 世纪后半叶,欧亚大陆中央区域相继落入俄罗斯之手,大体即今天的哈萨克斯坦、吉尔吉斯斯坦、乌兹别克斯坦、塔吉克斯坦、土库曼斯坦。

阿富汗夹在南部英国和北部俄罗斯两个超级大国之间,迎来了苦难的时代,陷入了所谓"大博弈"之中。面对企图南下的陆地强国俄罗斯,试图守住印度次大陆这一"金库"的海洋强国英国开始干涉阿富汗,共挑起了三次阿富汗战争。

在 1838 年至 1842 年之间的第一次阿富汗战争中,英国侵

苏联进攻下的阿富汗士兵 拍摄于 1982 年。选自 W.Vogelsang《阿富汗人》，2002 年

略军一万多人几乎被阿富汗游牧军全歼。在大致同时发生的鸦片战争中，众所周知，英国轻而易举地战胜了大清国。虽然一面是艰难的山地战，一面主要是兵力悬殊的海战，但仍然可以看出阿富汗军的威力。即使在 19 世纪，富有铺开作战力和进攻力的游牧骑兵军团，还是能够与近代装备的步兵展开充分对决的。

在 1878 年至 1880 年之间的第二次阿富汗战争中，英国方面的损失也不小。但是，阿富汗却最终成了英国的被保护国。于是，作为英、俄南北两大势力圈的缓冲国，阿富汗现在的国土得以确定，并乘第一次世界大战后英国衰落之机，向印度发起反攻，在此次即第三次阿富汗战争中恢复了独立。

但是，以上所述只不过是历史的前段。第二次世界大战后，阿富汗陷入了冷战格局的漩涡中。在苏联支持阿富汗、美国支持巴基斯坦这一基本结构中，阿富汗的政治持续动荡，1973 年国王查希尔因政变逃亡意大利，王权被废止。其后，在苏联更为强烈的影响下，政权更迭频繁，国内局势的不安定性、不稳固性加深，最终导致 1979 年 12 月 30 日苏联武力控制喀布尔事件的发生。于是，接连发生了苏联十年苦战及其 1989 年 2 月的全部撤兵、1991年苏联自身的解体、塔利班自1996年以来的壮大、2001年9月11日同时多发的恐怖袭击，以及美国于次月发动的阿富汗作战。这一连串的脉络和其后发生的历史延续至今，真可谓正当混乱之中。

总之，纵观历史，作为北有俄苏南有英美这一国际权术博弈舞台的地理位置，整个近现代一直为阿富汗提供了命中注定的历史构图。即便是今天，其图式也没有发生根本性的变化。唯一可以确认的是，阿富汗的命运已处于仅靠自身难以决定的地步了。

普什图人联结的阿富汗和巴基斯坦

构成今天阿富汗人口约半数的普什图族，其住地大多集中在国土的南半部。在兴都库什山北麓的那半部区域，主要居住着塔吉克族和乌兹别克族，以及土库曼族和可以说是蒙古帝国派遣军后裔的哈扎拉族。另外，还有努里斯坦族和印度教徒、锡克教徒。阿富汗的确是个多民族的国家。

仅就普什图族来说，他们与生活在巴基斯坦的人数大致相当的同族之间的关系，只不过是因为杜兰尼帝国时代的"东部领地"被英国截取，后于1947年从英属印度中独立出来成为巴基斯坦，才使得现在看上去分属于阿富汗和巴基斯坦两国。如前所述，两国国境线上的山川地带是他们的原居地，如今那里变成了非常危险的"部落区"，只能说是一种讽刺。就是说，从普什图族的角度来看，现在的国境线是不合适的。

按其他观点来说,所谓巴基斯坦和阿富汗,是由于英国这个外来势力对印度次大陆的统治,最终导致了现在两国的形成。两国相互之间既有很多密不可分的因素,但又爱憎交加,可谓一种对手兼兄弟国的关系。例如,巴基斯坦在苏军撤离后,出于优先考虑对印战略,大力支持阿富汗的塔利班,俨然一种"保护国"的姿态。不仅如此,单单从近年来国际政治的角度解释不尽的"暗流"本来就很多。目前,巴基斯坦局势不稳,不能否认其中存在着某种与阿富汗之间难以割断的"纽带"似的东西。

偶然的突发奇想,假如阿富汗像沙特阿拉伯、伊拉克、伊朗、科威特等国那样出产石油的话,结果会如何呢?将会与19世纪中叶以后阿富汗苦涩的历史完全不同吧。在"欧亚大陆强权政治"当中,或许不但不是为大国意志所左右的贫穷弱小的国家,反而可能是在欧亚大陆中央区域自如操控国际政局的国家。

那么,大概就会与如今这样不幸和悲惨的现状有所不同。阿富汗国内被称为割据军阀但实为各种各样武装势力的力量,表面上看对于这个国家的统一构成了可称为宿疾的大问题,至少从近代国家的感觉来说是这样,然而回顾历史观察现在,实际上还真不是这样。若比照日本古代的情况来说,就是像"大名"那样的大小军事势力割据各地,而其整体是阿富汗。这才是它本来的形态。这种形态类似"中世纪"的封建体制,自18世纪王国建立以来似乎实际上并无多大变化。那么,将各地的武装势力单方面地一概指责为"恶人",本身就是一种武断的做法。

普什图族 19世纪后半叶的部族长们

中央政权的真正确立,确实必要。然而要实现站在中央政权对立面的军阀的非武装化,目标尚很遥远。需要的不是简单的方法,而是其他柔和的策略。阿富汗的复兴,恐怕是欧亚大陆局势稳定化的关键之一。对于一直推行权术博弈的几个大国自不必说,就是对于我们来说,这无疑也是应当付出不懈努力去解决的世界性课题。

从历史到现在

现存游牧国家之影像

在普什图族当中,至今仍可见连接至欧亚大陆国家脉络的一些方面和因素。其中,有力地保留了游牧民所独有的组织传统及其遗存的是支尔格(jirga)。那是一种建立在一族紧密团结基础上的、整合部族单位社会的长老议会。就是说,与部族有关的事务经合议制来判断和决定。它是以围坐的形式举行的。采取围坐的理由,原本出于聚集在那里的人们皆无上下之分、一律平等的考虑。

这个 jirga，被当作普什图语使用，但它无疑源自蒙古语的 jerge，是经由波斯语（在阿富汗称为达利语）的中介而传入的。蒙古语 jerge，可以追溯至13、14世纪的蒙古帝国时代，除围坐之外，还指圆形的阵列和布阵以及围猎（在日本称为"卷狩"）时狩猎助手们的配列方式等，总之是指圆形或相近形状的布局，不问规模大小。围坐举行的会议最终成了 jerge 即 jirga。而且，如果同时配备酒食，则兼具宴会之意。

蒙古时代的"忽里台"广为人知，其意指蒙古帝国的国会、大会议、帝室会议。在蒙古成为世界帝国以后，忽里台又成为欧亚大陆各地王族和贵族参加的国际会议。忽里台是备有宴会的，称为"脱宜"（toi）。出席这一场合的人们，都能得到蒙古皇帝赏赐的一套五色礼服，每天穿戴指定的一种颜色的服装。因此，这样的宴会蒙古语称作 jisün（只孙）即"色"之宴。忽里台和脱宜还成为一个词组，后来在欧亚大陆各地均有使用。

jerge 或 jirga，是指规模不及忽里台那种大集会的各种部族会议和牧民集会，通过不分序列的形式进行协商，也常常见于日本中世的武士团。以武装士兵为基础单位的一族联合以及将其聚在一起的联盟，构成军事、政治、社会组织的模式，在世界史上得到认可的时间最长、范围最广。换成游牧民，则更换为骑马战士，而且是富有机动性和集团性的军事力量，在这一点上有值得"自豪"之处。

在起源于普什图族游牧民的部族联盟的阿富汗国家中，支尔格可以说正是一切的纽带。在今天的阿富汗，将协调一切的大国民会议称为 Loya Jirga，Loya 在普什图语中意为"大"。实际上，第一届大国民会议就是1747年艾哈迈德沙在坎大哈就任阿富汗新国家之王时召开的那一次。也就是说，大国民会议相当于蒙古帝国及其后继国家中的"忽里台"。在阿富汗，游牧民联盟乃至欧亚大陆国家的影像仍生生不息。

蒙古遗产之说

实际上，不光是在阿富汗，其他传续从前游牧国家之缘的实例，在整个欧亚大陆内也得到了相当的认可。例如，从前自由移动于伊朗高原的卡什凯族，因第二次世界大战后的"定居化政策"而迅速消失了身影，但据三十多年前的调查，他们竟依然能够口头传讲成吉思汗时代以来长长的系谱。据说那位受访者很自豪地说自己的家系可追溯至蒙古帝国。

不仅如此，在"近代化政策"的名义下对游牧民实施的定居化，乃至对游牧民的挤压政策，在非欧—欧亚大陆各地各国引起了各种各样的对立和反抗，酿成了悲剧。绝对化地坚持定居和农耕为佳的理念，将游牧民本身具有的机动性、组织力和行动力视为反政权、反社会、反国家、反文明的象征加以妖魔化，甚至确实将他们作为镇压对象，这样的现象也不少。在以往明显的例子中，联系到统治殖民地阿尔及利亚时法国的情形等，可看出是将根深蒂固的憎恶都泼向了游牧民。而近代以后的掌权者和统治者,或许反倒有一种希冀驯良臣民和百姓的习气。

目前存在一种"蒙古之遗产"的观点。如前所述,诸如所谓非欧—欧亚大陆世界这一聚合体的出现、因东西方大部分地区变成了开放空间而形成的大交流、超越由此产生的文明的框架走向共通化的道路,以及通往真正世界和人类之境地的门扉,这些就是最大的遗产吧。

另外,以往常常提到留存于世界各地的各种各样的大小遗迹。例如在中华地域,最为显著的现象是中华本身的庞大化和多民族化的发展、权力中心的北移及大都(北京)的兴起。在蒙古时代,文化、学术、思想、宗教、科学、技术的多样化和革新也给人以同此前完全相反的印象,在前所未有的规模和水平上得以开展。这一点正由近年来的研究不断证实着。

中东也发生了大的变化。因东半部的旭烈兀兀鲁思、西半部的马穆鲁克这两个相似的外来者的统治,中东的国家和政权顿时实现体系化,而伊斯兰世界反倒相对松散了。这最终关系到奥斯曼帝国的形成和扩大,并逐步吞并马穆鲁克王朝,使亚洲转向欧洲而再次西进。

伊斯兰世界本身,也在陆地和海洋两个方面大大向东方和北方发展了。除了向帕米尔以东的陆地亚洲,还有向东南亚多岛海域、锡尔河以北的哈萨克草原、名为钦察大草原的西北欧亚大陆的扩展,都带来了伊斯兰的世界化。蒙古和伊斯兰,正像世界史

《史集》所说的那样，二者实际上是一种密不可分的关系。

"帕迪沙"的称号 另外，关乎蒙古和伊斯兰，值得注意的是"帕迪沙"这一称号。前文已经有所介绍，意为"帝王"的波斯语 pādishāh，首次出现于旭烈兀兀鲁思君主合赞时创造出的新称号 Pādishāh-i Islām 中。估计是为了与世界帝王之蒙古大汗相区别，而采用了具有中东地区之王含义的"伊斯兰之帝王"的说法。作为"女婿大人"的帖木儿王朝的君主们，也从某个时期开始使用这个"帕迪沙"称号。或许不是合赞才意识到的名称，有可能在察合台兀鲁思时期就已经那么使用了。

总之，帖木儿王朝的君主在坚持突厥语和蒙古语"女婿"的名义的同时，还另外以波斯语自称为"帝王"，也可以说是灵活利用了名分和现实。但在莫卧儿王朝时期，君主之号只有帕迪沙。奥斯曼帝国的君主，也在称算端的同时自称帕迪沙。就是说，从14世纪的某个时期开始，在伊朗以西以及后来的伊朗与印度之间，"帕迪沙"成了帝国君主的称号，并进一步被用作尊称和敬称。顺便说一句，1877年维多利亚女皇成为印度的皇帝，据说其称号的译语即帕迪沙。

回转话题，所谓俄罗斯才是蒙古遗产之继承者的观点，一直以来主要在欧美根深蒂固。有人说莫斯科的克里姆林宫源自蒙古语的 Küriye（乌兰巴托市的旧名"库伦"用的也是此语），其遗产不仅为俄罗斯帝国而且为苏维埃体制也带来了影响。大清国确实继承了蒙古帝国的名分，但因此成为满蒙联合帝国之一员的蒙古族，却在受到优待的同时失去了作为蒙古的独立性和一体性，最终使戈壁北侧的外蒙古和南侧的内蒙古分别走上了大不相同的道路。

在既失去作为国家的聚合体又失去作为民族的整合体这一点上，称为女真族也好或称为"满族"也好，其历史悲剧恐怕比蒙古族的更大。创建大清国这一庞大帝国的结局，其在集团和地域两方面的凝聚力遭到削弱，已经无法适应为欧美式的国家观所席卷了的近代世界，于是仅保留"帝国"这层外皮，而自"肃慎"传下来的脉络逐渐消失。俄罗斯和中国二者，都与"帝国"式大版图这一巨大遗产同在。放长眼界来看，这或许也是蒙古的遗产。

日本的蒙古时代 对于日本来说，与蒙古帝国的关系似乎很是二律背反。两次的蒙古袭来以及后来日本一直保持一定程度的戒备，将一种日本是抵抗巨大外来压力的弱小岛国的印象长久地刻入了众多人的心中。将世界和日本或是美国和日本对立起来的二元论模式，对于生活在这一列岛上的人们来说，好像成了一种风气或是看问题的固定模式。

袭来的蒙古军究竟是些什么人？他们的力量如何？迎击他们的日本一方势力又如何？对此尚缺乏认真的分析和讨论。而已有的一些论述基本上都是把蒙古说得过于强大，强调日本的善战。

此时，似乎根本无视舰队行动和登陆战的艰难等因素。纯客观地来说，即使没有出现猛烈的阵风和台风，蒙古远征军也会失败。"神国日本"和"神风"等想法，只能说是一种不幸的举动。

向日本袭来的蒙古军 在逼近博多的战舰上能看到黑人的身影，可知蒙古军是多元的混成部队。选自《蒙古袭来绘词》。宫内厅三之丸尚藏馆藏

与此相反，日本从蒙古帝国及其统治区域，在物质和精神方面都得到了非常丰厚的礼物。尤其是在蒙古时代的后半期，大陆和日本列岛展开了人员、物资和精神的大交流。朝鲜半岛也深涉其中。可以说，产生出了超越日、中、韩国界的文化、学术、思想、宗教、艺术、美术、生活方式的新局面。茶道、能、"书院造"，以及儒、佛、道三教兼通型的知识体系，汉文典籍和以其为模板的五山版及由此而来的日本式解读的"抄物"等，这些成为日本文化的基础的东西，基本上都是由那时及其前后时期引入和传用之物发展而来的。此外不容忽视的是，远超日、中、韩区域的整个欧亚大陆规模的交流的波涛也冲击到了日本。

重要的是，诸如说到茶道和能，其形态与大陆所举办的大不相同，已经"日本化"了。换言之，尽管来源和原型是外来的，但在日本的风土、传统和价值观中面目已经改变，基本上升华成了另外一种东西。这创造出了今天称为日本文化的很多"形式"和"精神"。吸收、融合、升华，从所谓南北朝至室町时期以京

终章　从阿富汗观望开来

都为中心展开，经过安土、桃山，至江户的元禄时期完全定型。

我们的"这个时代"

日本和阿富汗之间的距离，或许比实际里程更远。但我们却感觉日本与美国非常近。仅从客观距离来说，从日本列岛至美国本土的西海岸，是至阿富汗的约1.5倍。如果目的地分别设定为喀布尔和华盛顿，则差距更得翻倍。我们在心理上感到阿富汗遥远，原因究竟是什么呢？

对于各自的国民来说，美国和阿富汗到底有多远呢？如前所述，阿富汗拥有各种来源的国民。而美国自然也是民族众多，拥有各种各样的人。在阿富汗，不知道美国的人估计不那么多。但在美国，还不太好说知道阿富汗的人究竟有多少。不管怎么说，美国就是这样一个国家。

日本、阿富汗、美国三国，各自的历史完全不同。然而，1776年独立的美利坚合众国，与1747年建立王国的阿富汗之间，如果不讲其他条件，就国家的起点而言是处在同一时期的。两百多年后的今天，这两个国家的差异令人吃惊。

"日元贸易"之窗口 图为位于京都市东山区的今东福寺开山堂。说到日本和中国间的交流，很容易让人联想到遣唐使、日宋贸易、日明贸易等，但是明治以前日中交流最为兴盛之时，实际上是在蒙古时代的后半期，当时给日本带来的物品数量非常多。从韩国新安一带海域14世纪的沉船中，打捞出了大量的瓷器和铜钱，还有写有可识读为"东福寺"三字的木牌

就日本和美国来说，在从1861年开始持续了四年的美国内战即所谓的南北战争中，有六十三万人死亡；而在称为戊辰战争的1868年的日本内战中，据说战死者有一万人左右。对于这两个国家，19世纪60年代都真正是划时代的。两国人口都不到三千万，一方面，作为面向大西洋和太平洋两大洋的大陆和海洋国家，以重视世界战略的新兴大国的姿态开始兴起。另一方面，两国在帝国主义化和列强化日益加深的世界中，也都向着欧洲式的工业化和军事化举国冒进。

然而在欧亚大陆，俄罗斯逐步南下中亚，逼近阿富汗，同时在远东方面也实施南进政策，对包括日本在内的亚洲东方造成了极大的威胁。为此，英国发起两次阿富汗战争，将阿富汗作为被保护国，而在黑海方面于19世纪50年代的克里米亚战争中支持奥斯曼帝国，抵御俄罗斯的南进，最终在远东支持日本与俄罗斯对抗。陆上强国俄罗斯、海上强国英国，二者对比鲜明。

美国最终以和英国互换主角、配角的形式，成了超级大国。特别是在第二次世界大战至冷战时期，对于海军力量占有绝对优势并已成为空中帝国的美国来说，保有在西欧、岛屿部分以及欧亚大陆本土外的立足之地，也成为其作为全球帝国的特征之一。

最终，美国踏入了阿富汗，接着是伊拉克。尽管数量不多，还是实现了在原苏联所领中亚诸国境内拥有地上基地，显示出了相应的军事存在。然而，发生在阿富汗特别是伊拉克的地面战中的苦战明确告知世界，它与代表近代和现代水平的海上和空中的军事力量完全是两回事，只会是一种近乎地面爬行式的"中世纪"型战斗的作战。的确，障碍就在脚下。

直接的契机出现于1979年的伊朗革命，以及因此感到威胁的苏联对喀布尔的镇压。始于1979年的"负面连锁"，如今更让人再次感到震惊。不管怎么说，通过阿富汗可以很好地观察世界史的过去和现在，或许还有将来。

曾经的欧亚大陆帝国蒙古，现在的全球帝国美国。相对于此间几百年的"时间"段差，人类的智慧当中也终究是否会有那么大的段差吗？结合这一点，在观察历史和现实时，就不由得会考虑人是什么、人类是什么的问题。

除了美国，之前英国和法国所推行的帝国发展和统治殖民地的步伐，也绝非正在沦为"历史的记忆"。它非但不是已经结束的过去之事，反而今天依然作为现代史或当今自身的"负面遗产"而一直存在。英国和法国，因曾经作为帝国行动时欠下的"账单"，被旧殖民地一方以各种形式长期追讨，这种情况当然也会持续存在下去。特别是19世纪后半叶以来发生的事情，实际上不是连"折返点"还没有到达吗？在中东、非洲、南亚和中亚，情况更是如此。

历史，不是死去的过去的故事。在我们生存着的"现在"中，一切都是相互关联而漫长的人类所走过的路程。欲知晓和理解"现在"，唯有全面掌握严谨的历史。就是说，为了更好地生活于"当下"，历史必不可少。

"帝国"这一形态，显然今天仍然在欧亚大陆保持着生命力，由此产生的权术博弈也确确实实存在。然而，一旦现存"帝国"动摇或进一步瓦解，其反作用力也将是可怕的。这种"帝国"也很有可能以自身倒台将会引发的恐怖来威胁世界。

我们的"这个时代"，依然不过是一个通过站点。认为世界框架已经定型的看法，恐怕有些操之过急。尤其是，广义的亚洲还根本没有最终确定。何况非洲又是什么情况呢？造成其悲惨的现状，主要责任无疑首先在于欧洲。在理解严谨的世界史的基础上，既要关注现在也应着眼"今后"，而我们就生活在这一"时代"的前端。

重要项目解说

——横跨东西方之旅行者和远征

在多方考证作为研究对象的时代、现象、事件、人物的同时,历史学家和历史研究者们本身也是跨越时空的旅行者。这里,就横跨东西方留下活动足迹的人物和史实稍作评述。

马可·波罗(Marco Polo,据传为 1254—1324)

13 世纪至 14 世纪的意大利威尼斯人,被认为是前往当时在欧亚大陆形成的超域帝国蒙古游历的人。他的名字超越时代和地域,知名度的确是超越了时空。然而,其真实面目与存世多达一百四十种抄本的游记一同,让人总觉得飘浮在模糊的影像之中。在威尼斯,1324 年确有一个同名的人去世,因此很容易把他说成是那位曾往来于欧亚大陆陆海之间的人物,并进一步说他就是汇总一系列抄本的游记中的人物。

从蒙古时代涉及多种语言且完全为同时代的原始史料来看,马可·波罗这一人物的形象经常是模糊不清的,无法确认其真实的形态。尽管如此,这部游记所述经历的一些细节还是可以捕捉到的。例如,最近根据对照波斯语和汉语史料就确定了一些人物和事迹的存在。就是说,关系到具体记载,可以说"事实"的"断片"不时出现。只是,为了了解这样的情况,如果不通读二十多个语种的原始史料是无法发现的。马可·波罗研究的"趣味"和"艰辛"也就在这里。可以想见,大概是很多人的见闻和信息被汇总起来创作出了"马可·波罗"这样一个人物形象。关于这一点,坦率地说,在拥有长期研究历史的欧美,反倒似乎难以展开严谨的分析和探讨。总之,马可·波罗在世界上可谓无人不晓,但他和他的形象仍有很多问题留待今后研究。这是一个检验欧亚大陆东西方所涉文献以及文献分析能力的研究领域。顺带说一句,对于这部游记,自然也要求依据几种基本抄本来进行勘正。

伊本·白图泰(Ibn Baṭṭūṭa, 1304—1368/1369)

出生于摩洛哥丹吉尔的阿拉伯旅行家。在以蒙古世界帝国为核心的非欧—欧亚大陆世界大交流的时代背景下,游走的足迹超过马可·波罗家族,并因此而出名。具体地说,一般认为他从1325年的麦加朝圣时启程,西起伊比利亚半岛东至蒙古统治下的中国,利用陆路和海路到访了欧亚大陆和非洲各地。他的记录,一直被认为记载了蒙古时代各地的实际情况,因而颇具史料价值。只是,说这部游记是根据他一个人的见闻写成的,究竟是否正确?应该还是有不少疑问的。如果分析一个个的事件和记述,就会出现各种各样的矛盾之处和行文的不协调。涉及蒙古帝国本身的部分和包括中国在内的部分,奇怪之处尤其多。与视马可·波罗游记为综合多人的经历和见闻而成的想法一样,被认为是依据伊本·白图泰的口述而形成的游记,恐怕实际上也是汇总多人的信息创作出来的。伊本·白图泰也好,马可·波罗也好,对于他们信誓旦旦说的事情,需要慎重对待。

亚历山大东征

在历史上著名的多次远征中,公元前4世纪亚历山大大帝的东征,作为大力传播希腊式文明,以及西方世界压倒东方世界、欧洲压倒亚洲之最初的显著实例,往往多被从欧美本位的角度进行大肆宣传。但是实际上,亚历山大是因为憧憬哈卡马尼什帝国统治下拥有丰富物产和文明的东方,才踏上征程的。所谓其足迹大致描绘出了哈卡马尼什帝国的广阔疆土、开创了未知世界的说法,只能说是出自欧洲视角的"浪漫"。事实上,亚历山大本人似乎只考虑战争和征服。把"野蛮"转换为"神圣",是一种所谓的"后智慧"。例如,伊朗以东究竟有多少"古希腊文明"的残存呢?亚历山大一旦去世,暂时的广阔疆域瞬间分裂成了几块。如果说19世纪30年代德罗伊森所幻想的"古希腊文明"确曾存在,那么其主要内涵是否应该从西方即罗马的兴起中而不是从东方去寻找呢?在19世纪至20世纪的欧洲尤其是德国,亚历山大的东征及其生涯被过分美化,这深深反映出当时的时代状况。对于欧洲帝国主义创造的神话,或由"文明化的使命"的返照所产生的宏大历史叙述,现在应当据实予以审视。

郑和远征

郑和是明初为永乐帝所起用的、稍显神秘的人物,以先后七次指挥"南海远征"而出名。他出生于云南,家系起源自蒙古时代著名的穆斯林武将兼行政长官、被尊称为赛典赤(最高圣裔)的赡思丁。郑和一般被认为是"宦官",是因为他曾担任"太监"一职。而郑和在印度洋伊斯兰地区受欢迎的原因之一,即由于他是"赛义德"即穆罕默德的圣裔。因此,其为"宦官"之说还有研究的必要。至于由称为西洋取宝船的几十艘船组成的舰队,被过高评价或是被渲染为一种有意夸大的形象,即吹嘘其中最大的船只为载重量超过八千吨的巨型舰船,美洲大陆等地也是该舰队所发现的,等等。然而,作为木造帆船,载重量最多也就是四百吨。说这么巨大的舰船是帆船,而且这种木造大船能在印度洋的波涛中安全地航行,几乎是不可信的空想。况且,所谓"发现"美洲之说也很荒唐。但遗憾的是,有时历史学者和国际关系学者也会去迎合和利用。另外,涉及郑和航海本身史实的文献和数据,已被其后的明朝政权所销毁,使得真相难以把握。

欧洲远征

人类史上概括为"远征"的活动和现象很多。其内容和存在方式因时代和地域而各不相同，这里打算以欧洲远征的大致框架来简述其特征。

尽管欧洲的形成是中世纪以后的事，但作为"远征"的代表性事例，估计联想到亚历山大东征的人不少。这是出于以希腊为欧洲的起源，将亚历山大东征视为欧洲压倒亚洲的最早事件的印象。所谓"古希腊文明"的现象，也是在这种语境与逻辑中被讲述的。这都是超出历史事实，在19世纪至20世纪的帝国主义欧洲被过度美化了的东西。时代，是创作历史虚构的典型之一。

作为欧洲这一"聚合体"所发动的远征，跨越两个世纪的"十字军东征"非常引人注目。在总共八次的一系列东征活动中，首先从陆路发动了对中东的进攻，之后逐渐转变为经由地中海的形式。但终究只是被中东的人们视为"野蛮人的袭来"。值得注意的是，地中海航行的"实施"最终还是得以推行，涉及真正意义上的航海的相关技术、知识、精神也已形成，此时已经能够看出15世纪末以后向海洋进发的雏形了。

与欧洲远征之名相称的，应该是在西洋人所说的"地理大发现"或"大发现时代"（在日本被称为"大航海时代"）时期所进行的各种海上远征。葡萄牙进入印度洋航线，其远征本身的规模尽管有些小，但是作为欧洲来到亚洲东方的先驱，对于日本也具有意义。还有西班牙对南北美洲大陆的远征，虽然是以科尔特斯和皮萨罗为代表的冒险性军事征服，多带有幸运的成分，但毕竟导致了欧洲的扩大和"新世界"的出现。其后，荷兰、英国、法国等国步其后尘，进而企图攫取其成果，也向海上派出了各种远征队，由此开启了通向全球时代的门扉。只是，在与其欧洲本国隔绝的海外领地，西方人像神一样为所欲为，制造不合理的种族歧视，带来了严重后果。另一方面，在海洋远征中，坏血病是一个需要长期克服的障碍。坏血病的危害一直持续到库克船长的航海。顺带说一下，亚洲的船上从来没有出现过坏血病。就史料丰富的蒙古时代来说，大元兀鲁思在泉州和广州设立了种植柠檬的官营农场，生产柠檬汁供乘船人饮用。不加分析地一味接受西方至上的思想,往往是危险的。欧洲的优势,正是19世纪后半叶以后才突飞猛进地在世界范围内达成的。完成了工业化和军事化的欧洲,凭借动力船和火炮的威力征服了世界其他地区,又朝着此前未能侵略得手的东亚地区蜂拥而来。另外,前往有"丝绸之路"之称的亚洲内陆地区的各种探险队,也应该算是远征的一种吧。

参考文献

若全部举出与本书有关的文献，大概要覆盖到世界史的三分之一至二分之一。因此，这里仅列举那些目前所想到的可简便使用的日文单行本。外文文献，包括具有特殊意义的图录，大多略去不记。

涉及全书的文献

本田实信，《蒙古古代史研究》，东京大学出版会，1991年。

榎一雄，《东西文明的交流》，《图说中国史》11，讲谈社，1977年。

佐口透，《蒙古帝国与西洋》，《东西文明之交流》4，平凡社，1970年。

C.多桑著，佐口透译，《蒙古帝国史》1—6，平凡社·东洋文库，1968—1979年。

D.摩根著，杉山正明、大岛淳子译，《蒙古帝国之历史》，角川书店，1993年。

小松久男编，《中央欧亚大陆史》，《新版世界各国史》4，山川出版社，2000年。

小松久男等编，《中央欧亚大陆史知识事典》，平凡社，2005年。

杉山正明编，《中央欧亚大陆的统一》，《(岩波讲座)世界史》(新版)11，岩波书店，1997年。

杉山正明，《大蒙古的世界——陆海超大帝国》，角川书店，1992年。

杉山正明，《蒙古帝国的兴亡》（上、下），讲谈社现代新书，1996年。

杉山正明，《游牧民眼中的世界史——超民族和国境》（日经商人文库，2003年），日本经济新闻社，1997年。

杉山正明、北川诚一，《大蒙古的时代》，《世界史》9，中央公论社，1997年。

杉山正明，《蒙古帝国与大元兀鲁思》，京都大学学术出版会，2004年。

杉山正明，《蒙古对世界史的颠覆》，日经商人文库，2006年。

序　章

金子民雄，《进入中亚的日本人》，新人物往来社，1973年。

小松久男，《革命的中亚——某位改革派之肖像》，东京大学出版会，1996年。

山内昌之，《苏丹·加利耶夫之梦——伊斯兰世界和俄罗斯革命》，东京大学出版会，1986年。

山内昌之，《伊斯兰和俄罗斯——其后的苏丹·加利耶夫》，东京大学出版会，1995年。

细谷千博，《出兵西伯利亚史之研究》，岩波现代文库，2005年。

西山克典，《俄罗斯革命与东方边境地区——寻求"帝国"秩序中的自立》，北海道大学图书刊行会，2002年。

J. 弗西斯著，森本和男译，《西伯利亚原住民之历史——俄罗斯之北亚殖民地1581—1990》，彩流社，1998年。

横手慎二编，《东亚之俄罗斯》，庆应义塾大学出版会，2004年。

岩下明裕，《国境，何人划出了这道线——日本与欧亚大陆》，北海道大学图书刊行会，2006年。

O. 卢瓦著，斋藤かぐみ译，《现代中亚——伊斯兰、民族主义、石油资源》，白水社文库"我知道什么？"丛书，2007年。

D. 弗罗姆金著，平野勇夫等译，《破灭了平和的和平——中东问题的起始（1914—1922）》（上、下），纪伊国屋书店，2004年。

G. 施塔特穆勒著，丹后杏一译，《哈布斯堡帝国史——中世纪至1918年》，刀水书房，1989年。

坂奈玲，《知的虚构》，三一书房，1997年。

第一章

布野修司编，《亚洲城市建筑史》，昭和堂，2003年。

Z. 布热津斯基著，山冈洋一译，《布热津斯基的世界这样运动——21世纪的地政战略博弈》（后更名为《通过地政学读历史》，日经商人文库，2003年），日本经济新闻社，1998年。

曾村保信，《地政学入门》，中公新书，1984年。

伊藤宪一，《国家与战略》，中央公论社，1985年。

希罗多德著，松平千秋译，《历史》（上、中、下），岩波文库，1971—1972年。

《松田寿男著作集》全6卷，六兴出版，1986—1987年。

《榎一雄著作集》全12卷，汲古书院，1992—1994年。

林俊雄，《斯基泰与匈奴，游牧文明》，《兴亡的世界史》2，讲谈社，2007年。

R. 格鲁塞著，后藤十三雄译，《亚洲游牧民族史》（原书房"欧亚大陆"丛书，1979年），山一书房，1944年。

山田信夫,《草原与绿洲》,《图说版世界史》10,讲谈社,1985年。

间野英二,《中亚史》,讲谈社现代新书,1977年。

间野英二、堀川彻编,《中亚之历史、社会、文化》,放送大学教育振兴会,2004年。

护雅夫、神田信夫编,《北亚史》,《新版世界各国史》12,山田出版社,1981年。

护雅夫、冈田英弘编,《中央欧亚大陆之世界》,《民族的世界史》4,山川出版社,1990年。

森安孝夫,《丝绸之路与唐帝国》,《兴亡的世界史》5,讲谈社,2007年。

森安达也,《拜占庭与俄罗斯和东欧》,《图说版世界史》9,讲谈社,1985年。

森安达也编,《斯拉夫民族与东欧俄罗斯》,《民族的世界史》10,山川出版社,1986年。

梅田良忠,《伏尔加·不里阿耳史研究》,弘文堂,1959年。

清水睦夫,《斯拉夫民族史研究》,山川出版社,1983年。

R.勃朗宁著,金原保夫译,《拜占庭帝国于保加利亚》,东海大学出版会,1995年。

国本哲男等译,《俄罗斯原初编年史》,名古屋大学出版会,1987年。

第二、三章

本田实信,《伊斯兰世界的发展》,《图说版世界史》6,讲谈社,1985年。

志茂硕敏,《蒙古帝国史研究序说——伊利汗国的核心部族》,东京大学出版会,1995年。

胜藤猛,《蒙古西征——波斯知识人之悲剧》,创元社,1970年。

胜藤猛,《成吉思汗——草原之世界帝国》,清水书院,1972年。

杉山正明,《改变世界史面貌的蒙古——时代史之素描》,角川书店,2000年。

杉山正明,《疾驰的草原征服者》,《中国的历史》8,讲谈社,2005年。

纪平英作编,《全球化时代的人文学——寻求对话与宽容的智慧》(上),京都大学学术出版会,2007年。

藤井让治等编,《大地之肖像——绘图、地图所讲述的世界》,京都大学学术出版会,2007年。

应地利明,《〈世界地图〉之诞生》,日本经济新闻出版社,2007年。

宫纪子,《蒙古帝国诞生的世界图》,日本经济新闻出版社,2007年。

中华世纪坛艺术馆、内蒙古自治区博物馆编,《成吉思汗——中国古代北方草原游牧文化》,北京出版社,2004年。

The Legacy of Genghis Khan: Courtly Art and Culture in Western Asia, 1256-1353, The Metropolitan Museum of Art, 2002.

Dschingis Khan und Seine Erben: Das Weltreich der Mongolen, Hirmer Verlag, 2005.

第四章

田中阳儿等编,《世界史大系——俄罗斯史》全3卷,山川出版社,1994—1997年。

川端香男里等编,《俄罗斯、苏联知识事典》,平凡社,1989年。

栗生泽猛夫,《鲍里斯·戈东诺夫与冒名者德米特里》,山川出版社,1997年。

栗生泽猛夫,《鞑靼之轭——俄罗斯史中蒙古统治之研究》,东京大学出版会,2007年。

中村仁志,《普加乔夫起义——好皇帝复活》,平凡社,1987年。

市原宏一,《中世纪前期西北斯拉夫人的定居与社会》,九州大学出版会,2005年。

松木荣三，《俄罗斯中世纪城市的政治世界——都市国家诺夫哥罗德之群像》，彩流社，2002年。

G.沃尔纳德斯基著，松木荣三译，《东西俄罗斯之黎明——莫斯科公国与立陶宛公国》，风行社，1999年。

伊东孝之等编，《波兰、乌克兰、波罗的史》，《新版世界各国史》20，山川出版社，1998年。

S.米科拉契克著，广濑佳一、渡边克义译，《被劫的祖国波兰——米科拉契克回忆录》，中央公论新社，2001年。

J.Fennell, *The Crisis of Medieval Russia,1200-1304*, Longman, 1983.

R.Crummey, *The Formation of Muscovy*, 1304-1613, Longman, 1987.

第五、六章

A.莱姆顿著，冈崎正孝译，《波斯的地主与农民——土地保有和地税行政之研究》，岩波书店，1976年（※该书对蒙古的统治因感觉不同而恶语相向，此处作为历史研究之恶例来推荐）。

B.路易斯著，加藤和秀译，《暗杀教团——伊斯兰之极端派》，新泉社，1973年。

岩村忍，《暗杀者教团——伊斯兰异端派之历史》，LibroPort，1981年。

菊地达也，《亦思马因派的神话和哲学——伊斯兰少数派之思想史研究》，岩波书店，2005年。

伊本·白图泰、伊本·朱赞编，家岛彦一译注，《大旅行记》全8卷，平凡社·东洋文库，1996—2002年。

后藤明，《伊斯兰世界史》，放送大学教育振兴会，1993年。

佐藤次高，《马穆鲁克——来自异教世界之伊斯兰的统治者们》，东京大学出版会，1991年。

佐藤次高，《伊斯兰之国家和王权》，岩波书店，2004年。

雅克·勒高夫著，冈崎敦、森本英夫、堀田乡弘译，《圣王路易》，新评论，2001年。

A. 圣但尼著，福本直之译，《圣王路易之世纪》，白水社文库"我知道什么？"丛书，2004年。

J. 儒安维尔著，伊藤敏树译，《圣王路易——西欧十字军与蒙古帝国》，筑摩学艺文库，2006年。

S. 朗西曼著，榊原胜、藤泽房俊译，《西西里晚祷——13世纪后半叶地中海世界的历史》，太阳出版，2002年。

E.A.W. 布治著，佐伯好郎译补，《元主忽必烈所派赴欧洲景教僧之旅行志》，春秋社松柏馆，1943年。

M.V. Landingham, *Transforming the State: King, Court and Political Culture in the Realms of Aragon (1212-1387)*, Brill, 2002.

第七章、终章

克拉维约著，山田信夫译，《帖木儿帝国纪行》，桃源社，1967年。

间野英二，《〈巴布尔传〉研究Ⅲ 译注》，松香堂，1998年。

间野英二，《〈巴布尔传〉研究Ⅳ 巴布尔及其时代》，松香堂，2001年。

间野英二、堀川彻编，《中亚之历史、社会、文化》，放送大学教育振兴会，2004年。

A. 克洛著，岩永博监、杉村裕史译，《莫卧儿帝国之兴亡》，法政大学出版局，2001年。

伊本·赫勒敦著,森本公诚译,《历史序说》全4册,岩波文库,2001年。

若松宽编,《北亚史》,《亚洲的历史与文化》7,同朋舍,1999年。

森川哲雄,《蒙古编年史》,白帝社,2007年。

平野聪,《大清帝国与中华之混迷》,《兴亡的世界史》17,讲谈社,2007年。

R.G.斯克伦尼科夫著,栗生泽猛夫译,《伊凡雷帝》,成文社,1994年。

H.特罗亚著,工藤庸子译,《伊凡雷帝》,中公文库,1987年。

土肥恒之,《彼得大帝及其时代》,中公新书,1992年。

桑山正进,《迦毕试·犍陀罗史研究》,京都大学人文科学研究所,1990年。

李雄贤,《苏联的阿富汗战争——出兵政策之决定过程》,信山社,2002年。

B.路易斯著,白须英子译,《伊斯兰世界之两千年——文明十字路口之中东全史》,草思社,2001年。

中村哲,《真正的阿富汗斯坦》,光文社,2002年。

前田耕作、山根聪,《阿富汗斯坦史》,河出书房新社,2002年。

木村汎、石井明编,《中亚之前途——美俄中之拔河赛》,勉诚出版,2003年。

内藤正典,《伊斯兰战争的时代——如何解开暴力之连锁?》,NHK Books,2006年。

小杉泰,《伊斯兰帝国之圣战》,《兴亡的世界史》6,讲谈社,2006年。

历史年表

公历	世界史上的主要事件
前2000年前半叶	古亚述时代
前9世纪左右	辛梅里安人在黑海和高加索北部草原兴起
前8世纪中叶	亚述帝国鼎盛期。后半叶,在伊朗高原形成米底王国
前8—前7世纪	斯基泰驱逐辛梅里安,在其故地展开活动。后来,与记载为Saka、Saka或"塞"的斯基泰有关的集团,在中央欧亚大陆和北印度出现,斯基泰系文化向东扩散至西伯利亚、蒙古以及华北、云南地区
前7世纪后半叶	斯基泰一时控制伊朗高原。前625年,斯基泰北归
前612	亚述被米底王国和新巴比伦王国所灭
前550	哈卡马尼什王朝谷并米底而建立。其后,它征服吕底亚、新巴比伦、埃及等,迈向史上最初的"世界帝国"
前515—前512左右	大流士一世远征斯基泰失败
前490	大流士一世派遣舰队前往雅典,"马拉松之战"爆发
约前485	希罗多德出生
前480	哈卡马尼什军队远征希腊,在萨拉米斯海战中败北
前403	春秋时期的强国晋国分裂,从此年开始进入战国时期
前339	斯基泰王阿提亚斯与马其顿的腓力二世交战,死去
前336	马其顿的亚历山大即位
前331	大流士三世在高加米拉战役中败于亚历山大军
前329—前327	亚历山大远征中亚和印度

前 323	亚历山大大帝在巴比伦病逝
前 312	塞琉古王朝建立
前 4 世纪末	战国时期的赵武灵王施行"胡服骑射"
	萨尔马提亚人逐出强国斯基泰游牧帝国,占据其故地
前 3 世纪	阿育王碑建成
前 272	罗马统一意大利半岛
前 247	帕提亚游牧民国家建立
前 221	秦始皇建立统一的帝国
前 218—前 201	罗马和迦太基之间爆发所谓的"汉尼拔之战"
前 209	冒顿成为匈奴的单于,征讨东胡和月氏
前 202	刘邦建立汉朝
前 200	匈奴冒顿在白登山围困刘邦
前 176—前 174	匈奴向东西方扩大势力圈,实现大版图
前 154	吴、楚七国之乱
前 149—前 146	在第三次"布匿战争"中,罗马远征军大破迦太基,控制了西地中海
前 141	汉武帝即位(于前 87 年去世)
前 136—前 129 年左右	大月氏控制粟特至巴克特里亚地区
前 133	汉武帝伏击匈奴军臣单于失败,之后汉朝一味挑衅,长期的匈汉战争开始
前 64	塞琉古王朝灭亡
前 58—前 50	恺撒远征高卢
前 51	匈汉战争结束
前 31	屋大维在阿克提乌姆海战中获胜
公元 1 世纪左右	贵霜帝国在印度西北部和阿富汗建立

8	王莽"新"朝建立，随即采取压制匈奴的政策，逐步走上自我灭亡之路
48	匈奴分裂为南、北二部
57	倭奴国王向东汉遣使
1世纪后半叶	萨尔马提亚的一部分阿兰（后来的阿速）游牧民出现
1世纪末	鲜卑吸收北匈奴的一部分，控制了蒙古高原。罗马帝国进入五贤帝时期
97	班超派部下甘英前往大秦国
166	大秦王安敦的使臣抵达东汉。这一期间鲜卑的檀石槐统一了北亚
130—170左右	迦腻色伽王统治中亚和印度西北部
220—280	魏、吴、蜀三国时代
226	阿尔达希尔一世推翻帕提亚，建立萨珊帝国
239	卑弥呼遣使至魏
3世纪	贵霜王朝灭亡。3世纪末匈奴到达锡尔河下游地区
304	南匈奴的刘渊建立汉国。五胡十六国时期（304—439）
4世纪前半叶	萨珊王子作为贵霜王统治粟特和巴克特里亚
350—360	匈人越过伏尔加河，进攻阿兰人
375—376	匈人击破东哥特，西哥特被迫渡过多瑙河进入罗马帝国境内
378	哥特军打败罗马军，东罗马皇帝瓦伦斯去世
386	鲜卑拓跋部建立北魏
395	匈人越过高加索，进攻亚美尼亚、伊朗、小亚细亚
402	柔然的社仑称"丘豆伐可汗"，与北魏南北对峙
422	匈王鲁嘉侵入色雷斯，迫使东罗马帝国纳贡
439	北魏太武帝统一华北
444—445	阿提拉成为匈人之王

452	阿提拉的军队进攻北意大利，翌年阿提拉去世
5世纪中叶	嚈哒在中亚兴盛
476	西罗马帝国灭亡
478	倭王武（雄略天皇？）遣使至宋
481	法兰克王国建立
523	撼动北魏的六镇之乱爆发
534	东魏与西魏分裂
6世纪中叶	突厥从阿尔泰山扩张 查士丁尼大帝一度恢复对地中海的霸权 曾被突厥压制的阿瓦尔人出现在高加索以北地区，与拜占庭讲和 法兰克对峙
556—557	北周取代西魏
567	萨珊突厥联盟推翻嚈哒
568	突厥的西面可汗室点蜜谋求与拜占庭通商
581	杨坚取代北周，称"隋"
583	突厥之东西分裂已成定局
6—7世纪	突厥系游牧民不里阿耳在亚速海周边兴起，后于681年建立保加利亚帝国。延续至13世纪的伏尔加不里阿耳，是其东进的后裔
604	隋炀帝即位
612—614	隋朝远征高丽，三次均失败
617	李渊从太原进入长安，次年建立唐朝
622	穆罕默德与信徒一起移驻麦地那（圣迁）
623—624	阿瓦尔人包围君士坦丁堡

627左右	玄奘出发前往印度
629	松赞干布建立吐蕃王朝
642	阿拉伯军队在奈哈万德之役中击败萨珊帝国军队
651	萨珊帝国灭亡
661	倭马亚王朝建立
672	"壬申之乱"爆发
7世纪中叶	在黑海北岸的突厥系可萨族从西突厥中独立，以位于伏尔加河口的首都阿的尔为中心繁荣起来，统治阶层是犹太教徒
690	则天武后即位
705	阿拉伯的古太白·伊本·穆斯林成为呼罗珊总督，向河中地发展
710	迁都平城京
737	阿拉伯军队侵攻伏尔加河下游地区
749	艾卜·穆斯林击败倭马亚王朝军队，赛法哈在库法成为哈里发。阿拔斯王朝革命爆发
751	齐雅德·伊本·萨里所率阿拉伯军，在怛罗斯河畔击败高仙芝所率唐军
755	"安史之乱"爆发。与阿拔斯王朝革命联动的可能性
763	吐蕃占领长安
794	迁都平安京
795	回鹘游牧帝国，王统由药罗葛系转至阿跌系
800	卡尔大帝（查理曼大帝）接受罗马皇帝的桂冠
821—822	唐蕃会盟，回鹘亦加入
840	回鹘游牧帝国因天灾和黠戛斯的攻袭而解体
9世纪后半叶	萨曼王朝在中亚形成
907	唐朝名实俱亡

907—916	契丹帝国分两个阶段形成
909	法蒂玛王朝在北非出现
935	"平将门之乱"爆发
10世纪后半叶	塞尔柱集团脱离乌古斯正住在毡的
990	李继王称夏国王（西夏国之前身）
999	喀喇汗王朝攻陷不花剌，灭萨曼王朝
1016	藤原道长成为摄政
1004	契丹帝国与北宋结成"澶渊之盟"
1038	塞尔柱系脱恩鲁勒·贝轻呼罗珊
1055	塞尔柱军团掌控报达
1115	女真族完颜阿骨打建立大金国
1125	契丹帝国灭亡
1126—1127	"靖康之变"，北宋灭亡
1132	西走的耶律大石在中亚建立第二契丹帝国
1185	"坛之浦合战"，平氏灭亡
1206	铁木真组建"大蒙古国"，称"成吉思汗"
	德里算端国在北印度建立
1211—1215	蒙古军征金国
1215	花剌子模王国击破古尔王朝，夺取阿富汗
1219	蒙古军向花剌子模王国进发
1220	花剌子模王国解体
1223	哲别和速不台的部队在迦勒迦河畔击败钦察·斡罗思联军
1225	成吉思汗率蒙古军回师

1227	成吉思汗在降服西夏前三日去世
1229	窝阔台成为蒙古第二代大汗
1232	拖雷军在三峰山一战大破金国主力
1234	大金国灭亡
1235	建筑都城哈剌和林
1236	拔都西征军向伏尔加河流域进发
1237	蒙古西征军席卷东北韩罗思
1241	拔都军击破贝拉四世的匈牙利军
1246	贵由成为蒙古第三代大汗
1248	法兰西国王路易九世东征（第七次十字军东征）
1249	路易军在达米艾塔登陆
1250	路易九世等人被埃及军队俘获
1251	蒙哥成为蒙古第四代大汗，构想征服世界
1253	旭烈兀西征军出发
1254	路易九世回到法兰西
1256	亦思马因教团首领忽儿沙投降
1258	蒙古军迫使报达开城，阿拔斯王朝灭亡
1259	大汗蒙哥在四川突然去世。忽必烈军进攻鄂州
1260	旭烈兀军撤兵。忽必烈和阿里不哥同时即位，展开帝位争夺战。马穆鲁克军在阿音·札鲁特战胜怯的不花军
1268	北条时宗成为执权
1269	塔刺思会盟
1271	忽必烈设设国号为"大元大蒙古国"

1274	蒙古袭来（文永之役）
1276	南宋首都临安和平开城
1279	南宋王室在崖山断绝
1281	马忽思成为聂思脱里教主雅八·阿罗诃三世 蒙古袭来（弘安之役）
1284	阿鲁浑等成为旭烈兀兀鲁思第四代君主
1287	扫马使节团出使，目睹复尔·安茹之败兵，忽必烈亲征平叛 东方三王家在乃颜指挥下举兵，忽必烈亲征平叛
1294	成宗铁穆耳成为蒙古第六代大汗
1295	合赞改信伊斯兰教，并夺权
1300	海都败于大元兀鲁思军，次年去世
1303—1304	蒙古帝国的东西和合
1306—1307	察合台兀鲁思确立
1313—1314	旭烈兀兀鲁思的完者都建设首都苏丹尼耶
1333	镰仓幕府灭亡
1335	旭烈兀兀鲁思第九代君王不赛因去世
1338	足利尊成为征夷大将军
1361	秃忽鲁·帖木儿统一察合台兀鲁思
1370	帖木儿统一西察赅斯坦，开始帖木儿帝国的扩张
1380	俘罗思联军在库里科夫之战战胜蒙古军
1386	帖木儿出征三年，攻略伊朗以西地区
1388	大元兀鲁思皇帝脱古思·帖木儿遭明军袭击去世
1392	帖木儿出征五年

1402	帖木儿在安卡拉之战中击败奥斯曼王朝军队
1404	克拉维约在撒麻耳干谒见帖木儿
1405	帖木儿在讹答剌去世
1420	郑和第一次远航
1428	帖木儿帝国之沙哈鲁向明永乐帝派遣使节团
1449	阿布海尔成为乌兹别克集团的首领,摆出南下的姿态
1453	瓦剌的也先在"土木之变"中俘获明英宗
1456	奥斯曼帝国攻陷君士坦丁堡
1467	阿布海尔败于瓦剌军
1487	"应仁之乱"爆发
1492	答言汗即位
1500	哥伦布横渡大西洋,葡萄牙、西班牙的海洋进发真正实施
1510	昔班尼征服河中地
1526	昔班尼败死于萨法维王朝的伊斯迈尔一世
1552	巴布尔在帕尼帕特击败洛提王朝。莫卧儿帝国建立
1556	莫斯科大公伊凡四世攻克喀山
1576	阿斯特拉罕向伊凡四世投降
1581	织田信长移驻安土城
1588	叶尔马克攻失必儿汗国。对西伯利亚的征服开始
1603	努尔哈赤统一建州女真
1604	德川家康成为征夷大将军
	蒙古林丹汗即位

1616	努尔哈赤统一女真族
1636	皇太极被推戴为承续大元可思之大汗,定国号为"大清国"
1643—1644	大清国入关,进入北京,平定中华大部分地区
1676	巴图尔珲台吉之子噶尔丹成为准噶尔的首领
1689	大清国与俄罗斯签订《尼布楚条约》
1747	阿富汗斯坦王国建立
1755—1758	大清国攻灭准噶尔汗国,实现最大版图
1783	俄罗斯吞并克里米亚
1798	拿破仑军队在埃及登陆
1853	佩里航行至浦贺
1853—1856	克里米亚战争
1861—1865	美国爆发南北战争
1868	明治维新
	布哈拉埃米尔国成为俄罗斯的保护国
1873	俄罗斯占领希瓦
1894—1895	甲午战争
1904—1905	日俄战争
1911	辛亥革命爆发。蒙古宣布独立,哲布尊丹巴呼图克图称帝
1912	中华民国成立
1914	第一次世界大战爆发
1917	爆发"二月革命""十月革命",苏维埃政权建立
1920	希瓦爆发革命,红军进入布哈拉

1924	蒙古人民共和国成立
1931	发生"九一八事变"
1939	以德王为主席的"蒙古联合自治政府"在张家口成立
1945	日本接受《波茨坦宣言》
1979	苏联军队侵入阿富汗
2001	纽约发生同时多发恐怖袭击事件,美国开始在阿富汗的军事行动